Der Eskimo-Schamane Najagneq zu dem dänischen Forscher Rasmussen:

»IN DER ZEIT UNSERER VORVÄTER WAREN DIE GEISTERBESCHWÖRER EINSAME MÄNNER. NUN SIND SIE ALLE PRIESTER ODER ÄRZTE, WETTERPROPHETEN ODER ZAUBERKÜNSTLER, DIE FANGTIERE SCHAFFEN, ODER PFIFFIGE KAUFLEUTE, DIE GEGEN BEZAHLUNG ARBEITEN. DIE ALTEN OPFERTEN SICH UM DES GLEICHGEWICHTS IM UNIVERSUM WILLEN, UM GROSSER DINGE WILLEN, UM UNERMESSLICH, UNERGRÜNDLICH GROSSER DINGE WILLEN.«

Andreas Lommel

Schamanen und Medizinmänner

Magie und Mystik früher Kulturen

Verlag Callwey · München

CIP-Kurztitelaufnahme der Deutschen Bibliothek
Lommel, Andreas:
Schamanen und Medizinmänner: Magie u. Mystik
früher Kulturen / Andreas Lommel.
[Hrsg. von Bernard S. Myers u. Jehan Thierry]. –
2., überarb. u. erw. Aufl. – München: Callwey, 1980.
1. Aufl. u. d. T.: Lommel, Andreas: Die Welt
der frühen Jäger.

2. überarbeitete und erweiterte Auflage

Herausgegeben von Bernard S. Myers, New York
und Jehan Thierry, München

Schutzumschlag Baur + Belli Design, München
unter Verwendung der Abbildung 12
Lithos Brend'amour, München
Satz J. P. Himmer KG., Augsburg
Druck und Bindung Passavia Passau
Printed in Germany 1980
ISBN 3-7667-0507-5

INHALT

Vorwort 7

Einleitung 11
Schamanismus in früheren Darstellungen 11
Abgrenzung zum Medizinmann 12

Das Werden des Schamanen 20
Schamanismus und Jägertum 20
Die Entwicklung des Schamanismus aus den Vorstellungen des Jägertums 29
Das Werden des Schamanen — Berichte von den Eskimos 46
Das Werden des Schamanen — Berichte aus Sibirien 52
Die Berufung — durch Krankheit, Tiere, Träume 56

Das Wesen des Schamanen 74
Die psychische Wiedergeburt des Schamanen durch die Überwindung einer Krankheit 74
Das besondere Erlebnis des Zerschnittenwerdens 76
Die Hilfsgeister des Schamanen in Tiergestalt 83
Die Technik des Schamanisierens 102
Das Wesen des Schamanen — vorläufige Definition 105

Das Wirken des Schamanen 108
Die Stellung im Kollektiv 108
Der Fruchtbarkeitszauber des Schamanen 109
Der Jagdzauber des Schamanen 121
Reisen ins Jenseits 133
Opfer für den Schamanen 151
Wandlung der psychischen Atmosphäre in der modernen Zeit 156

Kunst und Schamanismus 162
Einfluß des Schamanismus auf die Antike 162
Schamanenkostüme und Masken 163
Die Schamanentrommel 175
Felsbilder 185
Der Röntgenstil 189
Schamanistische Vorstellungen als Grundlagen verschiedener Stile 195
Schamanismus und die Urformen des Theaters 201

Der Schamane als der künstlerisch-schöpferische Mensch 207
Versuch einer Definition 207

Anmerkungen zum Textteil 220
Anmerkungen zum Bildteil 221

Abbildungsnachweis der Zeichnungen 223
Abbildungsnachweis der Fotos 224

Literaturverzeichnis 225
Ergänzende Literatur 234
Register 236

Vorwort

Schamanismus ist nicht — wie vielfach angenommen — eine Religion, sondern eine besondere und sehr alte, auf durch Erfahrung oder Überlieferung gewonnenen psychologischen und psychischen Erkenntnissen beruhende Verfahrensweise zur Beeinflussung anderer Menschen bzw. zur Behandlung geistiger oder seelischer Erkrankungen, die sich der frühe Mensch, der Jäger der Steinzeit, erarbeitet hatte.
Jäger, die noch etwa so leben wie vor 10 000 Jahren, gibt es noch in den nördlichsten Gebieten der Erde: es sind die berühmten Eskimos. Außerdem haben sich noch ein paar Gruppen in Südafrika, Australien und Südamerika erhalten und einige verschwindend kleine Reste in Südostasien, Sibirien und Nordamerika.
Die zentrale Figur der Jäger ist der Schamane, der Zauberpriester, Medizinmann, Arzt, der sich bis heute beinahe überall unter den noch vorhandenen Gruppen findet.

Das Interesse einer breiteren Öffentlichkeit für die inzwischen verschwundene Welt der frühen Jäger, die Geistigkeit dieser Menschen und das Phänomen des Schamanismus hat Rasmussen mit seinem Buch »Thulefahrt«[1] 1926 gewonnen. Ohne im größeren Ausmaß Theorien oder Erklärungen zum Schamanismus beizutragen, läßt er seine Eskimo-Gewährsmänner sprechen. Die einfache und eindrucksvolle Sprache dieser Menschen ist durch alle Übersetzungen gleich großartig geblieben.

Eine Mitarbeiterin von Rasmussen, Aenne Schmücker, hat einen Teil des nachgelassenen Materials bearbeitet und mehrere Bücher über die Eskimos und ihre Mythen und Dichtungen herausgegeben: zwei davon, »Die große Schlittenreise«[2] und »Schneehüttenlieder«,[3] hat meine Frau illustriert.
Einen wesentlichen Beitrag zur Erforschung der Jägervölker hat Frobenius geleistet, der das Weltbild der nordafrikanischen Jäger in seinen Schriften

unter dem Namen »Mahalbi-Kultur« umreißt und zu ergründen versucht. Frobenius ist auch der erste, der die Felsbilderkunst, die frühe Kunst der Eiszeit Südfrankreichs und Nordspaniens, die vor etwa 12 000 Jahren entstand, mit der noch bis in unsere Zeit reichenden Jägerkultur Nordafrikas und Südafrikas, den Buschmännern, in Zusammenhang brachte. Er versucht, mit großartigen Ergebnissen, die Mythen dieser Menschen und die Aussage der Felsbilderkunst miteinander zu verbinden.

Bei Frobenius hat Hans Findeisen[4] sein Material aus Sibirien und das des russischen Forschers Ksenofontov in Vorlesungen behandelt. Adolf Friedrich hat dann dieses Material mit seinem Schüler Buddruss publiziert.[5]

Die Beschäftigung mit dem Schamanismus ist seitdem nicht mehr abgerissen. Mircea Eliade hat in seinem Buch »Schamanismus und archaische Ekstasetechnik«[6] eine großangelegte Studie zur kulturhistorischen Einordnung des Schamanismus vorgelegt. Paulson hat die besonderen Seelenvorstellungen der nördlichen Jägervölker in mehreren Arbeiten untersucht.

Zahlreiche russische und amerikanische Forscher haben in Sibirien und Nordamerika die noch lebenden Jägervölker studiert und haben versucht, in ihr Geistesleben einzudringen. Die Forscher sind mit Hilfe von wissenschaftlichen Methoden der Ethnologie und der Soziologie an das Studium der Jägervölker herangegangen – allein die Problematik des Schamanismus kann auf diese Weise nicht genügend geklärt werden. Hier müssen die Erkenntnisse der modernen Psychologie mit eingesetzt werden.

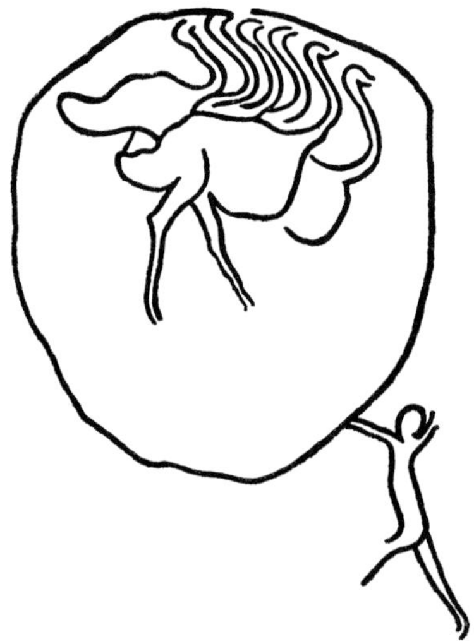

Darstellung eines Straußenjägers. Es handelt sich hier wahrscheinlich nicht um die Wiedergabe eines Jagdgerätes, sondern um einen Jagdzauber. Steinzeitliche Felsgravierung aus Nordafrika.

Schamanismus als geistige Haltung ist zunächst ein psychologisches Problem. Selbstverständlich ist der Schamanismus auch ein kulturelles, historisches und ethnologisches Phänomen, aber die psychologische Seite darf nicht übersehen werden.

Wenn man den Schamanismus nicht – wie es bisher üblich war – als eine Religionsform ansieht, sondern mehr als einen Komplex von religiösen Vorstellungen und Verhaltungsweisen, dann ergibt sich die Frage nach der Persönlichkeit des Schamanen.

Die in den 60er Jahren verstorbene Forscherin Ursula Knoll-Greiling hat in einer Arbeit versucht, die psychische Struktur der Persönlichkeit des Schamanen zu erforschen und ist dabei zu wesentlichen Ergebnissen gekommen.[7] Sie hat nämlich herausgefunden, daß bestimmte schamanistische Phänomene

genau den modernen Definitionen bestimmter psychischer Krankheiten entsprechen.
Ihre Fragestellung nach der Persönlichkeitsstruktur des Schamanen wird in der vorliegenden Untersuchung wieder aufgenommen und unter Verwendung des von ihr zusammengetragenen Materials weitergeführt. Man darf natürlich bei der Untersuchung des Schamanismus nicht bei den pathologischen Phänomenen, bei der Definition bestimmter Geisteskrankheiten, stehenbleiben: das Wichtigste am Schamanen ist, daß er aufgrund eines uns noch nicht verständlichen und durchsichtigen Heilungsprozesses in der Lage ist, psychische Krankheiten zu überwinden. Gerade diese Fähigkeit, sich selbst zu heilen und aus einem sagen wir »negativen« psychischen Zustand zu einem »positiven« und produktiven zu gelangen, macht den Unterschied zwischen ihm und dem »Geisteskranken« unserer Zeit aus. Es ergibt sich, daß eine Untersuchung des Schamanen als künstlerisch produktive Persönlichkeit zu weitreichenden Ergebnissen, einmal über die künstlerische Persönlichkeit an sich und zum anderen über die Geschichte der frühen Kunst überhaupt, führt.

Zur Erforschung der Psychologie des Schamanismus muß man selbstverständlich auch die Kunst des Schamanismus mit heranziehen. Merkwürdigerweise ist dies bisher nur in ganz geringem Umfang geschehen, und vor allem hat man sich gescheut, frühe, steinzeitliche Kunst, Felsbilderkunst, mit dem Schamanismus in Verbindung zu bringen und aus dem Schamanismus heraus zu erklären. Es scheint aber durchaus möglich, durch die Untersuchung bestimmter Motive, die mit dem Schamanismus verknüpft werden können, auch schon frühe Felsbilderkunst, etwa die Felsbilderkunst der Eiszeit in Südfrankreich und Nordspanien, mit dem Schamanismus in Verbindung zu bringen. Ein solcher Versuch kann zwar nicht das Rätsel der Qualität der frühen Felsbilderkunst lösen, aber er kann zu einem, sagen wir, ikonographischen Verständnis der Felsbilderkunst führen.
Wir können verschiedene Motive der Felsbilderkunst noch bis beinahe in die Gegenwart verfolgen, wo sie allerdings in simplifizierter Form in der Alltagsornamentik der Jägervölker ein belangloses Dasein führen. Wir können diese Motive aber mit den Mythen verbinden und von da aus zu einer weitgehenden Deutung der frühen Felsbilder gelangen.

Der Schamane ist ja nicht nur ein Medizinmann, ein Arzt oder ein Mensch mit priesterlichen Funktionen, er ist vor allem ein künstlerisch produktiver, im wahrsten Sinne des Wortes schöpferischer Mensch – eben wahrscheinlich der erste für uns faßbare schöpferische Mensch überhaupt. Um ihn zu verstehen, genügt es nicht, nur seine Bedeutung von der Kulturgeschichte her zu erklären oder psychologisch zu deuten, man muß vor allem seine Stellung und sein Wesen als Künstler betrachten. Von diesem Standpunkt aus gelingt es dann, Einblicke in das Wesen der prähistorischen Kunst zu gewinnen und den Künstler der Eiszeit, den Menschen, der die Felsbilder in Lascaux und Altamira malte, zu verstehen.

Einleitung

Schamanismus in früheren Darstellungen

Das Wesen des Schamanismus ist früher oft mißverstanden worden, und die überkommenen Definitionen klingen meist mühsam und wenig überzeugend.

Encyklopädien, z. B. New Int. Encyklopaedia, bezeichnen den Schamanismus als eine regelrechte Religion, Bastian nennt ihn einen religiösen Fetischdienst; andere, besonders ältere Autoren halten die Schamanen lediglich für Taschenspieler, Gaukler, Betrüger oder Psychopathen.

Dagegen sagt z. B. Samokwassow: »Der Schamanismus ist bei den Jakuten nicht ein Glaube oder eine Religion, sondern ein Akt, der bei gewissen Gelegenheiten vollzogen wird, wie z. B. bei verschiedenen Krankheiten, bei Seuchen unter dem Vieh, bei Belustigungen, bei denen die Schamanen verschiedene Kunststücke und Prophezeiungen zum Besten geben, bei Menschen, die dem Wahnsinn verfallen sind«.[8]

Schamane, der eine Trommel schlägt. Neuzeitliche Eskimozeichnung.

Radloff meint: »Das Charakteristische für das Schamanentum bei den sibirischen Völkern, das diese Religionsrichtung von anderen unterscheidet, ist der Glaube an die enge Verbindung, die zwischen den jetzt lebenden Menschen und ihren längst verstorbenen Ahnen besteht. Der Glaube an die Kraft dieser Verbindung veranlaßt eine ununterbrochene Verehrung der Vorfahren. Unter solchen Umständen konnte nur derjenige als Priester, als Schamane, auftreten und wirken, der in eine enge Verbindung mit seinen Vorfahren zu treten vermochte, oder mit anderen Worten, es war hier nur ein erbliches, den Familien angehöriges Schamanentum möglich. Die Macht und das Wissen des Schamanismus erhält somit der Schamane von seinen Vorfahren; durch Emanation ihrer Kraft lernt er die Schamanentrommel führen, durch Gesänge die Vorfahren und Geister zu sich rufen und mit ihrer Hilfe die eigene Seele vom Körper trennen und in das helle Reich des Lichtes oder in die Finsternis hinabsenden«.[9]

Mathews nennt den Schamanen einen zelebrierenden Priester bzw. Medizinmann, der bestimmte Zeremonien auszuführen hat, und Nioradze sieht den Zweck des Schamanisierens darin, »eine unmittelbare Verbindung mit den Geistern herzustellen, damit der Schamane die ihn und die Anwesenden interessierenden Fragen zu lösen vermag, damit er bei den Geistern Hilfe oder Erfüllung der Wünsche erflehen und endlich auch damit er sich die Geister mit Gewalt dienstbar machen kann«.[10]

Schirokogorow endlich definiert: »Prinzipielles Merkmal des Schamanentums ist hinsichtlich einiger Personen die Anerkennung und Fähigkeit, nach eigenem Wunsch und Ermessen Geister in sich aufzunehmen und die Erscheinungen auf besonderem geheimnisvollen Wege mit Hilfe von Kenntnissen und eigenartigen Fähigkeiten der aufgenommenen Geister zu erkennen . . .«.[11]

Von anderen Autoren werden die Schamanen häufig den Medizinmännern oder sogenannten Zauberern gleichgestellt, die sich bei nahezu allen Naturvölkern finden und vielfach schamanistische Züge aufweisen, ohne jedoch die für den eigentlichen Schamanismus charakteristischen Merkmale zu zeigen.

Abgrenzung zum Medizinmann

Bei der Untersuchung des Schamanismus müssen wir von vielen späteren Zutaten, die im Laufe der Zeit von den Hochkulturen übernommen worden sind, absehen und sozusagen zur Urform oder Quintessenz des Schamanismus zurückgehen. Es wäre falsch, diesen Begriff nur gerechtfertigt durch die späteren Zutaten zu verstehen. Zum Beispiel spielt das Eisen im sibirischen Schamanismus eine ungeheure Rolle, muß aber eine spätere Zutat sein; ein Schamanismus ohne den ganzen Komplex des Eisens ist vorstellbar und sogar nachweisbar.

Zunächst ist eine möglichst genaue Abgrenzung des Begriffes »Schamanismus« nötig: Zwar wird jeder Mensch mit dem Begriff Schamanismus eine mehr oder weniger bestimmte, vielfach richtige und den Tatsachen entsprechende Vorstellung verbinden, aber nur wenige werden sich über die Abgrenzung der Begriffe Schamanismus und Medizinmann, das Verhältnis der beiden – man kann sagen Institutionen – zueinander im klaren sein.

Auch in der wissenschaftlichen Literatur wird bis heute zwischen den beiden Begriffen nur höchst ungenau unterschieden. Diese Tatsache ist leicht verständlich, wenn man weiß, daß der Schamane und der Medizinmann bei den primitiven Völkern weitgehend dasselbe bedeuten, dieselben Funktionen und auch dieselbe psychologische Technik haben. Doch gehört zum Medizinmann und zum Schamanen jeweils eine ganz verschiedene Persönlichkeit, und die psychischen Voraussetzungen sind jeweils völlig anders geartet, wenn auch die Funktion der beiden und ihre Bedeutung für die psychische Konstitution der jeweiligen primitiven Gruppe ziemlich ähnlich sein mag.

Es ist bekannt, daß Medizinmänner beinahe ausnahmslos bei allen primitiven Menschengruppen vorkommen. Der Medizinmann ist zunächst der Arzt, fast immer nimmt er aber eine zentrale Stellung innerhalb der Gruppe ein. Oft ist er der Gegenpol zum Häuptling, manchmal werden beide Funktionen von einer Person übernommen, und meistens geht seine Rolle über die des Arztes hinaus und nähert sich der des Seelsorgers und Priesters oder auch der des modernen Psychologen. Als Persönlichkeit ist der Medizinmann meist von überragender Intelligenz und von deutlichem Machtstreben.

Die Fähigkeiten des Medizinmannes – neben häufig einfachen Taschenspielerkunststückchen oder auch solidem medizinischen Können – sind vor allem eine Gabe zur Suggestion und Hypnose. Irgendwie erlangt er durch sein Training die Fähigkeit, seine Stammesgenossen zu beeinflussen.

Auf der Basis der Suggestion sind dann fast alle »Wunder« zu erklären, die Medizinmänner vollbringen, wie telepathische Phänomene, Hellsehen, Traumreisen, geheimnisvolles Verschwinden und Wiedererscheinen und dergleichen mehr.

Der Unterschied zwischen Medizinmännern und Schamanen liegt einmal in der verschiedenen Form und Intensität des Berufserlebnisses und zum anderen in der andersartigen Technik der Beeinflussung.

Im Gegensatz zum Medizinmann handelt der werdende Schamane unter einem inneren Zwang. In vielen Fällen – in sibirischen Berichten wird das oft und deutlich ausgesprochen – will der von den »Geistern« gepackte und bedrängte junge Mensch durchaus nicht Schamane werden, sieht aber keinen anderen Ausweg.

In eine uns verständliche und moderne Sprache übersetzt: Eine aus welchen

Gründen immer auftretende Psychose ist so stark, daß dem davon befallenen Individuum als Ausweg nur bleibt, in eine schamanistische Handlung, also im wesentlichen durch künstlerische Produktivität, Tanzen, Singen usw., daraus zu entweichen.
Die Stellung des Schamanen ist äußerlich der des Medizinmannes sehr ähnlich, und in vielen Fällen kann man die beiden nicht voneinander unterscheiden. Auch der Schamane übt priesterliche, seelsorgerische und ärztliche Funktionen aus. Im Unterschied vom Medizinmann handelt er aber immer in einem Trancezustand, in den er sich selbst versetzt. Seine Beschwörungen der Geister, seine Heilungsversuche werden von ihm aus nie bei klarem Bewußtsein, sondern immer in einem entrückten Trancezustand vorgenommen. Dementsprechend überwiegen auch bei dem Schamanen psychische Phänomene, wie Telepathie, Hellsehen, geheimnisvolles Verschwinden und Wiedererscheinen usw. Während beim Medizinmann derartige Fähigkeiten mehr in das Gebiet der Taschenspielerei zu verweisen sind, die vorgeführt werden, um die suggestive Einwirkung auf die Zuhörer zu verstärken, erlebt der Schamane alle psychologischen Phänomene mit großer Intensität an sich selbst.
Während beim Medizinmann ein deutliches Machtstreben unverkennbar ist, ist der Schamane eine kompliziertere Persönlichkeit. Vielfach war es nicht sein Wunsch, Schamane zu werden, sondern er wurde zu diesem Weg gezwungen durch ein besonderes, sog. Berufungserlebnis. Der Schamane übt zwar einen großen Einfluß auf seine Umgebung aus und seine soziale Funktion ist ohne Zweifel die, das psychologische Gleichgewicht seiner Umgebung zu kontrollieren und zu erhalten. Diese soziale Funktion erlangt er aber nicht aus Machtstreben, sondern sie ist ein Ergebnis seiner eigenen psychologischen Entwicklung. Nur für einen oberflächlichen Betrachter sind also die Fähigkeiten und Funktionen der beiden weitgehend ähnlich. Die psychologischen Unterschiede zwischen Medizinmann und Schamanen liegen in dem ganz verschiedenen Entwicklungsgang, der beide zu ihrer Berufung führt, in der völlig verschiedenen Persönlichkeitsstruktur und inneren Einstellung zur Umwelt, in der verschiedenen Technik der Beeinflussung der Umwelt und in der beim Schamanen oft beträchtlichen künstlerischen Produktion als Sänger, Tänzer, Zeichner und Theaterregisseur, die dem Medinzinmann abgeht.

Eine Untersuchung dieser Gestalt bei verschiedenen Völkern oder Menschengruppen, durch verschiedene Epochen hindurch verspricht also außerordentliche Aufschlüsse über das Wesen des menschlichen Geistes, seiner Manifestationen und seines Wirkens zu geben. Zunächst müssen wir den Begriff Schamanismus genauer definieren: Schamanisieren heißt sich »die Geister« dienstbar zu machen.

Die Geister sind innere Bilder, Gestalt gewordene Vorstellungen persönlicher und kollektiver Art, Bilder aus der Mythologie des Stammes, der Gruppe, sehr alte traditionelle Vorstellungen, die ganzen Glaubensinhalte der sogenannten »Tierschicht«.

Geisterdarstellung. Der Geist wirkte offensichtlich in seiner stummen Unheimlichkeit so gewaltig auf den Zeichner, daß er flüchtete, ohne ihn zum Hilfsgeist genommen zu haben. Neuzeitliche Eskimozeichnung.

Der Schamane gestaltet diese Bilder, indem er sie darstellt und sich mit ihnen identifiziert, sie als reale Kräfte anerkennt und benutzt, sie künstlerisch interpretiert. Schamanisieren scheint jene psychische Technik zu sein, mittels derer man sich »die Geister« unterwerfen kann, das ist: seine chaotische Psyche in Ordnung bringen und seine eigenen unbewußten Bildkräfte sich selbst dienstbar zu machen. Dies scheint nur in einem immer wiederholten Trancezustand möglich.

Üblicherweise beschränkt sich die Literatur über den Schamanismus fast ausschließlich auf sibirische und nordamerikanische Berichte. Man muß aber dem Phänomen »Schamanismus« eine viel weitere Verbreitung zuerkennen. Schamanismus scheint fast überall da vorzukommen, wo sich ein frühes Jägertum bis beinahe in unsere Tage erhalten hat: also in Sibirien, Nordamerika, Südamerika, in verschiedenen Gebieten Afrikas und auch in gewissen Zonen Australiens. In Sibirien und Nordamerika handelt es sich um deutliche und reine schamanistische Phänomene, in den übrigen genannten Gebieten wird man die schamanistischen Phänomene von dem Wirken des Medizinmannes unterscheiden müssen und oft auch können. In Australien z. B. scheint Schamanismus vor allem an der nordwestlichen Peripherie des Kontinents vorzukommen, während die »Medizinmänner«, die sich sonst überall finden, nur bis zu einem gewissen Grad schamanistische Züge aufweisen.[12]

Ohne Zweifel übt der Schamane auch die Funktion eines Medizinmannes aus, aber er geht darüber hinaus. Vor allem aber entsteht er aus ganz anderen Voraussetzungen heraus, seine geistige und seelische Haltung ist von der eines Medizinmannes oder Zauberers verschieden. Schamane wird also

im eigentlichen Sinn nur, wer von den »Geistern« dazu auserwählt und berufen wird. Die »Geister« erfassen einen Menschen, zwingen ihn zu Irrsinn und Krankheit. Er geht an diesem Zwang entweder zugrunde oder er befreit sich davon, indem er zu »schamanisieren« beginnt.
Die »Geister« sind natürlich nicht Geisterwesen, die außerhalb des Menschen existieren und ihn beeinflussen, von ihm Besitz ergreifen usw., sondern eigene Vorstellungen des Menschen, Bilder seiner Psyche, Manifestationen seines eigenen Ichs.
In primitiven Menschen sind diese Vorstellungen von überwältigender Kraft und können ihn, solange sie ungeordnet und ungebändigt sind, zerstören, zum Wahnsinn treiben.
Mangels Distanz zu sich selbst ist der Primitive oder im Falle einer übermächtigen Manifestation »Besessene« nicht in der Lage, die »Geister« als Erscheinungsformen seiner eigenen Psyche zu erkennen: sie erscheinen ihm als Wesen einer anderen Welt, die sich seiner bemächtigen.
Es ist vor allem die Aktivierung der unbewußten Bildkräfte, die den Heilungsprozeß hervorruft und ausmacht. Während der Initiationszeit und dann während der schamanistischen Handlungen »spricht der Schamane mit Geistern«. Die Geister kommen zu ihm sehr oft in Gestalt von Tieren, er kann sie also beschreiben und darstellen in Bildern, Masken und dramatischen Handlungen.
Es wird eine schöpferische Komponente in der Persönlichkeit des Schamanen wirksam, die ihn befähigt, seine pathologische Anlage zu überwinden.
Das Wesentliche am Berufungserlebnis ist die Aufforderung an ihn, in künstlerisch schöpferischer Weise zu wirken.

Selbstporträt des Schamanen Arnaqaoq, ein Eskimo-Schamane, den Rasmussen 1921 traf.

Schamanismus ist also eine geistige Haltung, die aus der Überwindung einer Geisteskrankheit entsteht.
Im Gegensatz zum Medizinmann ist die Hinwendung des Schamanen zu seinem Beruf in sehr vielen Fällen keine freiwillige. Das Berufungserlebnis des angehenden Schamanen scheint häufig in einer Zwangssituation zu bestehen, aus der er keinen anderen Ausweg sieht, als zu »schamanisieren«. Besonders aus Berichten von den sibirischen Schamanen wird häufig deutlich, daß der Mensch, der Schamane werden soll, dies bewußt gar nicht will, sondern von den »Geistern« dazu getrieben und gezwungen wird und

schließlich, um nicht umzukommen, den einzigen Ausweg, Schamane zu werden, einschlägt.

Der werdende Schamane, der zum schamanisieren geeignete junge Mensch, ist ein kranker Mensch. Er leidet an psychopathischen oder epileptischen Zuständen und ist sehr häufig auch körperlich krank. Den Anforderungen der Geister, die ihn immer tiefer in die Krankheit hineintreiben, kann er sich nicht entziehen, obwohl er dies sehr oft versucht. Er gerät in eine Situation, in eine geistige Krankheit, aus der er nur durch den Tod oder durch die Aufnahme des Schamanenamtes einen Ausweg finden kann.

Zum Wirken des Schamanen gehört der Trancezustand. Bei der Initiation und bei dem künstlerischen Wirken ist das Wesentliche beim Schamanen die Verschiebung der Bewußtseinsebene. Das klare Bewußtsein wird ausgeschaltet. Auf einer anderen Bewußtseinsebene werden Bilder aktiviert. Diese Bilder sind immer der Weltanschauung, Mythologie und Religion des betreffenden Stammes, der kulturellen Gruppe, entnommen. Aber anstatt, daß in einem bewußten Zustand diese Bilder geformt werden, geschieht dies in einem unbewußten oder unterbewußten Zustand. Der Schamane singt, tanzt, stellt mimisch dar; vielleicht malt und zeichnet er sogar in einem Trancezustand, aus dem er dann erwacht. Im wachen Zustand erinnert er sich oft nicht mehr oder nur dunkel an seine Tätigkeit während der Trance. Wenn man die Berufung zum Schamanen als eine Art Selbstheilung von einer tiefen Psychose bezeichnen darf, so besteht das »schamanisieren« aus einer Wiederholung dieses Heilvorganges.

In dem Trancezustand des Schamanen wird nicht nur die Kollektivpsyche wieder in Ordnung gebracht und die Stammesgemeinschaft mit neuem Vertrauen, etwa zu Jagdglück oder ähnlichem, erfüllt, es wird auch ein Weg aufgezeigt, bestimmte, in der jeweiligen Gruppe häufige Psychosen zu überwinden.

Da Schamanismus sich vorwiegend und am deutlichsten in den subarktischen Gebieten findet, hat man von einem »arktischen Irresein« gesprochen, einer Art von Psychose, die vielleicht durch die außerordentlich schweren klimatischen Bedingungen der subarktischen Landschaft hervorgerufen wird.

Typisch für den Schamanen ist jedenfalls die Wiederherbeiführung des Trancezustandes, des Berufungserlebnisses, die ständige Neuaktivierung der Bilder der betreffenden Mythologie in einem Trancezustand, eine beträchtliche künstlerische Produktivität, die Selbstheilung aus einer Psychose durch diese Aktivität und die heilende Handlung im Trancezustand. Nur wo diese Merkmale zu finden sind, kann man von Schamanismus sprechen, alle anderen ähnlichen Handlungen sollte man als Tätigkeit eines Medizinmannes bezeichnen.

Ob nun das Medizinmannwesen sich aus dem Schamanismus herleitet und sozusagen ein verdünnter Aufguß dieses auf die Kulturen des Jägertums beschränkten Schamanismus oder ob Schamanismus eine besonders intensive Form des Medizinmannwesens ist, kann und soll hier nicht entschieden werden.

Zur Definition des Schamanismus wäre zu beachten, daß hier die Selbstheilung eines Menschen aus einem Zustand tiefster Depression durch eine bestimmte psychische Technik vorliegt.

Die Technik besteht darin, sich durch monotone Geräusche, Trommelschlagen, Tanzen in einen Trance- oder tranceähnlichen Zustand zu versetzen. In diesem Zustand wird das Bewußtsein ausgeschaltet und Bilder werden aus dem Unterbewußten übernommen. Diese Bilder können selbstverständlich verschieden sein, sie sind immer aus den jeweiligen mythischen Vorstellungen, der Weltanschauung des betreffenden Stammes, entnommen.

Die soziale Funktion des Schamanen besteht neben Krankenheilung vor allem darin, daß durch Verlebendigung und Intensivierung der weltanschaulichen Vorstellungen eine psychische Beruhigung und Sicherheit in der Stammesgemeinschaft eintritt, dies ist besonders der Sinn der alljährlich sich wiederholenden Jagdriten, die der Schamane ausführt.

Zum erfolgreichen Schamanen gehört eine universelle Anlage. Der Schamane muß eine künstlerische Begabung haben und ein improvisatorisches, sich an die jeweilige Situation rasch anpassendes Talent besitzen. Denn oft muß er aus dem Stegreif Aussagen über Wetter, Krankheit, Krieg usw. machen, häufig sogar dichterisch und zum Teil auch in musikalisch-rhythmischer Form, um seinen Aussagen eine wirkungsvolle Form zu geben, die den Eindruck auf seine Zuhörer erhöht. Außerdem ist anzunehmen, daß die Schamanen gute Psychologen sind, die intuitiv eine geeignete Atmosphäre der Spannung und Aufnahmebereitschaft unter ihren Zuhörern zu schaffen vermögen. So ist naheliegend, daß sich nur Menschen mit vielseitiger Begabung und ungewöhnlichen Eigenschaften für diesen Beruf eignen.

Diese Veranlagung äußert sich aber auch in Absonderlichkeiten: Der zukünftige Schamane sondert sich von der Gemeinschaft ab und fällt durch eine merkwürdige Haltung gegenüber seiner Umgebung auf.

Besonders oft findet die Eigenartigkeit der schamanistischen Anlagen auch ihren Ausdruck in zeitweilig auftretenden Ausnahmezuständen, die hysteroide und schizoide Formen aufweisen können. Selbst Krampfanfälle sind in diesem Zusammenhang nicht selten, vom modernen Standpunkt aus gesehen, mögen die schamanistischen Anlagen einen psycho-pathologischen Aspekt haben.[13] Dieser Aspekt aber allein genügt nicht. Zweifellos ist er vorhanden, aber das Wesentliche ist die Fähigkeit zur Heilung, und zwar zur Selbstheilung der labilen schamanistischen Persönlichkeit. Es ist nicht mit einer einmaligen Heilung getan, sondern der Heilungsprozeß muß immer wieder erneut vorgenommen werden.

Immer wieder muß der Schamane sich durch einen schöpferischen Akt, durch Tätigkeit, aus einer tiefen Depression selbst befreien, die auseinanderfallenden Elemente seiner Psyche durch eine Synthese, durch eine geheimnisvolle psychische Aktivität zu einer Einheit formen.

Die Persönlichkeitsstruktur des Schamanen scheint in allen Gebieten, wo Schamanismus überhaupt vorkommt, sehr ähnlich zu sein. Man würde eine solche komplizierte Persönlichkeit und vor allem die genial zu nennende Reaktion auf das Krankheitsbild einer solchen der »primitiven Gesellschaft« nicht zutrauen.

Der primitive Mensch muß schon sehr früh gewisse Strukturen und Möglichkeiten der menschlichen Psyche begriffen und ausgewertet haben und vor allem auch im Falle einer psychischen Krankheit die Möglichkeit zur Heilung erkannt und ausgebildet haben.

Der schwermütige Hilfsgeist Isitoq oder „Riesenauge". Kurz nachdem Arnaqaoq seine Eltern verloren hatte, kam dieser betrübte Geist zu ihm und sagte: „Du brauchst dich nicht vor mir zu fürchten, auch ich kämpfe mit traurigen Gedanken, darum will ich dir folgen und dein Hilfsgeist sein." Er hat gewaltiges, struppiges Haar, das senkrecht in die Höhe steht, jedes Auge ist in zwei Abteilungen geteilt und der große Mund sitzt senkrecht, mit einem langen Zahn oben und zwei kürzeren an der Seite. Seine Eigenheit ist es, Leute zu finden, die das Tabu gebrochen haben. Zeichnung von Arnaqaoq.

Das Werden des Schamanen

Schamanismus und Jägertum

Die ethnologische Wissenschaft teilt die menschlichen Kulturen in zwei große Gruppen: Jäger und Pflanzer.

Die Jägerkulturen, die in Rudimenten noch heute zu finden sind, stellen eine Frühform dar. Die Pflanzerkulturen sind die spätere Form, sie sind schließlich auch die Basis der modernen Zivilisation.

Die Weltanschauung oder das Lebensgefühl der beiden Kulturen ist grundverschieden: der Pflanzer hat eine gewisse Vorstellung davon, wie er sich seine Umgebung nutzbar machen kann. Er treibt produktive Wirtschaft, und sein Trachten ist auf Vermehrung seines Besitzes gerichtet. Der Jäger nimmt und jagt, was er findet, er fühlt sich eins mit der Natur und will sie nicht, im modernen Sinne, beherrschen, aber er tötet als Jäger das Tier, und dieses zu seinem Lebensunterhalt notwendige Morden belastet ihn allmählich schwer. Es hat den Anschein, als ob eine wesentliche geistige Leistung des frühen Menschen darauf gerichtet ist, sich von dieser Belastung zu befreien. Er denkt den Tod weg! Der frühe Jäger erfindet die unsterbliche Seele und das ewige Leben, um sagen zu können, daß er die Tiere ja eigentlich nicht töte, sondern nur ihren Körper, und daß sie aus ihren Knochen, wenn man sie richtig behandle und verwahre, immer wieder neu erstehen könnten. Diese Auffassung, dieser Entschuldigungsversuch, führt dann weiter zu den Begriffen oder Vorstellungen von einer Art Jenseits, in das die Seelen der getöteten Tiere zurückkehren und aus dem sie wiederkommen — aus dem man sie durch geeignete Mittel hervorlocken kann. Der Schamane — oder genauer seine Sele — kann dieses »Land« besuchen und erwirken, daß Tiere, Tierseelen, zu den Menschen kommen und dadurch Hunger und Not vermieden werden. Es ist also eine von Geistern und Seelen belebte Welt, die sich diese Menschen vorstellen und aus der dann eine wahrhaft geistige Auffassung der Welt entsteht.

Es ist natürlich überraschend, festzustellen, daß der frühe Mensch, der Jäger der Steinzeit, ein geistiger Mensch gewesen sein muß – also nicht ein »primitiver«, wie man sich das vorzustellen angewöhnt hat.

Primitiv ist dieser Mensch im eigentlichen Sinne des Wortes nur insofern, als er einen Anfang der menschlichen Entwicklung darstellt, aber nicht in dem Sinne, daß dieser Mensch ein geistig beschränktes Wesen, eine Art Halbtier war – so wie es die Dermoplastiker nach den frühen Schädelfunden in populären Büchern gerne darstellen.

Natürlich ist es für den modernen Menschen schwierig, dem frühen Menschen und seiner Geistigkeit gerecht zu werden. Aber die Untersuchung des Schamanismus und vor allem die Untersuchung der Kunst des Schamanismus, also der frühen Felsbilderkunst, sollte es doch möglich machen, den Weg zum Verständnis dieser Menschen zu finden.

Sogenannter En-face-Löwe. Diese Darstellung hatte große Bedeutung für den Jagdzauber der frühen Jäger in Nordafrika. Steinzeitliche Felsgravierung aus Nordafrika.

Daß die Felsbilder einzigartige und überragende Kunst sind, wird von niemanden bestritten, aber man wagt noch immer nicht sich einzugestehen, daß dann auch die Künstler, die diese Kunst schufen, Menschen einmaliger geistiger Größe gewesen sein müssen. Ihre Fähigkeit, sich künstlerisch auszudrücken, muß einer Geistigkeit entsprochen haben, die ebenso einzigartig und durchgeformt war wie die Kunst.

Die Kunst als Zeugnis dieser Geistigkeit können wir noch heute sehen – die Geistigkeit selbst, das Weltbild und die Vorstellungen, die Religion, die Philosophie dieser Menschen müssen wir mühsam aus den Restvorstellungen, die sich bei den noch lebenden Jägervölkern erhalten haben, erschließen.

Die Jägervölker unserer Zeit stellen zwar sicher einen Rest prähistorischer Jägerkulturen dar, sind aber durch Einflüsse von Hochkulturen doch entscheidend verändert worden.

Von der Jagdausübung des modernen Menschen können, wenn auch bestimmte Bräuche auf sehr alte Zeit zurückgehen, keine bindenden Rückschlüsse mehr auf frühere Zeiten gezogen werden.

Zwar hat sich die Jagd im Laufe der Zeit mehr und mehr auf die Verwendung komplizierter Geräte konzentriert, aber es führt natürlich ein Weg vom modernen Zielfernrohr über mittelalterliche Jagden mit Armbrust und Netzen bis zu den primitiven Jagden mit Fallgruben zurück. Wenn man diesen Weg weiter verfolgt, so kann man deutlich sehen, daß am Anfang der Jagd sehr wahrscheinlich ein Minimum an Geräten durch ein Maximum an

Kenntnissen, Konzentration und Einfühlungsgabe ausgeglichen wurde, ähnlich wie heute ein Minimum an Kenntnissen und Konzentration durch ein Maximum an technischer Vollendung der Waffen ausgeglichen wird.
Die jägerische Einstellung erfindet schon früh mit ungeheurer Raffinesse komplizierte Techniken und Werkzeuge, die man zunächst so »primitiven« Menschen nicht zutrauen würde. Waffen, wie Pfeil und Bogen, Bumerang, Harpune, die ganze Technik des Fischens und Fallenstellens – bei der Falle wird ja die Kraft und der Instinkt des Tieres ausgenutzt, gegen das Tier verwendet – die Idee muß aus einer Zeit stammen, wo der Mensch sich noch völlig dem Tier unterlegen gefühlt hat – der Gebrauch von Giften gehört hierher und schließlich der Versuch, geistige Macht über das Tier oder die gesamte Umwelt zu gewinnen.
Man sieht in dem Bild eines Tieres seine seelische Kraft, sein geistiges Wesen enthalten und glaubt durch Herstellen von Bildern die seelische Kraft einfangen und beeinflussen zu können.
Bei den Eingeborenen Australiens, die ja bis heute auf dem Niveau der frühen steinzeitlichen Jäger stehengeblieben sind, werden jedes Jahr Felsbilder, die Tiere und Pflanzen darstellen, nicht neu gemalt, sondern wieder aufgefrischt: damit neue kräftige »Seelen« von ihnen ausgehen und sich wiederverkörpern.
So glaubt der frühe Mensch, der Jäger, auf geistige Weise durch die Kunst in den Produktionsprozeß der Natur eingreifen und ihn für sich günstig beeinflussen zu können.
Aus dem Weltbild der Jäger erwächst dann die Gestalt des Schamanen in logischer Konsequenz. Die Entwicklung des Schamanen als des Prototyps der Geistigkeit des Jägertums kann man einmal aus den prägnanten Berichten der Primitiven, etwa der Eskimos oder der Sibirier, die noch Anfang dieses Jahrhunderts niedergeschrieben werden konnten, entnehmen, zum anderen gibt es eine Fülle von Beobachtungen europäischer Forscher in allen Erdteilen, die zusammengestellt einen Überblick über die verschiedenen, aber im ganzen gleichartigen Auffassungen vom Wesen des Schamanen geben.
Aus diesen Berichten läßt sich sehr wohl das psychologische Phänomen des Schamanismus beschreiben, ist die innere Entwicklung und der psychische Werdegang des Schamanen verhältnismäßig deutlich zu erfassen, aber wir

Darstellung des Altbüffels, Bubalus antiquus. Steinzeitliche Felsgravierung aus Nordafrika.

bleiben im ungewissen über die Technik und das Ausmaß seines Wirkens. Zwar ist die Bedeutung, die der Schamane für das Kollektiv, für seine Gruppe, hat deutlich, aber die Art und Weise, wie er wirkt, ist schwer zu verstehen.

Ein bedeutender Teil der Wirksamkeit des Schamanen besteht in seiner künstlerischen Produktivität. Merkwürdigerweise ist dies bis zum heutigen Tag meist übersehen worden. Dabei gibt es eine große Anzahl von Berichten, in denen das künstlerische Wirken, vor allem die dramatische Begabung, die Benutzung theatralischer Effekte, deutlich werden. Daß die Schamanen großartige Dichter und Wortschöpfer sind, beweisen die Sagen, die von ihren Taten und von ihrer Technik, oft von ihnen selbst gegeben werden, zur Genüge.

Aber auch die Bildende Kunst und vor allem die Felsbilderkunst gehen zu einem Teil, das zeigt allein die Untersuchung bestimmter Motive und der Vergleich von künstlerischen Motiven mit mythischen Vorstellungen, auf den Schamanismus zurück.

Es wird klar, daß man den Schamanen von dem gewöhnlichen Medizinmann trennen und unterscheiden muß als etwas Besonderes, durch seine geistige Intensität Höherstehendes – eine Figur, die schon zu einer sehr frühen Zeit aus der Welt und aus den Vorstellungen des frühen Jägertums sich herauskristallisierte und da, wo sie noch deutlich faßbar auftritt oder bis vor wenigen Jahrzehnten noch zu erforschen war, für uns die Form und das Wesen einer, wenn nicht der ersten, so doch einer frühen Geistigkeit des Menschen repräsentiert.

Schamanen in Bison-Masken mit Rentieren; rechts Mischwesen, Bison mit den Füßen eines Menschen, vielleicht auch Darstellung eines maskierten Schamanen. Höhle Trois Frères, Südfrankreich. Magdalenien-Zeit, etwa 12 000 v. Chr.

Diese frühe Geistigkeit äußert sich in der Funktion des Schamanen als Priester und Arzt, wobei wir vermeiden müssen, von den heutigen Repräsentanten dieser Funktionen allzu verbindliche Rückschlüsse zu ziehen.
Der Schamane ist zweifellos auch oder sogar im wesentlichen Arzt – aber die faktischen medizinischen Kenntnisse der Primitiven sind sehr gering, die ärztliche Funktion des Schamanen scheint sich auf psychologische, vielleicht psychosomatische Techniken zu beschränken und seine Erfolge wesentlich auf psychologischem Gebiet zu liegen.
Hier nun setzt unser Interesse ein, denn wir sehen, daß der Schamane – alle Berichte weisen darauf hin – als Psychologe, als Psychotherapeut seinen modernen Kollegen überlegen ist und als Psychosomatiker viel weiter in das Psychologische hineinzuwirken imstande ist als ein moderner Arzt. Seine Technik scheint der des modernen Psychotherapeuten weit voraus zu sein.
Der Schamane wirkt nur in einem Trancezustand. Er versetzt sich durch monotone Geräusche – Trommeln und ähnliches – oder durch Tänze – oder beides – in einen Trancezustand, der sich dann auf die Umstehenden überträgt. Die Umstehenden bleiben nicht Zuschauer, sondern sie werden Mitwirkende. Der Trancezustand ist sozusagen die Vermittlungsebene, auf der die heilende psychische Einwirkung erfolgt. Das geht weit über die verbreitete und übliche Technik des Medizinmannes hinaus, der suggestiv auf seine Patienten einwirkt, ohne sich in einen Trancezustand zu versetzen.

Es scheinen für die Entwicklung des Schamanen bestimmte psychische Erlebnisse die Voraussetzung zu sein für seine Tätigkeit und deren Erfolg. Der Erfolg des Schamanen als Regulator der Kollektivseele ist, das beweisen alle Berichte, nicht zu bezweifeln. Das liegt natürlich nicht nur an ihm, sondern auch an seinen Patienten. Der primitive Mensch ist psychisch ungemein labil und wahrscheinlich viel beeinflußbarer als der Mensch der Neuzeit – oder war es –, denn die psychische Beeinflußbarkeit scheint zuzunehmen und die Abhängigkeit von sogenannten Massenmedien steigt. Die Zeit des selbständigen, selbstdenkenden, vernünftigen, rationalistischen Menschen, wie ihn die europäische Aufklärung und die französische Revolution erschaffen und geprägt haben, geht schnell zu Ende. Der moderne Massenmensch ist dem primitiven Gruppenmenschen viel näher, als es das vereinsamte Individuum noch vor einigen Jahrzehnten war.

1 Der Schamane Tulajew vom Stamm der Karagassen (Jägernomaden am oberen Jenissei), Sibirien. Zehn Jahre nach der russischen Revolution erscheint der Schamane völlig selbstsicher und in seinem Weltbild und seiner Funktion ungestört (s. Anmerkungen zum Bildteil). ▷

2 Der Eskimo-Schamane Najagnek von der Insel Nunivak. Die Fotografie wurde im Jahre 1924 während der 5. dänischen Thule-Expedition unter der Leitung von Knut Rasmussen aufgenommen. Auf den Schamanen Najagnek geht die Definition des Schamanen auf der ersten Seite zurück.

3 Die Schamanin Nauru war eine stille Frau. Sie zog mit ihren Stammesgenossen im Busch Nordwestaustraliens umher, war immer allein und hielt sich abgesondert. Ihr Einfluß auf die Gruppe war gefürchtet, sie war mehr eine Hexe als eine Heilerin – eine „schwarze" Schamanin.

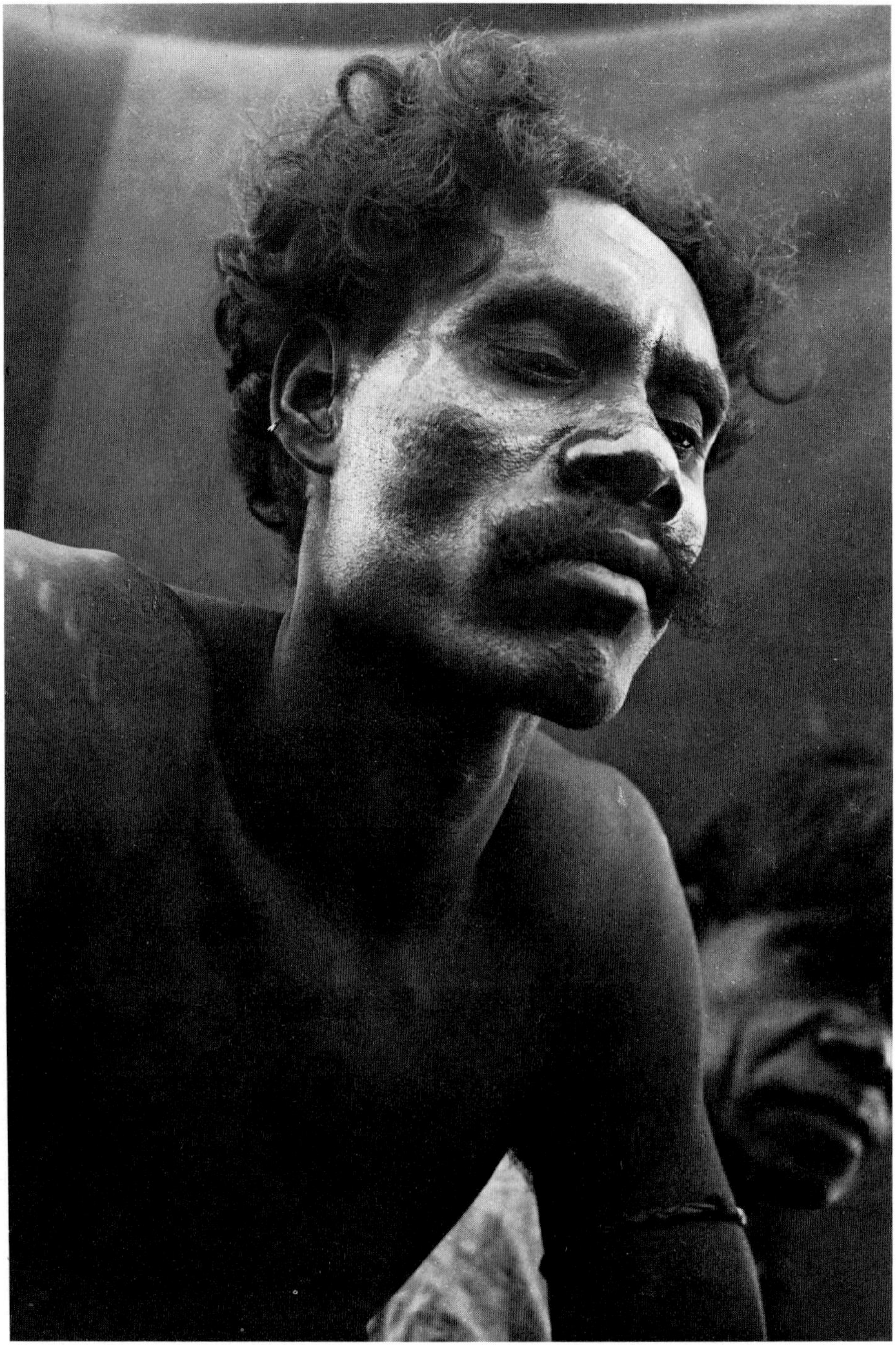

4 Der Schamane Wabi vom Stamm der Unambal in Nordwestaustralien war eine herrische, schwierige Natur. Er trat für die Rechte seiner Stammesgenossen ein, war ein guter Organisator und Arzt, kannte die Weißen und sprach gut Englisch. Eine in seiner Jugend erlittene Fußverletzung hatte ihn zum Krüppel und sinnierenden Menschen gemacht. Da er nicht durch den Busch schweifen konnte, war er Seemann geworden. Sein Einfluß auf seine Stammesgenossen war groß, da er in seiner Person die alte und die neue Zeit vereinte.

Die Grundlage der Geisteshaltung oder Weltauffassung der Jäger ist die Ansicht, daß ein Lebewesen, jedes Lebewesen, in eine körperliche und geistige Wesenheit zerfällt. Ein Komplex geistiger oder psychischer, vom Körper trennbarer Substanzen ist vorhanden, die aber an besondere Körperteile, wie Knochen, Felle, Hörner, gebunden erscheinen. Aus diesen besonderen Körperteilen und den daran gebundenen »Seelen« kann ein Wesen immer wieder regeneriert werden. Diese geistige Konzeption, die dann zu einer religiösen wird und den Begriff »der unsterblichen Seele« erfindet, führt in dem Denken der frühen Jäger zu tastenden Versuchen, die Welt als geistiges Leben zu verstehen, zu erklären und auch zu bewältigen. Aus dieser Auffassung entsteht die Kunst: das Bild eines Tieres enthält die seelische Substanz, durch das Bild kann eine Tiergattung zum Weiterleben, zur Regeneration angehalten werden. Diese Auffassung erklärt vielleicht das Entstehen der frühen jägerischen Kunst, erklärt aber gewiß nicht die hohe künstlerische Qualität der frühen Felsbilder und erklärt auch nicht das stetige Absinken dieser Qualität bis zu den primitiven Kritzeleien der noch lebenden Eskimos oder der noch Felsbilder malenden Australier.

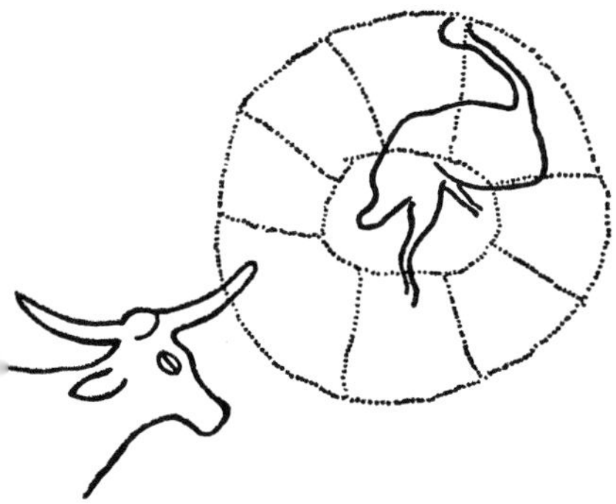

Strauß in magischem Kreis. Steinzeitliche Felsgravierung aus Libyen, Nordafrika.

Im Rahmen dieser Weltanschauung erwächst eine besondere psychische Technik. Man versucht, und zwar in der Form der Trance, in die geistige Welt einzudringen und auf sie Einfluß zu nehmen. In der Trance entsendet der Jäger seine »Seele«, um in der Geisterwelt zu wirken. Zugleich nimmt er »Seelen«, sogenannte »Hilfsgeister«, in sich auf, die ihm bei seinem Wirken helfen. Der Schamane trennt seine Seele von seinem Körper und läßt sie nachher wieder zurückkehren, so wie man bei einem Tier, das man tötet, die Seele vom Körper trennt und in ein Bild und dann in ein anderes Tier einkehren läßt.

Die Wirksamkeit des Schamanen bezieht sich auf Jagdglück und das Heilen von Krankheiten. Immer bannt er böse Geister, holt gute Geister zur Hilfe heran. Vielfach ist deutlich, daß sich die Kraft der Hilfsgeister, die ja die Geister von Ahnen sind, also sozusagen die psychische Kraft von Generationen in ihm akkumuliert.

Neben der Felsbilderkunst ist es die Gestalt des Schamanen, was an der Kultur der frühen Jäger am meisten interessiert. Die Qualität dieser frühen

Kunstäußerung ist unerklärbar und wird ein Rätsel bleiben. Die Kunst der frühen Jäger macht alle kunsthistorischen Entwicklungslehren zunichte und wird deshalb immer ein Gegenstand der Forschung bleiben. Im Schamanen haben wir gleichsam eine Verdichtung der geistigen Essenz des Jägertums, eine Gestalt, in der diese frühe Geistigkeit konzentriert erscheint und die sich in verschiedenen Gebieten der Erde, vor allem in Nordasien, Nordamerika, Nordaustralien und hie und da auch in Afrika, bis in unsere Zeit erhalten hat.

Wie ist diese Gestalt entstanden?

Anisimow versucht aufgrund seiner Forschungen in Sibirien die Wandlung von reinem und allgemeinen Jagdzauber zu den besonderen Formen des Schamanismus aufzuzeigen. Er deutet an, daß der Versuch der Jäger, durch Zauber die geistigen Kräfte, die die Natur beleben, zu beherrschen, sich zu zwei Kulminationspunkten, man könnte sagen Polen, entwickelt. Einmal die Zusammenfassung der geistigen Kräfte zum sogenannten Tierherrn, das andere Mal die Entstehung des Schamanen als Repräsentanten der Zauberkräfte, die die Jäger oder die Gemeinschaft der Jäger auszuüben versucht.

Die Vorstellungen, die mit dem Wort Schingken, der Bezeichnung des Tierherrn, bei verschiedenen Tungusenstämmen, verbunden werden, variieren. Einmal kann sich der Tierherr im Himmel befinden, auf der »dritten Wolke«, oder er kann überall in der umgebenden Natur, in Felsen, Flüssen und in der Taiga oder aber am Fuße von Gebüschen sein.

Dem Tierherrn gehört die gesamte Natur, die Tiere; von ihm hängt das Wohlergehen der Menschen ab. Er bestimmt über sein Eigentum, er kann es nach Belieben verschenken oder vertauschen, auch verspielen oder versaufen. Da er aber sehr geizig ist, gibt er den Menschen nur, wenn er Opfer von ihnen bekommt.

Der Tierherr Schingken hat einen materiell gedachten Helfer: ein aus Holz geschnitztes kleines Idol, das entweder ein menschliches Figürchen ohne Arme ist oder ein zoomorphes Figürchen, meistens einen Elch darstellend. Das kleine Idol wird, falls es in Menschengestalt dargestellt wird, bekleidet mit einem Hirschfellmützchen und einem Rock aus Bärenohrenfell.

Vor der Jagd wendet man sich an das Idol, nicht direkt an den Tierherrn, man füttert das Idol, indem man Fettstückchen ins Feuer wirft, man belustigt es, indem man vor ihm tanzt, zuletzt wirft man das Idol in die Luft.

Gott des Ozeans, Anky-Kele. Diese Zeichnung, verfertigt von einem Mitglied des Tschuktschi-Onno-Stammes, zeigt den Geist oder Gott des Ozeans, umgeben von Seehunden und Walen. Neuzeitliche Zeichnung der Tschuktschen, Sibirien.

Wenn es mit dem Gesicht nach oben herunterfällt, so ist es ein gutes Zeichen für Jagd und Fischfang, fällt es mit dem Gesicht nach unten, so ist es ein Zeichen, daß die Jagd mißlingt.
Man stellt dem Idol Bedingungen:
Gibt es einen guten Erfolg, wird man es neu einkleiden, gibt es keinen Erfolg, droht man ihm an, daß man es verprügeln wird. Die Tungusen sagen, daß man sich früher direkt an Schingken gewandt und Felsen, Seen oder die Taiga überhaupt gebeten habe, gute Jagdtiere zu schicken mit den Worten:

> Großer Vater, große Mutter, Berge, Flüsse
> erhört uns, erbarmt euch, macht die Türe auf,
> damit die Geister der Zobel herauskommen.

Später übertrug man diese Bitten auf das Idol.
Man kräftigte das Idol durch zahlreiche Amulette. Es wird behängt mit Pferdchen, Haarbüscheln, Tierzähnen, Unterkiefern vom Elch und anderen Tieren. Oft nimmt die Menge solcher angehängter Amulette einen weit größeren Raum ein als das Idol selbst.
Die Idole werden in einer »heiligen Tasche« aufbewahrt und bei Wanderungen von einem besonderen heiligen Rentier getragen. Die Idole spielen eine große Rolle und werden im allgemeinen mit dem Geist, dessen Helfer sie sind, verwechselt und auch selber Schingken genannt.
Von einem besonders guten Jäger sagt man, er besitze ein außerordentlich fleißiges und wohlgesinntes Idol.
Den Kult und die Verehrung des Schingken übernimmt der Schamane. Der Schamane geht zu dem Geist Schingken und bittet ihn, den Menschen Tiere abzugeben. Diese Wanderung zu dem Geist beginnt mit Trommelschlägen. Der Schamane fällt dann wohl in einem Trancezustand zu Boden, man nimmt dann an, daß der Tierherr in ihn gefahren ist, man legt ihn auf einen Teppich und man wartet, bis er wieder erwacht. Dann wird auf Befehl des Schamanen ein anthropomorphes Idol hergestellt, durch dessen gespreizte Beine alle Jäger samt ihren Waffen durchkriechen müssen. Diese Handlung nennt man »Schingkenlawun«, das heißt das Einfangen der Schingken.
In früheren Zeiten nahm der ganze Stamm an solchen Kulthandlungen teil.
Der Schamane ging zuerst zu einem heiligen Stein, unter dem der Geist der

Mutter Erde wohnt. Er bat sie um Hilfe. Sie schickte ihn dann zum Geist der Mutter der ganzen Welt. Diese Gottheit wurde als übergroße Elchkuh vorgestellt. Von ihr bekam er die Erlaubnis, Tiere »einzufangen«. Die eingefangenen Tiere führte der Schamane dann in das Jagdgebiet des Stammes. Zu Hause erzählte er, wieviel Tiere er gefangen hatte. Schienen es zuwenig zu sein, so mußte er die Reise noch einmal wiederholen (diese Reise ist natürlich eine in einem Trancezustand vorgenommene Traumreise).

Der Geist der Mutter Erde hat auf der Brust ein Ledertäschchen, in dem Haare und Pelzstückchen von sämtlichen Tieren – also Tierteile – aufbebewahrt sind. Der Schamane bittet die Geisterfrau, bei ihr nach Läusen suchen zu dürfen. Sie erlaubt es, und so stiehlt er Haare und Pelzstückchen. Diese verstreut er auf dem Heimweg über der ganzen Taiga. Aus den Tierteilen werden dann echte Tiere. Die Freude des Stammes über eine solche gelungene Reise drückt sich in einem pantomimischen Tanz aus. Eine Art Bühne wird errichtet, man sammelt Laub, um die Taiga darzustellen, auf kleinen Zweigen werden holzgeschnitzte Vögel und andere Tiere aufgestellt. Die Jagd wird dargestellt und nachher in der theaterhaften Weise wiederholt.[14]

Bei den Eskimos gibt es eingehende sozusagen historische Berichte,[15] die Rasmussen gesammelt hat, sowohl über die Entstehung des Schamanen aus den Vorstellungen des Jägertums heraus als auch mehr psychologische, die das Werden des Schamanen als eine bestimmte, geradezu zwangsläufige Entwicklung des Individuums bezeugen.

Herrscher der Wale. Bemalter Anhänger aus Holz von den Alaska-Eskimos.

Diese allgemeinen Anschauungen sind bei den Jägern Nordafrikas über Sibirien bis Alaska im Grunde außerordentlich ähnlich: Der Mensch muß, von einer sehr schwachen Position aus, versuchen, sich in seiner Umwelt zu behaupten, und nachdem er einmal erkannt zu haben glaubt, daß die Natur in »körperliche« und »geistige«, oder »seelische« Wesenheiten oder Mächte aufteilbar ist, versuchen, auf geistigem Gebiet Macht über die Dinge, die Wesen, seine Umwelt und vor allem die Tiere zu bekommen. Der Umgang mit den »Seelen« der Tiere ist gefährlich, man bedarf besonderer Fähigkeiten und Erfahrungen dazu. Wissen, Weisheit und Macht über die Seelen sind dem Menschen das Wesentliche. Es ist natürlich außerordentlich schwierig für uns, die Vorstellungen zu klären, die sich für die Jäger mit diesen Worten und Begriffen verbinden. Die geistige Welt, die durch »Geister« repräsentiert wird, ist eine Welt der traditionellen Vorstellungen. Es sind bestimmte, durch die Tradition geformte Bilder, mit denen diese Menschen umgehen, mit denen sie spielen und arbeiten, die sie sozusagen ausspielen in dem ständigen, das ganze Leben währenden Kampf mit den Geistern.

Magische Szene. Vielleicht eine Tierherrin oder Jagdgöttin, die dem Jäger hilft. Steinzeitliche Felsgravierung bei Tiout, Nordafrika.

Alte Eskimos, die Rasmussen befragte, berichten ausführlichst über diese Vorstellungen:

Alle wahre Weisheit findet man nur fern von den Menschen, draußen in der großen Einsamkeit, und sie kann nur erlangt werden durch Leiden. Entbehrungen und Leiden sind das einzige, was den Sinn eines Menschen für das öffnen kann, was den anderen verborgen ist.

Man wird nicht zum Geisterbeschwörer, weil man es selber will, sondern weil gewisse mystische Kräfte draußen im Universum einem zu verstehen geben, daß man auserwählt sei; dieses geschieht in einer Offenbarung durch Träume.

Diese mystische Kraft, die so stark auf die Schicksale der Menschen einwirkt, wird Sila genannt und ist sehr schwer zu definieren. Das Wort hat drei Bedeutungen: Universum, Wetter (gutes oder schlechtes) und eine Mischung von gesundem Sinn, Verstand und Klugheit. In seiner religiösen Bedeutung wird das Wort Sila von einer Kraft gebraucht, die von den Menschen in Besitz genommen werden kann, einer Kraft, die personifiziert ist in Sila Inua: dem Herrn der Kraft, oder wortgetreu: »dem, der die Kraft besitzt«. Oft gebraucht man auch die Bezeichnung Pinga: Geist in Frauengestalt, der sich irgendwo im Universum aufhält und nur erscheint, wenn man seiner bedarf.

Man hat keine bestimmte Vorstellung davon, daß sie die Schöpferin der Menschen ist oder daß die Fangtiere von ihr abstammen, aber alle fürchten sie als eine strenge Haushälterin, die alle Handlungen der Menschen überwacht, besonders die Art und Weise, die Fangtiere zu behandeln.
Weiterhin ist alles Tabu an Sila gerichtet und darauf eingestellt, das Verhältnis zu dieser Macht im Gleichgewicht zu halten; denn da die Bedingungen, welche Sila an den Menschen stellt, nicht streng sind, straft er vielleicht gerade deshalb alle Übertretungen mit seiner Macht, straft mit schlechtem Wetter, vertreibt die Fangtiere aus den Jagdgründen des Stammes durch Krankheit, kurzum straft mit dem Unglück, das man am meisten fürchtet. So geraten die Rentiereskimos in ihrem Dasein in ständige Konflikte mit Sila und mit sich selber. In dieser Auffassung verrät sich eine bewußte Weisheit, welche allen Respekt verdient.
Ein Schamane ist der Vermittler zwischen Sila und den Menschen. Sein hauptsächlichstes Wirken besteht darin, kranke Menschen zu heilen oder sie von anderem Übel zu erlösen. Soll ein kranker Mensch errettet werden, muß er all sein Eigentum von sich geben. Dieses soll weggetragen und weit von den Wohnungen auf den Boden gelegt werden; denn wenn ein Mensch einen großen Geist anruft, darf er nichts anderes besitzen als seinen Atem.[16]
Man erzählt, daß damals, als die Seetiere entstanden, noch kein Rentier auf der Erde lebte. Aber da wanderte eine alte Frau ins Land hinein und schuf sie. Ihr Fell machte sie aus ihren eigenen Hosen, so daß die Zeichnung der Haarlage auf die gleiche Art wechselte wie das Muster ihrer Hosen. Aber das Rentier bekam Zähne wie andere Tiere. Und ursprünglich hatte es sogar Stoßzähne. Es war ein gefährliches Tier, und es dauerte denn auch nicht lange, bis ein Mann auf der Jagd getötet wurde. Da wurde dem alten Weib bange, es ging wieder ins Land hinein und sammelte die Rentiere, die sie geschaffen hatte. Die Stoßzähne schuf sie zum Gehörn um, die Vorderzähne schlug sie aus, und als sie das getan hatte, sagte sie zu ihnen: »Landtiere wie ihr sollen sich fern von den Menschen halten und furchtsam sein!« Dann gab sie ihnen einen Tritt gegen die Stirne, und daher kommt die Vertiefung, die man in der Stirn aller Rentiere sehen kann. Die Rentiere sprangen davon und waren seitdem sehr scheu.
Es zeigte sich aber bald, daß sie allzu schnell waren. Kein Mensch konnte sie jagen, und wiederum mußte das alte Weib sie einfangen. Diesmal schuf sie

den Haarstrich um, so daß nicht alle Haare dieselbe Richtung hatten. Jetzt zeigten die Bughaare, die Haare unter dem Hals und unter den Flanken nach verschiedenen Richtungen. Dann wurden die Tiere wieder losgelassen. Zwar war das Rentier noch hurtig, aber es spaltete die Luft nicht mehr so leicht, und die Menschen konnten es einholen und töten. Später nahm das alte Weib Land unter den Rentieren, und nun wird sie die Mutter der Rentiere genannt.

Auf diese Weise erhielten sowohl die Seetiere als auch die Rentiere ihre Mutter und deshalb dürfen sie niemals gleichzeitig behandelt werden. Noch ein anderer Grund gibt Anlaß zu großer Vorsicht. Alle lebenden Wesen besitzen Kräfte, welche sie besonders empfindlich gegenüber den Lebensregeln machen, die einmal von den Menschen angenommen sind. Diese Kräfte sind in den Seelen und in den Namen niedergelegt.

Die Seele oder Inusia ist das, was allem Lebenden gerade das Aussehen gibt, das es hat. Es ist in Wirklichkeit beim Menschen ein ganz kleiner Mensch, beim Rentier ein winziges Rentier und so bei allen Tieren ein verkleinertes Abbild des Trägers und sitzt mitten in einer luftgefüllten Blase in der Leiste. Von ihm kommt Aussehen, kommen Gedanken, Kraft und Leben. Es macht den Menschen zum Menschen, das Rentier zum Rentier, das Walroß zum Walroß, den Hund zum Hund und so weiter. Wird gegen diese Seele Gewalt geübt oder wird sie durch einen Tabubruch verletzt, so wird sie zu einem bösen Geist, der Unglück und Tod bringt. Aua drückt sich mit folgenden Worten aus:

Die größte Gefahr des Lebens liegt darin, daß die Nahrung des Menschen aus lauter Seelen besteht.

Das bedeutet, daß man auf jedes Fangtier, welches man erlegt oder weiter zur Kleidung und Nahrung ausnutzt, ganz besondere Rücksicht nehmen muß, denn jedes hat eine Seele.[17]

Die Menschen haben immer Furcht vor Krankheit gehabt, und schon in den allerersten Zeiten standen Männer auf, die versuchten, sich in all dem Unverständlichen, das die Menschen umgibt, zurechtzufinden. Damals hatte man dafür noch keine Geisterbeschwörer, und man war in Unkenntnis aller Lebensregeln, welche die Menschen später aus Furcht vor Gefahr und Bosheit beachten lernten. Das erste Amulett, welches entstand, war die Schale eines Seeigels. Durch diese geht ein Loch, weswegen es den Namen Iteg

(Anus) führt, und es wurde deshalb das erste Amulett, weil man ihm eine besondere Heilkraft zuschrieb. Wenn ein Mann krank wurde, setzte man sich auf seine Seite, und indem man auf die kranke Stelle zeigte, ließ man einen Wind fahren. Dann ging man hinaus, während ein anderer seine hohle Hand auf die kranke Stelle halten mußte, indem er gleichzeitig seinen Atem über seine andere Handfläche blies. Auf diese Weise glaubte man, daß der Wind und der Atemzug alle Kraft vereinigten, die aus dem Innern des Menschen kommt, eine Kraft, so rätselhaft und stark, daß sie heilen kann.
Auf diese Weise waren alle Menschen Ärzte, und Schamanen waren deshalb nicht nötig. Aber eines Tages entstand Not und Mißfang in der Nähe von Igdlulik. Viele starben Hungers, und die Ratlosigkeit war groß. Da geschah es eines Tages, daß viele Menschen in einem Hause versammelt waren und ein Mann, ohne daß man wußte wozu, verlangte, hinter den Fellvorhang der Schlafbank gebracht zu werden. Er sagte, daß er zur Mutter der Seetiere hinabfahren wolle. Keiner im Hause verstand ihn und keiner glaubte ihm. Er bekam seinen Willen und wurde hinter den Fellvorhang gebracht. Dort sagte er, er wolle eine Kunst üben, die von nun an den Menschen von großem Nutzen sein werde. Aber keiner dürfe ihn sehen. Es dauerte jedoch nicht lange, bis die Ungläubigen und Neugierigen den Vorhang lüfteten; zu ihrem Erstaunen entdeckten sie, daß er im Begriff war, in die Erde hinunterzutauchen. Er war bereits so tief hineingedrungen, daß nur noch seine Fußsohlen sichtbar waren. Wie der Mann auf den Gedanken gekommen war, wußte niemand zu sagen. Er selbst behauptete, daß Geister ihm hülfen, mit denen er draußen in der großen Einsamkeit einen Pakt geschlossen habe. So entstand der erste Geisterbeschwörer. Er fuhr zur Mutter der Seetiere hinab und holte die Fangtiere zu den Menschen zurück, und auf die Not folgte Großfang, und die Menschen waren wieder glücklich und vergnügt. Seitdem entwickelten die Schamanen ihr Wissen um die verborgenen Dinge und helfen den Menschen auf manche Art. Sie bekamen auch ihre heilige Sprache, die nur bei den Geisterbeschwörungen angewandt wird und nicht in täglicher Rede.[18]

Diese vielfältigen, meist eindringlichen und künstlerisch herrlichen Berichte vom Werdegang, der psychischen Entwicklung des Schamanen, die weltweit von großer Ähnlichkeit sind, erlauben es uns sehr wohl, zu einigen Schlüs-

5 „Himmelsreise", gemalt von Yen Hui, mit lichten Farben auf Seide. Das Bild zeigt den taoistischen Heiligen Li (Li-t'ieh-kuai). Der Heilige verstand es, durch die Lüfte und in den Himmel zu reisen, wenn er sich gerne mit dem Meister Laotse unterhielt. Einst fand er bei der Rückkehr seinen Körper nicht mehr, schlüpfte in den eines eben verstorbenen Bettlers und zog fortan mit dessen Krücken durchs Land, hin und wieder – wie auf diesem Bild – seine Gestalt zum Himmel schickend. – In diesem chinesischen Bild des 13. nachchristlichen Jahrhunderts ist noch die alte Vorstellung des Schamanismus von der „Himmels- und Jenseitsreise" deutlich ausgeprägt. Kloster Chion-yi in Kyoto, Japan.

In eine Atmosphäre ungebrochener schamanistischer Geisteswelt führen uns die Bilder einer türkischen Handschrift aus dem 15. Jahrhundert (s. Abb. 6–9). Wir sehen Geister und tanzende Schamanen. Die Handschrift (Fatih Album), aus der die Bilder entnommen sind, ist von Üstat Mehmet Siyah Kalem, genannt Schwarze Feder. Es gibt im Kreis der Islamischen Kunst kaum Vorbilder für den Stil dieses Zeichners. Ganz offensichtlich hat hier etwa die chinesische Yüan-Zeit (1280–1368) oder die frühe Ming-Zeit (1368–1664) als Anregung gedient. Die Bilder werden im Topkapi-Museum in Istanbul aufbewahrt.

6 Zwei in wilder Bewegung tanzende Schamanen

7 Tanz eines Schamanen mit Geistern

8 Geister, die ein Pferd zerrissen haben und sich um die Beute streiten

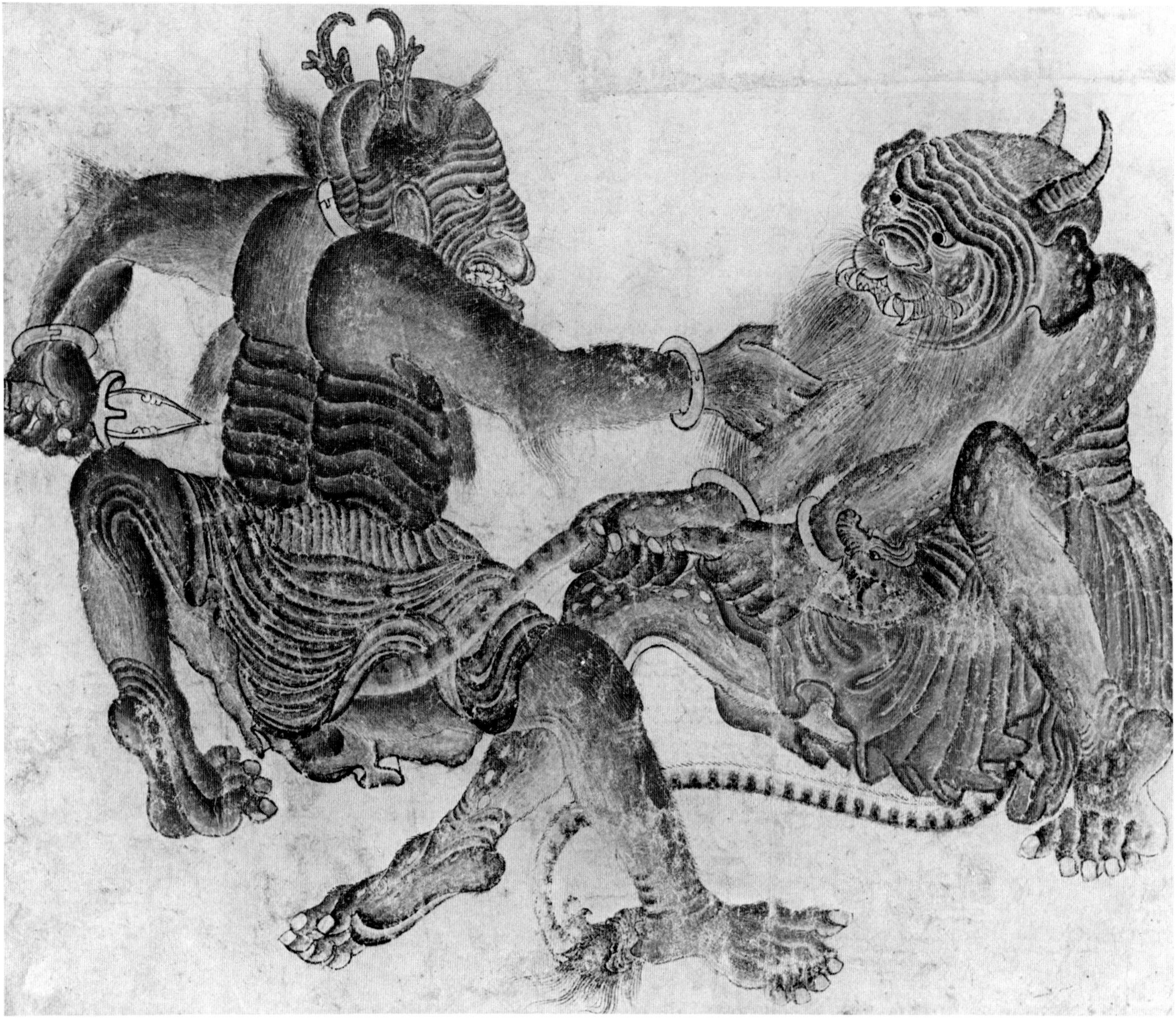

9 Zwei kämpfende Dämonen

sen über das Wesen des Schamanen und zur Abgrenzung dieser Figur gegenüber sogenannten Zauberern und Medizinmännern zu gelangen.

Der frühe Mensch steht ratlos vor den »verborgenen Dingen«; die Hintergründe seiner Welt, Ursachen und Wirkungen sind ihm rätselhaft und verschlossen. Er versucht, die Zusammenhänge zu begreifen und geht von der Beseeltheit der Dinge, von einer seelischen oder geistigen Kraft aus, deren Wirken er überall zu spüren glaubt. Und es entwickeln sich Menschen oder ein bestimmter Menschentyp, der sich um die Erforschung der Zusammenhänge und dann um die Beherrschung der Seelenkraft bemüht.

Die charakteristischen Merkmale dieses Menschentyps werden auch wieder von den Eskimos geschildert, ebenso wie die psychologischen Voraussetzungen, die dieser Typ erfordert. Immer werden dabei bestimmte Gesetze des Verhaltens, die man als gültig nach langen Erfahrungen festgestellt zu haben glaubt, erwähnt, sogenannte »Tabus«, ein aus der polynesischen Welt in die Wissenschaft übernommener Terminus.

Tabuverletzungen bringen Unglück, Krankheit und Tod über die Menschen, und es scheint, als ob ein unglücklicher, kranker Mensch eher die Fähigkeit zur Wiederrichtigstellung von solchen Gesetzesverletzungen hat als ein harmloser Gesunder. Oft wird jedenfalls darauf hingewiesen, daß der Schamane Hemmungen und Krankheiten überwunden haben muß, daß er ein kranker Mensch war oder ist, ein in jeder Weise »Unterprivilegierter«, einer, der das Leben mit einem Fehlstart begann. Der Schamane ist ein Mensch von verwickelter psychologischer Anlage, der das Interesse des modernen Psychologen um so mehr erregen muß, als auch hier wieder die überraschende Kompliziertheit und Komplexität der »primitiven Psyche« zum Vorscheint kommt.

Der Geist Nujaliaq, „das Haarweib": Nase auf der Seite des Kopfes, breite Hautfalte am Hals, nur ein Arm, langes, verwildertes Haar, das nach allen Seiten steht, kein Körper, nur ein Hinterteil. Das Gesicht ist schneeweiß, wenn es nicht mit einem schwarzen Leder bedeckt ist. Sie trägt einen Robbenleder-Riemen bei sich, mit dem sie Rentiere fängt. Eigenheit: schafft Landtiere. Zeichnung von Arnaqaoq.

Abgesehen von der großen Bedeutung, die der Schamane in seiner priesterähnlichen Funktion oder der eines Arztes bei fast allen nördlichen Völkern, von den Lappen über die Völker ganz Sibiriens, Alaskas, Kanadas bis Grönland hatte und noch heute zum Teil hat, ist der Schamane zunächst ein außerordentlich interessantes und noch keineswegs geklärtes Phänomen der Selbstheilung.
Es gibt Berichte von den Eskimos, daß gerade Menschen, die auf Grund einer ursprünglichen kränklichen, lebensuntüchtigen Veranlagung kaum geeignet erscheinen, den Lebenskampf auf sich zu nehmen, zum Schamanen prädestiniert scheinen und von ihrer Umwelt mühsam und unter Beobachtung aller möglichen Vorsichtsmaßregeln und »Tabuvorschriften« am Leben erhalten und zum Schamanen gemacht werden.
So berichtet Rasmussen die Geschichte eines Eskimo-Schamanen:
»Ich war noch nichts weiter als eine kleine Frucht im Leibe der Mutter, als ängstliche Leute begannen, teilnehmend nach mir zu fragen. Alle Kinder, die meine Mutter bisher geboren hatte, hatten quer gelegen und waren tot zur Welt gekommen. Sobald nun meine Mutter merkte, daß sie ein Kind trug, ein Kind, das einmal ich werden sollte, sprach sie folgendermaßen zu ihren Hausgenossen: ›Nun trage ich wiederum eine Frucht, die kein Mensch werden soll!‹ Alle bekamen großes Mitleid mit ihr, und ein Weib mit Namen Artjuaq, die Schamanin war, hielt sogleich an demselben Abend Geisterbeschwörung ab, um meiner Mutter zu helfen. Schon am nächsten Tage konnte man merken, daß ich gewachsen war, aber das kam mir damals noch nicht zugute, denn die Zauberin hatte vergessen, daß sie am Tage nach der Beschwörung keinerlei Arbeit verrichten durfte. Sie hatte aber das Loch in einem Fausthandschuh zugenäht. Dieser Tabubruch kam augenblicklich über mich. Die Mutter bekam zur Unzeit Geburtswehen, und ich zappelte und arbeitete, als ob ich aus ihrer Seite herauswollte. Eine neue Beschwörung wurde abgehalten, und da man diesmal alle Vorschriften peinlich wahrnahm, half sie sowohl der Mutter als mir. Aber da geschah es eines Tages, daß mein Vater, der auf eine Jagdreise sollte, zornig und erregt war; um ihn zu beruhigen, machte sich meine Mutter daran, ihm beim Bespannen des Schlittens zu helfen. Sie vergaß, daß in ihrem Zustande jegliche

Arbeit tabu für sie war. Kaum hatte sie daher ein Hundegeschirr genommen und die Pfote eines Hundes aufgehoben, um ihn einzuspannen, als ich augenblicklich zu treten begann, und versuchte, durch ihren Nabel herauszukommen, und wiederum mußte ein Geisterbeschwörer herbei, um uns zu helfen.

Alte Leute erzählten nun meiner Mutter, daß meine große Empfindlichkeit gegen alle Tabubrüche ein Zeichen dafür sei, daß ich leben und ein großer Schamane würde. Aber gleichzeitig würde viel Gefahr und Ungemach mich verfolgen, bis ich geboren wäre.

Mein Vater hatte ein Walroß gefangen, welches trächtig war; als er versuchte, die Frucht herauszuschneiden, ohne daran zu denken, daß meine Mutter mit einem Kinde ging, begann ich wiederum im Mutterleib zu zappeln, und diesmal wurde es ernst. Aber im gleichen Augenblick, wo ich geboren wurde, verließ mich alles Leben, und ich lag mausetot da. Die Nachgeburt der Mutter hatte sich um meinen Hals geschlungen und mich erwürgt. Artjuaq, die in einem anderen Dorf wohnte, wurde sogleich geholt, und es wurde für meine Mutter ein besonderes Wochenhaus gebaut. Als die Schamanin herbeikam und sah, daß meine Augen aus dem Kopf standen, trocknete sie mit einem Rabenbalg das Blut der Mutter von meinem Körper und nähte eine kleine Jacke für mich aus dem gleichen Stoff.

›Er ist geboren, um zu sterben, aber er wird leben‹, sagte sie. Und dann blieb Artjuaq bei meiner Mutter, bis wieder Leben in mich kam. Die Mutter mußte sich einer sehr strengen Diät und schwierigen Taburegeln unterwerfen. Hatte sie zum Beispiel von einem Walroß gegessen, war dies Walroß für alle anderen tabu. Das gleiche war mit Robben und Rentieren der Fall. Sie mußte eigene Töpfe haben, aus denen niemand anders speisen durfte; keine Frau durfte sie besuchen, wohl aber Männer. Meine Kleider wurden auf eine besondere Art genäht. Die Haare des Felles durften niemals im Strich nach oben oder nach unten gehen, sondern mußten quer zu meinem Körper laufen. So lebte ich im Wochenhaus, ohne die ganze Umsorge zu ahnen, die mir erwiesen wurde.

Während eines ganzen Jahres mußten Mutter und ich für uns allein leben und durften nur selten Besuch von Vater empfangen. Obwohl er als großer Jäger immer auf der Pirsch war, durfte er niemals seine Messer selbst schleifen; sobald er dies tat, schwoll seine Hand an, und ich wurde krank. Ein Jahr

Das Zauberweib Manilaq (Preßeis). Der Zeichner begegnete ihr eines Sommers auf einer Bergwanderung. Sie sah so furchteinflößend aus, daß er umfiel und das Bewußtsein verlor und sich erst wieder erholte, als der Hund seinen Nabel leckte (siehe rechts oben). Sie wurde sein Hilfsgeist. Eigenheit: schafft Fangtiere von der Mutter der Seetiere. Zeichnung von Arnaqaoq.

nach meiner Geburt durften wir eine Hausgenossin zu uns nehmen; sie mußte aber jedesmal, wenn sie gezwungen war hinauszugehen, aus Vorsicht ihre Haube über den Kopf schlagen, in Stiefeln ohne Strümpfe gehen und ihren Pelzschoß mit der einen Hand hochhalten.

Ich war schon ein großer Junge, als meine Mutter zum ersten Male auf Besuch gehen durfte. Alle zeigten sich freundlich, und sie wurde zu allen unseren Dorfgenossen eingeladen. Aber sie blieb zu lange fort. Die Geister sehen es nicht gern, daß Frauen mit kleinen Kindern zu lange vom Hause wegbleiben, und sie rächten sich auf die Weise, daß die Haut auf ihrem Kopfe sich schälte. Ich selber, der damals nichts von alledem verstand, schlug sie mit meinen kleinen Fäusten auf den Leib, und als wir nach Hause gingen, ließ ich mein Wasser ihren Rücken hinab.

Niemand, der ein tüchtiger Jäger oder ein guter Schamane werden will, darf zu lange in einem fremden Hause auf Besuch bleiben. Das gleiche gilt für eine Frau, solange sie einen Knaben im Rückenbeutel trägt.

Endlich wurde ich so groß, daß ich mit den Erwachsenen auf die Seehundjagd bei den Atemlöchern gehen konnte. An dem Tage, als ich meine erste Robbe harpunierte, mußte mein Vater sich mit nacktem Oberkörper aufs Eis legen, und die Robbe, die ich gefangen hatte, wurde über seinen Rücken hingeschleift, solange noch Leben in ihr war. Nur Männer durften von meiner ersten Beute essen, und nichts durfte übriggelassen werden. Das Fell und der Kopf wurden draußen auf dem Eise versteckt, damit ich später imstande sein sollte, denselben Seehund wieder zu fangen. Drei Tage und drei Nächte durfte niemand von den Männern, die an der Mahlzeit teilgenommen hatten, auf Jagd gehen oder eine andere Arbeit verrichten.

Darstellung eines Schamanenzeltes. Zeichnung der Ewenken (Tungusen), Sibirien.

Meine nächste Jagdbeute war ein Rentier. Es war mir streng verboten, ein Gewehr zu gebrauchen, ich mußte es mit Bogen und Pfeil töten. Auch dieses Tier wurde nur von Männern verzehrt, kein Weib durfte daran rühren. Dann verging einige Zeit, und ich wurde erwachsen und stark genug, um mit auf den Walroßfang zu gehen. Als ich mein erstes Walroß harpunierte, rief mein Vater so laut er konnte, indem er die Namen aller ihm bekannten Dorfbewohner hinzufügte: ›Jetzt ist Fleisch da für alle Menschen!‹

Das Walroß wurde aufs Land geschleppt, während noch Leben in ihm war, und erst auf dem Strande wurde es ganz getötet. Mein Vater, welcher es flensen sollte, wurde an die Fangleine festgebunden, bevor die Harpunenspitze aus dem Körper des Tieres entfernt war. Nachdem ich dieses Walroß erlegt hatte, konnte ich alle jene Leckerbissen, die mir früher verboten gewesen waren, ja sogar die Eingeweide essen, und jetzt durften auch die Frauen von meiner Beute essen, wenn es nur keine Wöchnerinnen waren. Nur meine Mutter mußte noch lange sehr vorsichtig sein, und jedesmal wenn sie nähen mußte, wurde ein besonderes Haus für sie gebaut. Ich war nach einem kleinen Geiste namens Aua genannt worden, und man sagte, meine Mutter müsse so manche Vorsichtsmaßregel beobachten, um ihn nicht zu kränken; er war mein Schutzgeist und achtete genau darauf, daß man nichts Verbotenes tat. So durfte ich mich niemals in einem Schneehause aufhalten, wo junge Frauen sich auskleideten, um zur Ruhe zu gehen. Ebensowenig durfte eine Frau in meiner Gegenwart ihr Haar zurechtmachen. Noch lange nach meiner Heirat lag ein strenges Tabu über meiner Jagdbeute. Wenn Wöchnerinnen in unserer Nähe lebten, durfte meine Frau nur von Tieren essen, die von mir getötet waren. Auf den Walrossen, die ich erlegt hatte, lag aber das Tabu, daß keine Frau von ihren Eingeweiden essen durfte, und dieses Verbot wurde aufrechterhalten, bis ich Vater von vier Kindern war. Und eigentlich erst jetzt, wo ich alt geworden bin, sind diese Verpflichtungen weggefallen, welche die alte Schamanin damals aufstellte, damit ich leben durfte.

Am gefürchtetsten von allen Hilfsgeistern war das Hermelin des Meeres. Dies war ebenso beschaffen wie das Hermelin der Erde, nur schlanker, geschmeidiger und schneller, und es konnte so plötzlich aus dem Meere emporschießen, daß es unmöglich war, sich zu wehren. Es hatte eine schwarze, blanke Haut und keine Haare, ausgenommen ein wenig an der Schwanzspitze und den Ohrläppchen.

Wenn ein Mann mit einem Kajak draußen war, tauchte es oft blitzschnell aus der Tiefe auf und schlüpfte in seinen Ärmel; während es über seinen nackten Körper hinlief, erfüllte es ihn mit solchem Entsetzen, daß er beinahe das Bewußtsein verlor.

Es war die Aufgabe des ausgebildeten Geisterbeschwörers, Kranke zu heilen, zum Lande der Toten hinabzufahren und nach verlorenen Seelen zu suchen, zur Mutter der Seetiere hinabzufahren, um Fangtiere herbeizuschaffen, wunderbare Kunststücke auszuführen, die die Menschen verblüfften und von den abenteuerlichsten Fähigkeiten der Schamanen überzeugten.

Der Grund zu beinahe allen Krankheiten war Raub von Seelen. Er konnte von feindlich gesinnten Schamanen ausgehen oder von Leuten, die sich besonders mit Zauberei abgaben. Solche gerieten leicht in Zorn und bekamen durch ihre böse Wallung die Kraft, die Seele aus dem Körper zu pressen. Wurde die Seele nicht zurückgeholt, mußte der Kranke sterben. Die Krankheiten kleiner Kinder rührten in der Regel von Tabubrüchen her, die von der Mutter begangen worden waren, und es war Sache des Schamanen, herauszufinden, worin der Verstoß bestand.
Nun, wo ich Christ geworden bin, habe ich meine Hilfsgeister meiner Schwester in Baffinland hinabgesandt. Aber wollt ihr mehr von Schamanen wissen, werde ich euch von meinem Vetter Niviatsian erzählen, den die Geister auf eine märchenhafte Weise zu sich riefen, damit er ein großer Schamane werde.«[19]
Ein anderer Bericht Rasmussens ist der folgende:
Niviatsian war zusammen mit vielen anderen Männern bei Igdlulik auf Walroßfang. Einige gingen vor ihm, andere hinter ihm. Plötzlich tauchte ein großes Walroß unmittelbar neben ihm aus dem Eise empor, ergriff ihn mit seinen gewaltigen Vorderflossen, so wie eine Mutter ihr kleines Kind faßt, und trug ihn mit sich in die Tiefe hinab. Die anderen Männer eilten hinzu, und als sie durch das Loch im Eise hinabschauten, durch welches das Walroß verschwunden war, konnten sie sehen, daß es ihn ständig in seiner Umarmung festgepreßt hielt und ihn mit seinen Stockzähnen zu durchbohren suchte. Nach einer Weile ließ es ihn los und suchte weit, weit fort die Oberfläche auf, um Luft zu holen. Aber Niviatsian, der von dem Loche, wo er hinabgezogen worden war, fortgekommen war, arbeitete nun mit Armen und Beinen, um wieder aufzutauchen. Die Männer konnten seine Bewegungen verfolgen und hieben ein Loch ungefähr dort, wo sie sein Auftauchen erwarteten, und hier konnte mein Vater ihn wirklich hochziehen. Er hatte eine klaffende Wunde im Schlüsselbein, durch welche er atmete. Der Riß ging bis in die Lungen hinab. Einige von den Rippen waren geknickt und an den Bruchstellen in die eine Lunge gedrungen, so daß er sich nicht mehr aufrichten konnte.
Niviatsian lag lange bewußtlos. Als er wieder zu sich kam, konnte er sich ohne Hilfe erheben. Die Wunde im Schlüsselbein war die einzige ernstliche Verletzung. Man konnte Spuren von dem Stoßzahn des Walrosses an sei-

nem Kopf sowohl als auch rings an seinem Körper sehen, aber es war, als ob das Walroß ihn nicht habe verletzen können. Alte Leute sagten, daß dieses Walroß von der Mutter der Seetiere abgesandt worden sei, da sie zornig darüber war, daß Niviatsians Weib einen Abortus verheimlichte, um sich nicht dem Tabu unterwerfen zu müssen. Niviatsian folgte dann seinen Kameraden ans Land, aber er mußte ein Stück von ihnen entfernt auf dem Eise gehen, wo keine Fußspur war. Nahe am Lande wurde ein kleines Schneehaus gebaut, und hier wurde er eingeschlossen und auf einen kleinen Fetzen Robbenfell gesetzt, mit seinem ganzen nassen Zeug auf dem Körper. Hier saß er drei Tage und drei Nächte ohne Speise und Trank. Dies mußte er tun, damit er leben durfte, denn wenn er sogleich zu den unreinen Wohnungen der Menschen gegangen wäre, hätte er nach der Mißhandlung, die er durchgemacht hatte, alsbald sterben müssen.

Während der ganzen Zeit, wo Niviatsian in dem kleinen Schneehaus saß, war der Geisterbeschwörer im Dorfe dauernd damit beschäftigt, seine Frau und seine alte Mutter zu reinigen, die im Beisein aller Leute ihre Tabubrüche bekennen mußten, um die Mächte, die über Leben und Tod verfügen, zufriedenzustellen. Niviatsian erholte sich im Verlauf dreier Tage und war dann ein großer Schamane. Das Walroß, das nicht vermocht hatte, ihn zu töten, wurde sein erster Hilfsgeist. Das war der Anfang.

Ein anderes Mal auf der Rentierjagd lief er gerade in den Bau eines Vielfraßes. Der Vielfraß hatte Junge und stürzte sich deshalb wie rasend auf ihn. Er rang mit ihm den ganzen Tag und die ganze Nacht und ließ ihn erst fahren, als die Sonne an derselben Stelle stand, wie als sie begannen. Trotz seiner scharfen Zähne und Klauen hatte der Vielfraß ihm doch kein einziges Loch in den Körper beißen können und ihm nur ein wenig Haut abgeschürft. So wurde der Vielfraß sein Hilfsgeist.

Sein dritter Hilfsgeist wurde Amajorjuk, eine Riesin mit einem gewaltigen Tragbeutel auf dem Rücken, in den sie die Menschen legt, die sie raubt. Sie kam so plötzlich über ihn, daß er sich bereits im Tragbeutel befand, ehe er noch irgend etwas unternehmen konnte. Die Öffnung schloß sich sogleich über ihm, und er war eingeschlossen. Aber er hatte sein Messer um den Hals hängen, und mit diesem stach er der Riesin gleich hinterm Schulterblatt in den Rücken, so daß sie tot umfiel. Der Tragbeutel war dick wie Walroßhaut, und er brauchte lange Zeit, um sich herauszuschneiden und ins

Freie zu gelangen. Aber da entdeckte er, daß er vollständig nackt war. Wann er ausgezogen worden war, ahnte er nicht, auch nicht, wo dies vor sich gegangen war, nur daß es weit, weit landeinwärts gewesen sein muß. Erst in der Nähe des Meeres fand er seine Kleider wieder und gelangte wohlbehalten nach Hause. Aber er hatte einen häßlichen Gestank von verrottetem Tang über dem ganzen Körper, und dieser Geruch setzte sich in seinem Hause fort. Es dauerte ein halbes Jahr, bis er wieder verschwand. Auch dieses Riesenweib wurde sein Hilfsgeist, und er wurde seitdem als der größte Schamane unter den Menschen angesehen.
Es gab also – nach Aua – zwei Arten, Geisterbeschwörer zu werden: entweder suchte man die Geister in der Einsamkeit, oder sie kamen von selbst zum Menschen, und zwar auf eine rätselhafte und gewaltsame Art, und gerade die plötzliche Angst war es, die ihn sehend machte.«[20]

Igtuk oder der Dröhner. Wenn es draußen in den Bergen dröhnt, ist er der Urheber des Lärmes. Niemand weiß, wo er sich aufhält. Er ist anders beschaffen als alle anderen Lebewesen. Seine Beine und Arme sitzen hinten an seinem Körper, seine gewaltigen Augen dicht an den Armen, während die Nase sich in den Mund verkrochen hat. Am Kinn hat er ein Büschel dicken Haares und darunter liegen seine Ohren. Der Mund öffnet sich zu einem dunklen Schlund, und wenn die Kiefer sich bewegen, hört man das Dröhnen vom Lande her. Zeichnung von Arnaqaoq.

Das Werden des Schamanen – Berichte aus Sibirien

Das Wort »schaman« kommt aus der tungusischen Sprache. Vergleiche mit ähnlichen Worten aus dem Mongolischen, dem Mandschurischen deuten darauf hin, daß all diese Worte einen gewissen erregten, unruhigen Zustand bezeichnen.
Der Schamane wird häufig als ein Mensch von labiler Konstitution geschildert, mit unruhiger, teilweise geistesabwesender Haltung. Er ist ein Sonderling, der sich häufig von der Gemeinschaft absentiert, um sich ganz seinen Visionen, Gesichten und Träumen hinzugeben.
Die ersten Anzeichen dafür, daß sich jemand zum Schamanen berufen fühlt, äußern sich entweder in schubweise auftretenden Anfällen, die krampfartige Zustände sind oder auch hysteroide und epileptoide Züge tragen, so daß man bei einigen Völkern sogar von »arktischer Hysterie« spricht, oder der zukünftige Schamane fühlt sich durch »zufällige Begebenheiten« berufen.
So berichtet Nioradze, daß die Novizen in Sibirien ein menschenscheues Wesen zur Schau tragen, die menschliche Gemeinschaft meiden und in die Wälder fliehen, um dort in Abgeschlossenheit auf die Stimme ihres Inneren zu hören.

In einigen Berichten werden die Ausnahmezustände als krampfartige Anfälle geschildert, die zeitweise, besonders in der Jugend, aber auch vereinzelt im späteren Alter den zukünftigen Schamanen überkommen, so daß er völlig das Bewußtsein verliert und nicht mehr weiß, wo er sich befindet. In heftigen Anfällen schreit und tobt er wie ein Wilder und zerstört alles, was ihm begegnet. Auch wird über einen kataleptischen Zustand berichtet, der in der russischen Literatur als hysterische Starre bzw. als »Brücke« bekannt ist. »Die zukünftigen Schamanen hatten heftige Anfälle, die mit völliger Erschöpfung endeten. Sie lagen bewegungslos zwei bis drei Tage, ohne zu essen und zu trinken. Schließlich liefen sie in die Wälder und hungerten dort.«[21]

Besonders nach Ereignissen, die in hohem Maße sein Gefühlsleben beanspruchen, wie Visionen und Geistererscheinungen, hat der Schamanenanwärter des öfteren Anfälle, die mit einer Starre verbunden sind, welche den Körper steif und gefühllos macht. »Nach einer Traumerscheinung wurde der Träumer sehr krank, geriet in Trance, und sein Körper war steif wie ein Brett.«[22]

Auch Czaplicka berichtet von den zukünftigen Schamanen, daß sie heftige Anfälle haben, die dann mit völliger Erschöpfung enden, so daß sie bewegungslos zwei bis drei Tage ohne Nahrungsaufnahme liegen.[23]

Es kann dabei vorher ein wildes Toben auftreten, das sich auf Gegenstände und die eigene Person erstreckt: »Der zukünftige Schamane zeigt sich wie ein Verrückter, manchmal ganz betäubt von seinen Anfällen, dann wieder ängstlich.« »In den Anfällen haben sie eine Neigung, sich selbst zu verletzen, entweder ins Wasser zu springen oder ins Feuer zu laufen.«[24]

In einem solchen Anfall, der mit Bewußtseinsstörungen verbunden ist, laufen die Betreffenden aus ihren Wohnungen, bleiben tagelang in den Wäldern – man findet sie in den Höhlen versteckt oder auf die Bäume gestiegen wieder, und dann sind sie nur mit Gewalt nach Hause zu bringen. »Verbrechen und plötzliche Brutalitäten sind bei diesen Menschen nicht selten.«[25]

Neben reinen Krampfzuständen finden sich auch epileptoide und hysteroide Zustände, die wie bei den in Europa bekannten Krankheiten dieser Art mit teilweisen Krampfzuständen verbunden sind.

Radloff berichtet in seinem Tagebuch »Aus Sibirien«: »Die Schamanenkraft kommt auf den einzelnen wie eine Krankheit, die ihn ergreift. Das Individuum, das zum Schamanen bestimmt ist, fühlt eine Mattigkeit in den Gliedern, die sich durch ein heftiges Zittern kundgibt. Es überfällt ihn ein heftiges unnatürliches Gähnen; ein gewaltiger Druck liegt ihm auf der Brust, es drängt ihn plötzlich, heftige und unartikulierte Schreie auszustoßen, Fieberfrost schüttelt ihn; er rollt mit den Augen, springt plötzlich auf und rennt wie besessen im Kreis herum, bis er schweißbedeckt niederstürzt und in epileptischen Zuckungen und Krämpfen sich am Boden wälzt.«[26] Das Auftreten dieser geschilderten »epileptischen« Symptome (von anderen Forschern wird in diesem Zusammenhang sogar von »Schaum vor dem Mund« berichtet) ist aber nach unserer Meinung kein ausreichendes Kriterium für ein Vorliegen wirklicher Epilepsie; wohl aber haben wir hier eine Anlage vor uns, die der äußeren Beschreibung nach mit derjenigen übereinzustimmen scheint, die Kraepelin als hysterisch bezeichnet.

Nach diesem Forscher wird eine extreme Seite der Hysterie gekennzeichnet durch »Ohnmachten, verwirrte Erregungen mit Um-sich-Schlagen, Aufbäumen, Zähneknirschen, Zittern und mit Krampfanfällen. Die Betreffenden sinken zu Boden, zeigen Starre der Augenlider und nach Erwecken Strecken und Verdrehen der Glieder zu Schüttel-, Zappel- und Wälzbewegungen, sie beißen und schreien«.[27] Man könnte also im Hinblick auf die überaus ähnliche Radloffsche Beschreibung mit gewissem Recht von einer hysterischen Anlage des Schamanen sprechen, wie es auch einige Forscher tun, zum Beispiel Schirokogorow: »Es zeigen sich hysterische Anfälle mit allen typischen Begleiterscheinungen, Krämpfen, und der Brücke, Furcht vor dem Licht usw.«[28] Auch können Erscheinungen wie die von Charcot als »Grande Hysterie« beschriebene in diesem Zusammenhang erwähnt werden. Das Symptom der »hysterischen Brücke und Starre« entspricht dem »Arc de Cercle« von Charcot. In diesem Zustand liegt der Hysteriker auf zwei Stuhllehnen: Der Kopf ruht auf der einen und die Fersen auf der anderen. Der Betreffende befindet sich dann in einem kataleptischen Zustand, das heißt, er ist so steif, daß er in manchen Fällen ein zusätzliches stärkeres Gewicht ohne weiteres trägt. So handelt es sich wahrscheinlich bei dem von Schirokogorow geschilderten Zustand um ein der Hysterie verwandtes Phänomen. Auch Troshansky[29] führt die Veranlagung des Schamanen auf eine der Hysterie ähnliche Erscheinungsform »Mämärik«, das heißt die Geister der Ekstase, zurück.

Ebenso beschreibt Schirokogorow den »hysterischen Anfall einer Schamanin, die von einem schwangeren Geist besessen war und einen aufgetriebenen Leib bekam, so daß man glaubte, sie würde auf der Stelle gebären«.[30] Diese Erscheinung weist auf eine hysterieförmige Veranlagung hin ähnlich den bekannten Fällen der hysterischen Schwangerschaft.

Bei anderen Völkern spricht man sogar von einer sogenannten »arktischen Hysterie«, und man findet diesen Ausdruck häufig in der ethnologischen Literatur angewandt. Arktisch nennt man diese Hysterie, weil ihre hauptsächliche Verbreitung in den arktischen Gebieten vorkommt.[31] Man unterscheidet bei der arktischen Hysterie nach Jochelson und Priklonsky zwei verschiedene Formen:

»Amürakh« bedeutet eine Krankheit, bei der der Betreffende leicht erschrickt und eine Tendenz hat, alles, was er in seiner Umwelt sieht, nachzuahmen. Mit besonderer Vorliebe befaßt er sich mit Obszönitäten.[32]

Priklonsky nennt dieselbe Krankheit bei den Jakuten »Merjackerei« und schreibt darüber wie folgt:

»Der Anfall von Merjackerei drückt sich gewöhnlich aus in der Erweckung einer grundlosen momentanen Nachahmung bei einem anderen. Es braucht nämlich so ein Subjekt bloß einen Aufschrei zu tun, so schaudert der zu Anfällen Hinneigende voll Schrecken auf und wiederholt jede noch so ausgelassene Bewegung des Vormachers.«[33]

Die zweite Form der arktischen Hysterie ist die schon erwähnte »Mämärik«, welche uns hier zur Beurteilung der schamanistischen Anlagen besonders interessiert. In der Sprache der Tungusen bedeutet dieses Wort soviel wie verrückt oder von einem bösen Geist besessen sein. Diese Krankheit befällt hauptsächlich diejenigen Schamanenanwärter, die sich noch im jugendlichen Alter befinden. Ihre Symptome werden folgendermaßen geschildert:

Durch einen Schreck wird die eigentliche Krankheit ausgelöst. Von diesem Zeitpunkt ab kommt sie periodisch wieder. Ihr Höhepunkt besteht in Trance, wobei der Kranke »heult und tanzt«; schließlich endet dieser Vorgang mit »epileptischen Anfällen«.

Der »Mämärikzustand« gilt als eine Art Eignungszeugnis für die zukünftigen Schamanen. Auf jeden Fall hat der Jüngling, der an Mämärik leidet, Aussichten, später einmal ein guter Schamane zu werden.« »Ein gewöhnlicher Sterblicher wird im Kampfe mit den Geistern nicht fertig, sondern unterliegt ihnen und wird krank, während der zukünftige Schamane als

Sieger aus diesem Kampfe hervorgeht. Dann ist er der Gebieter über die Geister und kann sie rufen, wenn er ihrer bedarf.«[34]
Bei diesem Bericht ist es interessant, daß der zukünftige Schamane die Krankheit Mämärik überstehen muß; denn kann er die Krisen dieses Krankheitsstadiums nicht überwinden, dann bleibt er ein kranker Mensch. Man könnte gewissermaßen formulieren, daß der Schamane speziell in seiner seelsorgerischen Funktion, die er ohne weiteres im weitesten Maße ausübt, zunächst das Leiden seiner Patienten vorgelebt und erlebt haben muß. Für den Schamanenanwärter ist dieses Geschehen als eine Art Prüfung aufzufassen. Denn nur derjenige, der die Schwierigkeiten und Kämpfe mit der Geisterwelt erfahren, das heißt die Kämpfe seines Innern überwunden hat, kann seinen Stammesgenossen helfen und ihnen in seiner Funktion als Priester, Arzt und Prophet, das heißt als Vermittler zur »Geisterwelt«, nützlich sein.

Die Berufung – durch Krankheit, Tiere, Träume

Es gibt einige Stämme, bei denen der einzelne glaubt, in irgendeiner Begebenheit, die sich zum Beispiel bei seiner Arbeit ereignet, einen Hinweis auf seine spätere Schamanentätigkeit zu ersehen. Für ihn hat jedes dieser Zeichen, die für uns nur »zufällige« Begebenheiten sind, eine auf ihn bezogene Bedeutung. So wird innerhalb dieses Denkens, zum Beispiel das Herausquellen von Wasser beim Schlagen eines Baumes, als wundersames Zeichen aufgefaßt, als Berufung zum Schamanenamt. Diese Art der Auffassung entspringt einem affektiven Denken, einer egozentrischen Weltauffassung, das heißt zufällige Ereignisse und Geschehnisse scheinen sich jeweils um das Individuum als Mittelpunkt zu gruppieren und werden von diesem willkürlich ausgedeutet. Auf diese Weise erscheinen rein zufällige Zeichen und Geschehnisse in einem sinnvollen und geordneten Zusammenhang. Von vielen ähnlichen Beispielen sei hier nur ein besonders typisches erwähnt: Gusinde berichtet von einem jungen Feuerland-Indianer, der geeignetes Holz für einen Harpunenschaft suchte.[35] Als er einen Baum findet und ihn mit der Axt fällen will, läuft plötzlich zu seinem Erstaunen ein Wasserfluß aus dem Baum: »Er erschrickt und erkennt dieses Zeichen. Unverzüglich eilt er zu seiner Hütte nach Hause, und ohne sonst ein Wort zu verlieren, bittet er seine Frau und die Kinder, ihn nicht zu berühren, anzureden und zu stören, sondern sich ganz ruhig zu verhalten. Er legt sich nieder und schon ist er in einen tiefen Schlaf gesunken.« Im Traum erscheinen ihm nun die einzelnen Geister und unterhalten sich mit ihm in freundlicher Weise. Einer der Geister bietet sich ihm als Hilfsgeist an und sagt ihm, daß er unbedingt ein Schamane werden soll. Das ist seine Berufung.[36]

Der Werdegang eines Schamanen, die psychische Entwicklung von der Krankheit über Selbstheilung bis zur Fähigkeit schamanisieren zu können, geht über viele Stationen, die in den Berichten deutlich geschildert werden – wieder in der Form von Bildern, sozusagen äußeren Erlebnissen, während es sich natürlich um innere handelt.

Oft ist von Träumen die Rede, die ebenso als Erlebnis einer äußeren »realen« Welt beschrieben werden.

Der Vorbereitungszeit geht häufig ein mystisches Erlebnis des Schamanen voraus, bei dem er gleichsam seine Persönlichkeit aufgibt, um zu einer neuen Individualität wiedergeboren zu werden. Die eigentliche Vorbereitung des Schamanen zu seinem Amt geschieht dann durch einen wirklichen oder im Traum erscheinenden Lehrer.

Der Schamane zeigt während der Vorbereitungszeit in seinem Wesen in gesteigertem Maße die beschriebenen Absonderlichkeiten, die sich besonders in Visionen, Einsamkeitsbedürfnis und längeren Bewußtlosigkeiten äußern. Diese Vorbereitungszeit, die »erste Einwohnung der Geister«, wie es bei den Tungusen heißt, ist für den jungen Mann keineswegs eine angenehme. Nach dem Glauben der Burjäten spielt sich die Berufung folgendermaßen ab: »Während der Schamane bewußtlos ist, hat seine Seele sich vom Körper gelöst und ist in die Geisterwelt gegangen, wo sie Unterweisung auf allen Wissensgebieten erhält. So lernt der Schamane die Namen der verschiedenen Geister und ihre Aufenthaltsorte kennen, sowie auch die Opfer, die dargebracht werden müssen.

Nach einigen Proben, die er dann abzulegen hat, kehrt seine Seele wieder in den Körper zurück. Wenn der Geist in ihm Wohnung genommen hat, nach der ›Einwohnung des Geistes‹, widmet sich der Novize ganz der Ausführung der Befehle seiner Traumgesichte.«[37]

Ist auch in der ethnographischen Literatur stets von »Träumen«, weniger von Bildern und Visionen die Rede, so muß man sich doch vor Augen halten,

daß »träumen« für diese uns unbekannten Erscheinungen kein zureichender Ausdruck ist. Wir behalten aber trotzdem der Einfachheit halber diese Bezeichnungsweise bei.
Oft erscheint dem Aspiranten eine führende Instanz, welche ihn leitet und die Funktionen eines Lehrers ausübt. Von ihr erhält er die Anweisungen über seine Lebensweise, zum Beispiel über Nahrungsmittel, die er zu meiden oder zu bevorzugen hat; auch lernt er von ihr, welche Gesänge er zu üben, welche Worte er zu sprechen, welche Opfer er zu bringen, welche Kleider er anzufertigen habe und anderes mehr. Kurz, diese Trauminstanz gibt ihm das geistige und praktische Rüstzeug für sein künftiges Amt, wobei häufig eine gewisse Ähnlichkeit oder auch Überschneidung mit den »berufenen Geistern« feststellbar ist.
In einigen Fällen erfolgt die Vorbereitung auch durch menschliche Autorität, zum Beispiel einen älteren Schamanen. Dieser hat dann insbesondere die Aufgabe, seinen Novizen in die schamanistische Technik und in die Geisterwelt einzuführen.

Sehr gute Berichte über diese Erlebnisse gibt Rasmussen von dem Werden eines Schamanen bei den kanadischen Eskimos.
»Wenn ein junger Mann Schamane werden wollte, mußte er etwas aus seinem Besitz dem Geisterbeschwörer schenken, der sein Lehrer sein sollte. Holz galt bei Igdlulik als eine besonders kostbare Ware, und deshalb wurde es nach und nach Brauch, daß man eine Zeltstange verschenkte. An diese Zeltstange mußte ein Möwenflügel festgebunden sein, als Zeichen dafür, daß der Lehrling lernen wolle, durch die Luft zu fliegen. Die Gabe wurde draußen vor dem Hause als Opfer für die Hilfsgeister aufgestellt. Am Abend mußte dann der Schamane seine Hilfsgeister beschwören, um Leib und Seele seines Lehrlings zu reinigen. In Gegenwart aller mußte er seine Tabubrüche und seine übrigen Vergehen beichten. Während der Reinigung mußte er beständig ausrufen: ›Alles dies, weil ich gern sehend werden will!‹
Der Lehrmeister mußte sich hinter einem Vorhang aufhalten, der vor der Schlafbank, dem heiligen Platz der Geisterbeschwörer, angebracht war. Wenn der Lehrling ganz gereinigt war, mußte er hinter den Vorhang treten. Hier mußte dann der Schamane, verborgen von allen neugierigen Blicken, die Seele aus den Augen, dem Gehirne und den Eingeweiden seines Lehr-

lings herausnehmen. Dies, so sagte man, mache das Innere des Körpers licht, und ein Schamane mußte vom Licht umgeben und durchdrungen sein.

War der Lehrling ein Mann, so konnten sein Gehirn, seine Augen und seine Eingeweide drei Tage ohne Seele sein, war es ein Weib, vier Tage. Während dieser Zeit durfte im Hause keine Arbeit ausgeführt werden, und der Schüler mußte sich ununterbrochen hinter dem Vorhang aufhalten. Man hatte den Glauben, daß die Kraft in seinen Augen, seinem Hirn und seinen Eingeweiden während dieser Tage auf seine zukünftigen Hilfsgeister übergehe, damit er keine Furcht vor ihnen habe, wenn er sie eines Tages sähe. Und dies konnte erst fern von den Menschen geschehen, draußen in der großen Einsamkeit. Denn nur in der Einsamkeit konnte ein Mensch sich näher zu den Geistern hinarbeiten. Aber diejenigen, aus denen etwas werden sollte, mußten sehr früh beginnen, ja oft sogar, bevor sie geboren wurden.«[38]

Bei einem sibirischen Stamm, den Golden, erscheint dem Novizen im Traum ein Schutzgeist und übernimmt die Führung und Ausbildung des Schamanen: »Dieser Schutzgeist bringt ihm alles bei, was er zu tun hat, sagt ihm, welche Kleider er tragen muß und wie sie herzustellen sind.«[39] Er lernt ferner, wie er die Trommel zu gebrauchen hat, wie die Geister in Tätigkeit zu bringen sind und wie er seine Seele vom Körper trennen kann, um sie fortzusenden.[40]

Weitere Beispiele für eine Vorbereitung finden wir beim Pima-Stamm (Nordwest-Amerika). Es kommt zu dem künftigen Schamanen im Traum ein Lehrer, zum Beispiel in Gestalt eines kleinen Mannes, der den Schamanen Gesänge und »Liturgische Texte« lehrt. Nun folgt eine siebenjährige Ausbildungszeit, in der der Schamane erst allein und später im Kreise seiner Stammesgenossen anfängt, seine Tätigkeit auszuüben. Wenn er Erfolg hat, so kommt gewissermaßen als Abschluß seiner Ausbildung, als »Prüfung« das Männchen noch einmal in seinen Traum und nennt nun seinen Namen.

Er erhält dann ein äußeres Symbol seiner Schamanenwürde, zum Beispiel einen kleinen Splitter aus Glas, den er immer bei sich zu tragen hat. Nun ist er ein approbierter Schamane.[41]

In noch höherem Maße ist das visionäre Schauen der Schamanenanwärter während der Vorbereitungszeit bei den Mohave in Kalifornien ausgebildet. Sie empfangen Weisungen direkt von Mastambo, der in mythischer Zeit lebte und als Begründer des Schamanismus gilt. Durch seine Visionen ist der

Träumer imstande, sich bis in die Urzeit der Welt zurückzuversetzen. Er ist in seinen Traumerlebnissen bei den Zeremonien des Mastambo dabei und lernt von ihm die Gesänge. Nach dieser Vision ist er mit schamanistischer Macht begabt.[42]

Die Berufung durch einen Tiergeist kommt besonders in Amerika häufig vor, zumal auch dort das Zusammengehörigkeitsgefühl zwischen Mensch und Tier ein so starkes ist, daß Mensch und Tier durch eine direkte Ahnenreihe verbunden sind. So ist es oft der Tierahne, der den Novizen zum Schamanenamt beruft. Die Beziehung zwischen Tier und Mensch ist dabei eine so innige, daß häufig der Tierahne in menschlicher Gestalt auftritt und nur an gewissen Attributen als Tier erkennbar ist.

So berichtet ein Paviotso-Indianer von einer Berufung durch einen Adler in menschlicher Gestalt: »Ich versuchte zu schlafen, ich hörte alle Arten von Lärm und auch viele Tiere, darunter Bären, Berglöwen, Wild und andere mehr. Nach einer Weile begann der Fels, auf dem ich eingeschlafen war, zu krachen wie berstendes Eis, und es erschien eine Gestalt, ein großer und dünner Mann. Er hielt eine Adlerfeder in seiner Hand und sprach zu mir: »Du bist hierhergekommen und hast die richtigen Worte gesagt. Tue, wie ich dir sage, oder du wirst es schwer haben. Wenn du einmal als ein Schamane heilen willst, so mußt du den Instruktionen folgen, die die Tiere dir geben. Denn sie sagen dir, wie du Krankheiten heilen kannst. Sammle ähnliche Federn, wie du sie hier in meiner Hand siehst... außerdem auch schwarze Perlen. Hole Hirschklauen und eine Adlerfeder, mit diesen Dingen kannst du heilen. Das sind die Waffen gegen die Krankheiten. Außerdem mußt du den Rollentabak haben, den benutzt du, um den Patienten zu sagen, was sie krank machte, und kannst sie dann heilen.«[43]

Bei den Tlingit-Indianern träumt der Schamane bei der Berufung, daß ein Fischotter zu ihm kommt, dem er die Zunge abschneiden muß. Eine ähnliche Berufung haben wir bei den Penobscot-Indianern, wo der Schamane einer Schlange den Kopf abschlagen muß, wenn sie ihm erscheint. Denn dies ist ein Mittel, um den Schlangengeist an sich zu binden.

Andere Tiergeistberufungen finden wir bei den kalifornischen Maricopa, die durch Adler, Bussard, Cojote und gehörnte Eule zu ihrem Amte gerufen werden.[44]

Ein anderes Beispiel einer Berufung durch eine Tiervision gibt Gusinde von

10 Schamanengewand von den Tungusen, Sibirien. Zu dem Gewand gehört eine Maske aus Kupfer, ein chinesischer Spiegel aus Metall und mehrere kleine Kupfermasken sowie eiserne Menschen- und Tierfiguren, kleine Puppen und ähnliches. All diese Gegenstände symbolisieren Hilfsgeister des Schamanen. Das Gewand stammt aus der zweiten Hälfte des 18. Jahrhunderts.

Zu Seiten 62 und 63

11 Detail vom Schamanengewand der Tungusen: drei Püppchen, die Hilfsgeister verkörpern. ▷▷

12 Schamanenmaske und Püppchen als Verkörperung von Hilfsgeistern. Detail von einem Schamanengewand der Tungusen, Sibirien, zweite Hälfte des 18. Jahrhunderts. ▷▷

13 Rückseite des Schamanengewandes von den Tungusen. Die verschiedenen Anhängsel sind deutlich zu sehen.

14 Eiserne Puppe und rudimentäre Maske von dem Schamanengewand der Tungusen. Bei diesem Schamanengewand wird auch in den Masken sehr viel Kupfer verwendet. Dies ist im allgemeinen nicht üblich; die Anhängsel und Masken an Schamanengewändern in Sibirien sind meist aus Eisen, wie die kleine Puppe zeigt. ▷

15 Zwei Masken von dem Schamanengewand der Tungusen. Darstellungen von Hilfsgeistern. Die zahlreichen Masken verschiedener Größe an diesem Gewand sind ungewöhnlich: im Gegensatz zu den Eskimo-Schamanen verwenden die sibirischen Schamanen kaum Masken.

16 Gewand des karagassischen Schamanen Tulajew. Auf der Vorderseite sind deutlich Rippenzeichnungen zu sehen: Teile der Skelette seiner Vorfahren, die ihm ihre gesammelten seelischen Kräfte verleihen.

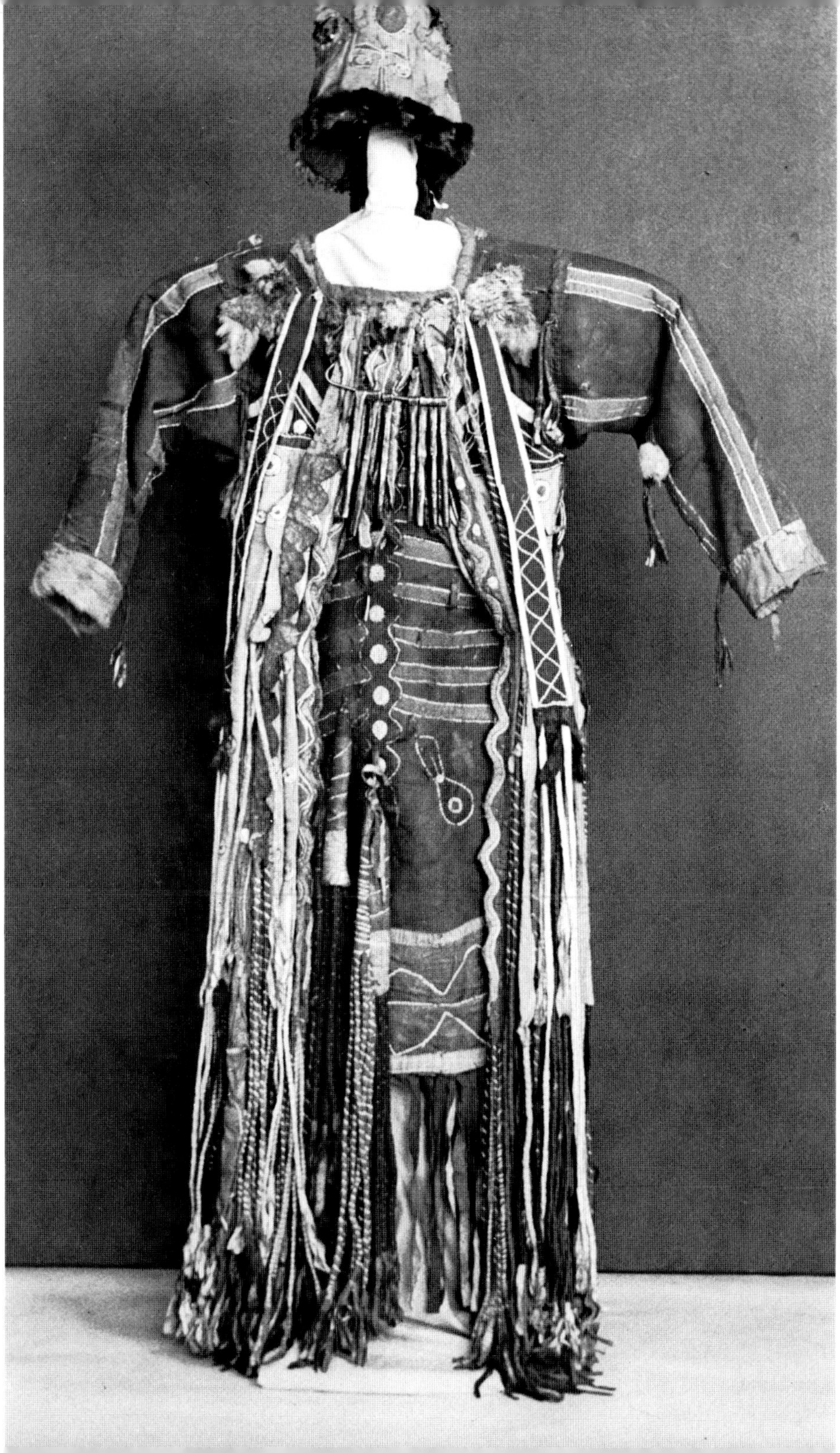

17 Gewand des karagassischen Schamanen Tulajew, Rückseite.

den Feuerlandindianern: »Die unmittelbare Berufung kann auch durch eigentliche Cowanni-Geister erfolgen. Ein Mann schlendert allein die Küste entlang, wie in der Traumwelt verloren, ohne bestimmte Vorstellungen. Plötzlich sieht er sich in ein geistiges Schauen versetzt, das man Asikaku nennt: ›vor ihm drängt sich eine unübersehbare Schar von Heringen, Walen, Schwertfischen, Geiern, Kormoranen, Sturmvögeln und anderen Tieren. Alle reden schmeichelnd auf ihn ein, zeigen sich liebenswürdig und ihm ganz ergeben, benehmen sich wie die freundlichsten Menschen.‹ Jener Mann ist ganz von Sinnen und weiß nicht, was ihm geschieht; gefühllos am ganzen Körper, ist er umgesunken und liegt regungslos da. Seine Seele verkehrt nämlich mit jenen Cowanni-Geistern und empfindet dabei ein außerordentliches Glück. Plötzlich verabschieden sich die Geister und verschwinden. Aus dem schweren Traum erwachend, taumelt der Mann nach Hause. Er weiß kaum, was um ihn geschieht; er läßt sich auf sein Lager nieder und sinkt in seinen Traum zurück. Wieder erscheint ihm jener Schwarm von Tieren; alle verkehren freundlich mit ihm und locken seine Kespix (= Seele) an. Bald folgt sie (die Seele) ihnen weit hinaus auf die Hochsee. Einer jener Geister bemüht sich um ihn mit überschwenglicher Liebenswürdigkeit, er wird der besondere Schutzgeist dieses Mannes werden; alle anderen Geister stehen ebenfalls zu seiner Verfügung als Freunde und Gehilfen. Die nächste Umgebung dieses Mannes erkennt an seinem Verhalten, was in ihm vorgeht; man läßt ihn unbehelligt und wartet geduldig, bis er seinen schweren Traum abgeschüttelt hat.«[45]

Darstellung eines Bärengeistes; Holz. Golden, Sibirien.

»Manche werden adoptiert ›an Kindes Statt‹, zum Beispiel von einem Bären. Wenn die Betreffenden dann schlafen, werden sie an der Fußsohle gekitzelt und wachen auf: dann brummen sie wie ein Bär, und aus ihrem Mund kommt ein Bärenzahn. Auf diese Weise wissen sie, welche Art von Tier ihnen erschienen ist. Diejenigen, die eine Schlange gesehen haben, werden wie eine Schlange töten. Schlangenvisionen erscheinen meistens denjenigen, die später einmal Doktoren werden.«[46]

In Nordwestamerika und Australien finden wir häufig die Berufung durch eine Schlange. Ein Crowindianer berichtet darüber: »Zuerst sehen wir einen Menschen in einer Vision oder im Traum, aber schon einige Tage später, während wir schlafen, erkennen wir, daß die menschliche Erscheinung ein Tier war, das sich in einen Menschen verwandelt hatte. Manchmal merkt der Berufene dies unmittelbar am Inhalt des Liedes. So mag der Geist im Liede zum Beispiel sagen: ›Ich bin eine Schlange‹ (oder ein Büffel, oder ein Pferd usw.).«[47]

Wenn ein Mensch die Vision einer Schlange hat, dann bedeutet das, daß alle Schlangen für ihn Vaterstelle einnehmen. Nach einer solchen Vision kann der Betreffende zum Beispiel eine Schlange aufheben und zu ihr sagen: »Ich bin dein Sohn«, und die Schlange wird ihm kein Leid antun.[48]

Die Eingeborenen Australiens sagen, daß plötzlich und unvermittelt über einen Menschen besondere seelische Erlebnisse kommen, die ihn zum Schamanen machen.

Gewöhnlich wird dieses »Berufungserlebnis« als ein Traum geschildert, bei dem die Seele des betreffenden Menschen sich nicht irgendwohin in fremde Länder begibt, auch nicht in die Unterwelt zu den Toten, sondern in das tiefste Innere der Erde taucht die Seele ein, wo im Grunde des Wassers die als Schlange vorgestellte Schöpferkraft der Welt lebt.

In Australien zum Beispiel wird berichtet: Es sind Tiergestalten, meist Schlangen, die als Hilfsgeister den Schamanen bei dieser Reise unterstützen und ihm die Kraft, die »Medizin« zu seinem Amt geben.

Solche Berufungsträume werden folgendermaßen geschildert: »Die Seele des Mannes, der ein Schamane wird, entfernt sich von ihm. Sein Körper liegt schlafend da. Es ist ein tiefer Schlaf, und niemand wagt, den Schlafenden zu wecken, auch wenn dieser Schlaf tagelang dauert. Während des Schlafes begibt sich seine Seele zu der Wasserstelle, aus der sie ursprünglich kam. Aber sie bleibt nicht in dieser Wasserstelle, sondern sie taucht von da an bis ins Innerste der Erde. Dort findet sie nach einer langen Reise durch dunkles Wasser plötzlich eine hellerleuchtete Höhle vor, in der sich zwei Schlangen, eine männliche und eine weibliche im Begattungsakt befinden. Aus der Vereinigung beider entstehen dauernd viele ›Kinderkeime‹ – von denen viele in die Seele des Schamanen eingehen, so daß er von nun an mehr Seelenkraft in sich trägt als ein gewöhnlicher Mensch.«

In anderen Berichten wird auch von einer »Medizin« gesprochen, die der Schamane in der Tiefe erhält. Diese Medizin soll aussehen wie durchsichtige Kristalle, in denen die Farben des Regenbogens aufleuchten. Diese magischen Kristalle werden »Alumburru« genannt und dringen durch die Schlüsselbeingrube, den Nabel oder den Penis in den Körper des Schamanen ein.

Die durch Ugud vermittelte Kraft hat ihren Sitz im Unterleib des Mannes. Ein Mensch, dessen Seele von der Schlange mit der besonderen Kraft ausgestattet wurde, fühlt von da an ein strahlendes Licht und eine große Helligkeit in seinem Inneren.

Ein alter Mann erzählte das Berufungserlebnis folgendermaßen: »Die Kraft geht durch den Nabel in den Körper des Schamanen ein. Er taucht in das tiefe Wasser, eine Schlange am Grund gibt ihm zwei Eier ein, die in ihm wachsen. Der Mann ist zunächst, wenn er aus dem Wasser kommt, krank und hat Fieber. Aber die Eier wachsen in ihm. Es ist gut, wenn er sehr viel Wasser trinkt, denn dann trinkt die Kraft in ihm Wasser. Das Wasser geht als Urin wieder aus ihm heraus, und deshalb hat Urin heilende Kraft.«

Bei den Erzählungen über das Berufungserlebnis wird von den Eingeborenen gewöhnlich nur auf eingehendes Befragen hin ein Unterschied zwischen der körperlichen und der seelischen Existenz eines Mannes, der Schamane werden soll, gemacht. Gewöhnlich wird erzählt, wie »er« taucht, die Medizin erhält, wieder an die Oberfläche heraufkommt usw. Erst wenn man genau fragt, wird deutlich, daß der Körper des Schamanen im tiefsten Schlaf bei seinen Angehörigen liegt, während unter »er« die Seele des Schamanen zu verstehen ist, die die Erlebnisse in der Tiefe hat.

Ein anderer Bericht über das Berufungserlebnis in Nordwestaustralien heißt: »Vielleicht liegt ein Mann da und schläft, es ist ein gewöhnlicher Mensch, aber im Schlaf denkt er plötzlich: ›Warum eigentlich bin ich kein Schamane, ich könnte ein Schamane werden.‹ Er träumt, und seine Seele verläßt ihn im Schlaf und geht fort. Die Seele geht durch viele Länder, bis sie an ein sehr tiefes Wasserloch kommt, auf dessen Grund sie die Schlange sieht. Die Seele kommt zurück. Die Seele spricht: ›Mein Vater, komm mit mir, tauche mit mir in das tiefe Wasser, ich habe da etwas gesehen.‹ Der Mann erwacht nach einem solchen Traum und beginnt ein unstetes Wanderleben, bis er irgendwo die Wasserstelle findet, die seine Seele im Traum gesehen hat. Dann legt er sich am Rande dieser Wasserstelle nieder und schläft ein. Im Schlaf versucht seine Seele nun von neuem die Schlange am Grund dieses Wassers zu sehen. Im Traum taucht die Seele tief in das Wasser, bis dahin, wo es schwarz und dunkel wird, und im Traum fühlt der Schamane, wie er stirbt. Die tote Seele aber taucht weiter, bis sie an eine Höhle kommt, in der es trocken und hell ist und in der die Sonne scheint. In der Höhle ist eine große Schlange.

Die Seele setzt sich hin, und die Schlange spricht mit ihr und gibt ihr ›Medizin‹. Daraufhin taucht die Seele wieder an die Oberfläche des Wassers und kommt zurück. Der Mann erwacht und fühlt, daß er wieder lebt. Aber er ist krank und kann nur langsam gehen. Ganz langsam kehrt er mühevoll zu seinen Angehörigen zurück und erzählt ihnen, daß er die Schlange gesehen habe. Die Leute sagen: ›Auch wir wollen die Schlange sehen‹, und alle wandern unter Führung des Schamanen zu der Wasserstelle, an der er sein Berufungserlebnis hatte.
Hier verlangen die Leute, daß der neue Schamane zum Beweis seiner Berufung in das Wasser taucht und ›Medizin‹ heraufbringt.
Bei dieser Probe in Australien wird der junge Schamane von einem älteren, der ihn begleitet hat, unterstützt. Während der junge sich in das Wasserloch begibt und darin taucht, wirft der alte Kristalle, die als Medizin gelten, in die Luft und ins Wasser. Der junge Schamane fängt einige der Kristalle und gibt vor, sie am Grunde des Wassers gefunden zu haben. Wenn die Leute die durchsichtigen Kristalle in der Hand des jungen Medizinmannes sehen, glauben sie ihm.
Der ältere Schamane spielt also die Rolle des Einführenden, während der junge gleichsam eine Initiation durchzumachen hat. Dies scheint darauf hinzudeuten, daß auch in Australien die Gestalt der Schamanen an gewisse Formen gebunden ist, daß traditionelle Überlieferungen von der älteren Generation an geeignetere jüngere weitergegeben werden.«

Neben dieser sehr äußerlichen Vorspiegelung eines seelischen Erlebnisses findet aber nach Aussagen eines Gewährsmannes auch hier an dem Wasserloch noch einmal eine wirkliche seelische Ergriffenheit statt, die sich auf alle Anwesenden ausdehnt. Offenbar werden durch die beiden Schamanen alle Anwesenden in Trance versetzt und fühlen dann, daß sie psychische Kraft übermittelt bekommen.
Dieses Erlebnis wird folgendermaßen geschildert: »Der junge Schamane taucht in die Tiefe zu der Schlange und spricht: Viele Menschen stehen am Ufer, sie wollen dich sehen. Der alte Schamane folgt ihm, und beide tauchen mit der Schlange zusammen auf. Die beiden Schamanen reiten auf der Schlange im Wasser, die Menschen am Ufer können nur den Kopf der Schlange sehen. Die Schlange aber streut Kristalle um sich. Nach einiger Zeit

verschwindet sie wieder in der Tiefe. Die beiden Schamanen aber verteilen Kristalle an alle Anwesenden. Alle erhalten dann etwas.«

Der Gewährsmann schloß: »Es gibt Leute, die von Jugend an die ›Medizin‹ haben, aber solche Leute sind nicht stark, sie verlieren die Kraft auch später. Ein Schamane aber, der die Schlange in der Tiefe gesehen hat und Medizin bekommen hat, verliert diese Kraft nie mehr. Er kann immer Kranke heilen.«[49]

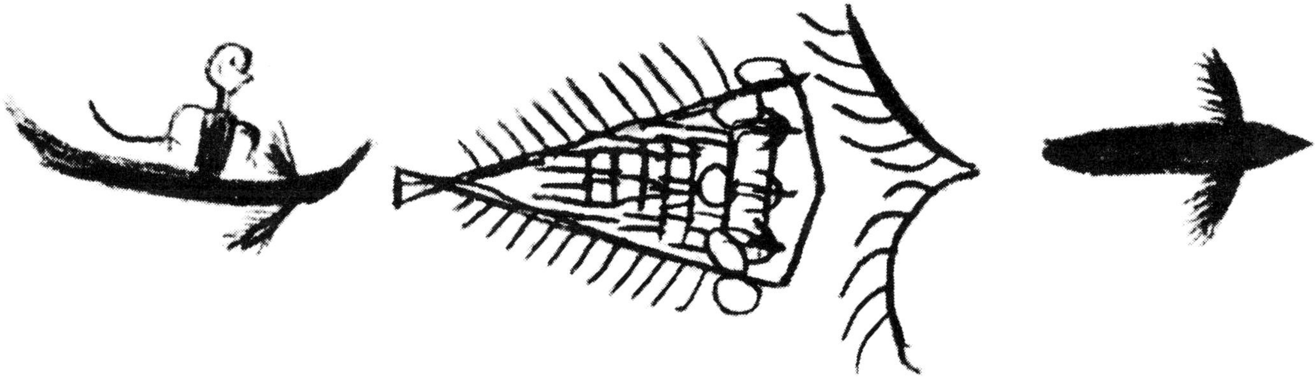

„Himmelsreise" eines Schamanen: er begibt sich in eine andere Welt, fällt also in Trance. Zeichnung eines Schamanen, Altai-Gebiet.

Die psychische Wiedergeburt des Schamanen durch die Überwindung einer Krankheit

Nach übereinstimmenden Berichten kann ein Mensch sich dem Zwang der Geister, die ihn zum Schamanen machen wollen, nicht entziehen. Die Anforderung der Geister treibt den angehenden Schamanen immer tiefer in geistige Verwirrung und körperliche Krankheit hinein. Dieser Zustand wird in vielen berichteten Fällen durchaus kritisch; kann er aufgelöst werden, so haben wir es mit einem ernst zu nehmenden Todes- und Wiedergeburtserlebnis zu tun. Gelingt die Auflösung nicht, so versinkt das Individuum in Geisteskrankheit oder stirbt.

Der Ausweg aus der Zwangslage ist das Schamanisieren, das heißt, die Heilung aus der Geisteskrankheit gelingt nur, wenn der Betroffene das oft unerwünschte und gefürchtete Schamanenamt, das ihm die Geister aufdrängen, annimmt.

Man hat den Eindruck, daß der frühe Mensch einen geradezu zwangsläufigen Weg zur Heilung aus der Geisteskrankheit gefunden hat, daß eine bestimmte »Seelenkonstruktion« einen Ausweg aus einem pathologischen Zustand ermöglicht.

Typisch beschreibt ein solches mystisches Wiedergeburtserlebnis Holm:[50]

»Der grönländische Schamanenkandidat geht in die Einsamkeit und muß dort an einem kleinen Stein reiben, worauf ihm der Geist in Gestalt eines Bären erscheint. Dieser Bär unterscheidet sich vom gewöhnlichen Bären dadurch, daß er viel dünner ist und man seine Rippen sehen kann. Von diesem Ungeheuer wird der Novize gefressen und stirbt dann unter den schrecklichsten Qualen. Nachdem der Bär den Neuling verschlungen hat, spuckt er nach und nach einen Knochen nach dem anderen wieder hinaus, bis das ganze Skelett wieder aufeinandergefügt ist. Schließlich bekommt es auch die Haut wieder, und der Novize ist wieder auferstanden.«

Ein ähnlicher, rein mythischer Vorgang ist der des Verschlungenwerdens durch den Bären bei den Grönländern. Der Novize geht in die Einsamkeit und wird vom Bären verschlungen, um als ein neuer, vom Kopf bis zum Fuß veränderter Mensch, dem selbst die Knochen neu wieder zusammengefügt wurden, aufzuerstehen. Es ist der Abschluß eines Reifeprozesses, der in diesem mythischen Erleben seinen Ausdruck findet. Wie jede Umwandlung (und jede Trennung von Altem), ist auch diese mit Schmerzen verbunden. So heißt es in dem grönländischen Bericht: »Er stirbt unter schrecklichen Qualen«, und äußerlich verliert der Novize, wie geschildert wird, dabei meist die Sinne und wird ohnmächtig. Das Wandlungserlebnis ist also ein tief erschütterndes, bis an die Grenzen physischer Tragfähigkeit gehendes psychisches Geschehen.

Nachdem nun der Körper vom Ungeheuer verschlungen ist, geht eine Wandlung mit dem Novizen vor; er wird Stück um Stück als veränderter neuer Mensch wiedergeboren. Bei den Ostgrönländern muß der Novize mehrere solcher Wiedergeburten erleben, um ein guter Schamane zu werden.

Bei den Klamath-Indianern wird Entsprechendes in einer Mythe von einem Bären berichtet, der an einem großen Wasser lebte. Eines Tages kam ein Mann, der den Bären aufrecht im Wasser stehen sah. »Hier werde ich schwimmen«, sagte der Mann und tauchte ins Wasser, worauf der Bär verschwand. Später wurde der Mann von seinen Stammesgenossen bewußtlos aufgefunden, und Blut kam ihm aus dem Mund. Der Bär hatte ihn gefangen und ihn zum Schamanen gemacht. »Er wäre fast gestorben«, bevor ihn der Geist zum Schamanen gemacht hatte.[51] Auch in diesem Beispiel haben wir eine Art von Tod und Wiederauferstehen. Erst als der Novize durch das lange Schwimmen im Wasser bewußtlos war und in der Vision vom Bären gefangengenommen wurde, konnte er Schamane werden.

Einen sehr interessanten Bericht über das Erlebnis vom Sterben und Wiedergeborenwerden gibt die Selbstbiographie eines Winnebago-Indianers.[52]

Besonders aufschlußreich ist diese dadurch, daß die Schilderung eines Initianten vorliegt, der die Zeremonien selbst erlebt hat. »Ich war sehr neugierig zu sehen, wie ich getötet wurde und dann wieder im Zeremonialhaus zum Leben zurückgebracht wurde«, erzählt der Initiant. Dies geschieht in der »Schuß-Zeremonie«, die den wichtigsten Teil bei dem Winnebago-Medizintanz bildet.

Es sei wenig Zweifel, heißt es weiter in dem Bericht, daß das »Töten« und »Wieder-zum-Leben-Kommen« innerhalb der Schußzeremonie von den alten Mitgliedern als symbolisch betrachtet wird. Es ist eine dramatische Symbolhandlung, die bedeutet, daß alle Mitglieder dieses Bundes wiedergeboren werden. Bei den alten Mitgliedern heißt denn auch der Initiant »derjenige, dem wir das Leben wünschen«.[53]

Das besondere Erlebnis des Zerschnittenwerdens

In Sibirien wird häufig vom Zerschnittenwerden des angehenden Schamanen berichtet, das von Geistern vorgenommen wird. Der Schamane wird »gekocht«. Alle Geister, über die er später Macht haben wird, essen von seinem Fleisch, ehe sie ihn wieder zusammensetzen und auferstehen lassen.

Während dieses rein psychischen Erlebnisses liegt der Schamane in tiefer Bewußtlosigkeit. Er macht einen außerordentlich gefährlichen psychischen Prozeß, einen Wandlungsvorgang durch, dessen Ergebnis eine Steigerung seiner psychischen Potenz ist. Ein echtes Todes- und Wiedergeburtserlebnis, das in immer gleichen Bildern sehr deutlich beschrieben wird, das aber für moderne Menschen nicht nachzuerleben ist.

Die Leidenszeit des Schamanen kann so intensiv sein, daß auch die Menschen seiner Umgebung in Mitleidenschaft gezogen werden – ja, es gibt Berichte, in denen die »Geister« den Tod eines oder mehrerer Angehörigen des Schamanen verlangen und er erst, nachdem diese gestorben sind, die volle Schamanenkraft erreicht.

»Die Schamanen werden weit im Norden, an der Wurzel der schrecklichen Krankheiten, geboren.« Dort steht eine Lärche, auf deren Zweigen viele Nester in verschiedener Höhe liegen. Die größten Schamanen werden im Wipfel des großen Baumes aufgezogen, die mittleren in halber Höhe, die kleinen Schamanen auf den unteren Zweigen.

Man erzählt, zuerst fliege ein großer Vogel, einem Adler ähnlich, mit eisernen Federn zu diesem Baum, setze sich auf ihn und lege ein Ei. Dann brüte dieser Vogel das Ei aus. Wenn ein sehr großer Schamane ausschlüpfen soll, brütet er drei Jahre, wenn ein kleiner, ein Jahr.

Dieser Vogel heißt »Tiermutter« und zeigt sich im ganzen dreimal. Das erste

Mal, wenn sie einen Schamanen gebiert, das zweite Mal, wenn sein Werdegang durch die Zerlegung seines Körpers beendet wird, zum dritten Mal, wenn der Schamane im Sterben liegt.

Wenn der Schamane – seine Seele – aus dem Ei kriecht, dann übergibt ihn dieser Vogel einer Geister-Schamanin mit Namen Bürgästej-Udagan, die ein Bein, eine Hand, ein Auge besitzt. Diese Schamanin bettet den Schamanen in eine eiserne Wiege um, schaukelt ihn und zieht ihn mit eingedickten Stücken geronnenen Blutes auf.

Wenn die Aufzucht in der Wiege beendet ist, wird der künftige Schamane drei schwarzen, dürren Geistern übergeben, die sein Fleisch in Stücke hauen. Den Kopf des Schamanen stecken sie fürs erste auf eine Stange. Dann streuen sie das zerhauene Fleisch wie ein Opfer nach allen Seiten aus. Drei andere Geister werfen dabei die Kinnlade des Schamanen als Orakel für die Ursprünge aller Nöte und Krankheiten. Wenn der Orakelknochen in die normale Lage fällt, dann heißt das, von dieser Krankheit kann der Schamane die Menschen erretten. Manchmal soll es vorkommen, daß das Fleisch des Schamanen nicht für alle Leiden und Krankheiten reicht. Dann soll ihm zugestanden sein, aus Anlaß derjenigen Krankheiten, die nicht mit Stückchen seines Fleisches bedacht werden konnten, lediglich einmal zu schamanisieren.

Im Bertünschen Gebiet sagte vor zwei Jahren im Sommer ein Mensch, er müsse bald Schamane werden. Er befahl, für sich im Walde in der Nähe einer Lichtung eine Hütte zu bauen. Das Häuschen war unmittelbar an der höchsten Lärche errichtet, wo sich eine Menge schamanistischer Idole befand, die dort nach der Séance aufbewahrt wurden. Junge, noch unverheiratete Burschen mußten es nach seiner Anweisung aus ungeschälten Stämmen bauen. Dieser Mensch hieß Michail Savvitsch Nikitin. Er war ungefähr vierzig Jahre alt.

In diese Hütte zog er dann und lag dort drei Tage. Er sagte: »Ich liege da als ein Toter und werde (von Geistern) zerschnitten. Am dritten Tage muß ich aufstehen.« Für diesen Tag befahl er, einen Schamanen namens Bötschükkä, den Sohn des Taapyn zu holen, damit dieser über ihm die Zeremonie der »Aufhebung des Körpers« und der »Belehrung und Weihung« vollziehe.

Von einer werdenden Schamanin werden die Worte überliefert: »Die Zeit ist da, wo sie meinen Leib aufschneiden. In drei Tagen werde ich sterben und dann auferstehen. Hülle meinen Leib dann in eine Birkenrinde.« Von einem Geist heißt es: er sammelte die Knochen der Schamanen und legte sie auf eine abgeschälte Birkenrinde. Darauf kehrte von neuem Leben in den Körper, und sie richteten ihn auf. Und wieder in anderer Variante lauten die Worte eines werdenden Schamanen: »Wenn die Zeit meiner Wiederauferstehung (man kann auch ›Wiederbelebung‹ übersetzen) herannaht, dann versammelt reine, unberührte Jungfrauen und Jünglinge und laßt sie die Zeremonie meiner Aufhebung vollziehen.

Wenn der Schamane tot daliegt, dann legt man ihn nackt – ohne alle Kleidung – auf frisch geschälte Birkenrinde. Diese Erzählung hörte ich von vielen Alten und Kennern der alten Zeit. Bevor der Schamane stirbt, soll er zu seinen Leuten sagen: »Wenn die Zeit meiner Auferstehung, meiner Wiederbelebung herannaht, dann versammelt reine, keusche Mädchen und Jünglinge und laßt sie die Zeremonie meiner Aufhebung vollziehen.«

Ehe jemand Schamane werden kann, muß er krank sein. Dann wird er dreimal zerschnitten. Mir ist noch nicht zu Ohren gekommen, daß man dabei den Schamanen auf frische Birkenrinde legte.

Ein großer Schamane muß sich in dem, was die Jakuten »die alte Zeit« nennen, zwangsläufig der Zerschneidung seines Körpers unterziehen. Während der Zerlegung seines Körpers muß der Schamane außerhalb seiner Behausung im Freien liegen. Er hat frisch geschälte Birkenrinde unter sich gebreitet; niemand seiner Angehörigen darf diesen Ort besuchen. Nur einen Menschen wählt er unter seinen Verwandten aus, der ihm während seiner Krankheit aufwarten muß – einen reinen Knaben oder ein reines Mädchen, das noch nichts von einem Manne weiß.

Volle vier oder fünf Tage lang liegt der Schamane ohne Gefühl da; aus seinem Munde tritt reichlich weißer Schaum; aus allen Gelenken rieselt Blut. Sein ganzer Körper ist mit blauen, blutunterlaufenen Stellen bedeckt. Man sagt, er habe die Sprache verloren. Er liegt halb tot da und atmet kaum. Man erzählt sich, daß in der unteren Welt das Fleisch des Schamanen von seinen Knochen getrennt und seine Teile auf verschiedenen Wegen verteilt werden. Je ein Stückchen kommt auf die Abzweigung eines Weges.

Wenn der Körper eines Schamanen zerschnitten wird, dann liegt er sieben Tage lang ohnmächtig da. Er ißt und trinkt nichts. Aus allen Gelenken und aus beiden Augen soll die ganze Zeit hindurch Schleim fließen. »Wenn mein Körper in Teile zerlegt ist, dann werden seine Stückchen auf allen Wegen des Unglücks und der Not verteilt.« So erzählen die Schamanen selbst. Die Vorgänge in dieser Zeit beschreiben sehr gut schamanistische Berichte von den Burjäten, in denen auch immer wieder die Zwangssituation – der zukünftige Schamane, der Schamanenanwärter, kann sich seiner Berufung nicht entziehen – zum Ausdruck kommt.

Ehe ein Mensch Schamane wird, ist er lange krank. Es scheint ihm, daß die Seelen verstorbener Schamanen, seine »utcha« (Vorfahren) kommen und ihn lehren. Wenn diese verstorbenen Schamanen kommen, wird man geistesabwesend, man spricht mit ihnen wie mit Lebenden. Niemand von den Nichtbeteiligten kann sie sehen. Manchmal kommt einer, zuweilen mehrere, manchmal auch viele, fast alle verstorbenen Schamanen.

»Alle diese Schamanenseelen quälen mich, schlagen mich, schneiden mir mit dem Messer das Fleisch ab, werfen es umher, stechen mir in den Magen und fordern, daß ich Schamane werden soll.«

Während sie stechen und schneiden, liegt der Schamane selbst halbtot da. Kaum hört man sein Herz schlagen, der Atem ist schwach, Hände und Gesicht werden dunkelblau.

»Dann belebst du dich wieder etwas, die Finger beginnen sich zu rühren, mehr und mehr kommst du zu Atem.«

Wenn die Seelen der verstorbenen Schamanenvorfahren den burjätischen Schamanenlehrling, den sie zwangen, Schamane zu werden, im Himmel belehrt haben, dann kochen sie ihn, damit er fertig (reif, gar) wird. Im Altertum wurden alle Schamanen gekocht, damit sie das schamanistische Wissen erlernten. Indes liegt er sieben Tage wie tot da. Die Angehörigen singen dann: »Unser Schamane wird wieder lebendig, er wird uns befreien!« Die Schamanenvorfahrengeister sagen zu ihm: »Jetzt werden wir dein Fleisch abschneiden, damit du vollkommen wirst. Aber wir werden das Fleisch wieder dazulegen, und du wirst wieder lebendig werden und Schamane sein.« So taten sie.

Die Tungusen sagen von ihren Schamanen: »Ehe ein Mensch Schamane wird, ist er lange krank. Sein Verstand verwirrt sich. Die Schamanenvorfahrengeister seiner Sippe kommen, sie zerhacken ihn, zerreißen ihn, schneiden sein Fleisch in Stücke, trinken sein Blut. Sie schneiden seinen Kopf ab und werfen ihn in den Ofen, in dem verschiedene eiserne Zubehörteile seines Kostüms geglüht und dann geschmiedet werden. Irgendwo in der oberen Welt geschieht dieses Zerschneiden durch die Schamanenvorfahrengeister. Nur derjenige empfängt die Gabe des Schamanismus, der in seiner Sippe Schamanenvorfahren hat, die von Geschlecht zu Geschlecht übergehen; und nur wenn diese seinen Körper zerschnitten und seine Knochen untersucht haben, kann er zu schamanisieren beginnen.«

Der Schamane Timofej erzählt: »Mit 15 Jahren wurde ich krank. Meine schamanistischen Vorfahren nötigten mich, den Weg des schamanistischen Dienstes zu beschreiten. Wenn ich zu singen anfing, ging die Krankheit gewöhnlich vorüber. Dann schamanisierten meine Vorfahren. Sie stellen mich auf wie einen Pfahl und schießen mit Bogen auf mich, bis ich bewußtlos bin. Sie zerschneiden mein Fleisch, lösen die Knochen heraus und zählen sie. Als sie meine Knochen gezählt hatten, merkten sie, daß zu viele da seien. Hätten die Knochen nicht gereicht, so hätte ich nicht Schamane werden können.«

Die Seele des werdenden Schamanen bei den Jakuten schleppen seine Schamanenvorfahren (vornehmlich in mütterlich absteigender Linie) in die unterirdische Welt und halten sie dort ein bis drei Jahre eingeschlossen; sie belehren und erziehen ihn dort. Nach Ablauf einer bestimmten Frist müssen sie den »Körper« des künftigen Schamanen in Stücke schneiden.

Die Schamanen selbst erzählen gewöhnlich: »Sie trennen den Kopf ab und legen ihn auf den oberen Balken der jakutischen Jurte, alle Extremitäten schneiden sie ab, das Fleisch aber hauen sie in Stücke und verteilen es unter alle Arten von Verderben und Tod.

Sie schneiden den Kopf ab und legen ihn auf das obere Brett in der Jurte, von wo er dem Zerhauen seines Körpers zuschaut. Mit einem eisernen Haken haken sie ein und zerreißen und zerteilen alle Gelenke; sie säubern die Knochen, indem sie das Fleisch abkratzen und alle Flüssigkeit entfernen. Sie nehmen die beiden Augen aus den Höhlen und legen sie zur Seite. Das von den Knochen gelöste Fleisch wird in der Unterwelt auf allen Wegen zerstreut; auch sagt man, es werde unter die 9 oder 3 x 9 Geschlechter der Krankheit verursachenden Geister verteilt, deren Straßen und Wege der Schamane künftig kennen wird. Er wird bei von ihnen verursachten Krankheiten helfen können; jedoch nicht kann er diejenigen Krankheiten heilen, deren verursachende Geister nicht von seinem Fleische aßen.

Die Knochen des Schamanen werden von den Geistern gezählt, um festzustellen, ob alle vorhanden sind. Fehlt ein Knochen, so muß einer der nächsten Blutsverwandten des Schamanen sterben. Nach anderer Version heißt es: In der Werdezeit eines großen Schamanen sterben aus seiner Blutsverwandtschaft so viele Leute, als er Hauptknochen hat. Diese Toten geben ihm die Möglichkeit, Schamane zu werden. Nach wieder anderer Eingeborenenaussage wird erzählt: Im Altertum starb in der Werdezeit eines großen Schamanen dessen ganzes Geschlecht aus; für jeden Knochen des Schamanen forderten die Geister ein menschliches Lösegeld aus der Mitte seiner Angehörigen: für acht Röhrenknochen acht Menschen, für den Schädel einen. Für die zehn Hauptknochen starben zehn Menschen. Der nach der Ordnung zerschnittene Schamane kommt nicht wieder zum Leben ohne menschliches Lösegeld.

Skelettdarstellung eines Schamanen auf einer Schamanentrommel aus Sibirien.

Die Alten sagen von der Heilkraft eines Schamanen: »Er hilft unter der Voraussetzung, daß die Quelle einer bestimmten Krankheit, der böse Geist, seinen Anteil, einen Teil seines Fleisches bekommen hat. Wenn ein großer Schamane ins Dasein tritt, dann stirbt sein Geschlecht aus. Die Geister verwenden seine sterbenden Angehörigen als Stangen des Wehres, das durch den Fluß gebaut ist ... Auserwählte Schamanen müssen Wasser vom Todesfluß haben.

Die Schamanen selbst erzählen, daß der Körper eines großen Schamanen dreimal zerschnitten wird, der eines kleinen einmal. In dieser Zeit soll er daliegen und mit dem Tode kämpfen. Man sagt, daß in dieser Zeit die Geister sich versammeln. Bei der Zerlegung nehmen sie seinen Kopf ab und stecken ihn oben auf eine Stange. Sein Fleisch aber schneiden sie in kleine Stückchen und teilen es unter alle Versammelten ... Man sagt, sie sind eine ungeheuer große Zahl. Wenn einem von ihnen Fleisch von den Beinen zufällt, dann wird der Schamane Beinkrankheiten heilen. Wenn einer von ihnen Fleisch von den Ohren ißt, wird der Schamane Ohrenkrankheiten heilen. Wenn die Teile seines Körpers für den einen oder anderen Geist nicht ausreichten, dann darf der Schamane auch nicht schamanisieren. Er kann nur die Geister überwinden, die von seinem Fleisch gegessen haben. Diejenigen Leute, die sich für die schamanistische Berufung vorbereiten, dann aber diesen Gedanken aufgaben, sagen gewöhnlich: »Meine Knochen reichten nicht aus. Deshalb kehrten die Geister um.«

Zerschnitten werden, das heißt eigentlich: sterben und wiederauferstehen. Während der Werdezeit der großen Schamanen in den früheren Zeiten sollen von seinen Sippengenossen sieben Menschen gestorben sein.

Der werdende Schamane kränkelt anfangs lange Zeit. Er wird von Anfällen krampfhaften Singens erfaßt. Die Geister singen, die in ihn eingehen. Die Krankheit dauert verschieden lange, zuweilen bis fünf oder sechs Jahre. Die Geister seiner Vorfahren, längst verstorbener Schamanen, steigen herab. Der Geist eines verstorbenen Schamanen, der keine Blutsverwandten hat, wird ein Irrgeist. Manchmal findet solch ein Geist einen unglücklichen Menschen, wenn dieser gerade Lieder singt.

Wenn blutsverwandte Nachkommen da sind, dann steigt der Schamanengeist vorzugsweise auf die Nachkommen in der weiblichen Abstiegslinie. Von den berühmten Schamanen der alten Zeit stieg, soweit bekannt ist, nur einer, der Schamane Küstäch, nicht auf seine Tochterfamilie nieder. Bei manchen Berufenen gehen fast alle näheren Verwandten zugrunde. Der Geist des Schamanenvorfahren tötet, vernichtet, frißt sie dafür, daß sein Nachkomme seinen Anrufen sich widersetzt.

Bei einem großen Schamanen muß für jeden Knochen seines Körpers je ein Mensch aus der Reihe seiner Blutsverwandten als Lösegeld sterben: für die acht Röhrenknochen acht Menschen, für den Schädel ein Mensch. So sterben für die neun Hauptknochen neun Menschen.

Diese Bestimmung, daß ein Schamane, der nach der richtigen Ordnung zerschnitten wird, nicht ohne ein menschliches Lösegeld ins Leben zurückkehrt, hat seit alter Zeit in unserer Sprache in einer Redensart Niederschlag gefunden. So sagt man nämlich von einem Schamanen: »Das ist ein großer, ein schrecklicher Mensch, dessen Namen man im geweihten Monat nicht unnütz aussprechen darf.«

Mit einem solchen Schamanen darf man nicht streiten. Auch soll man ihm nicht widersprechen. Alles, was er erbittet, muß man ihm geben und alle seine Aufträge ausführen. Sonst kann er jedes Unglück hervorrufen.

Ehe Menschen zu Schamanen werden, sind sie lange Zeit krank. Sie werden mager, sind nur noch Haut und Knochen. Sie verlieren den Verstand, reden unvernünftiges Zeug, klettern immer wieder in die Wipfel von Lärchenbäumen. Dabei schwatzen sie Unsinn, als ob ihnen die Augen ausgestochen würden, ihr Körper zerschnitten würde, sie zerteilt und gegessen würden,

Kigutiliq oder der Geist mit den Riesenzähnen. Eines Tages, als der Zeichner auf der Robbenjagd war, stieg dieses Ungeheuer aus einer Wake auf. Es war so groß wie ein Bär, hatte aber lange Beine mit großen Knoten in den Gelenken, zwei Schwänze, ein großes Ohr, das lediglich in einer Hautfalte zu sitzen schien, und Zähne, die so gewaltig waren wie die Stoßzähne des Walrosses. Es stieß ein mächtiges Brüllen aus, und da wurde dem Jäger so bange, daß er nach Hause flüchtete, ohne den Geist zum Hilfsgeist genommen zu haben. Zeichnung von Arnaqaoq.

man ihnen neues Blut eingieße usw. Man erzählt, daß das Gesicht des Schamanen in dieser Zeit ganz blutig werde. Wenn ein Schamane der lichten Geister ins Dasein tritt, dann wird seine Sippe reich. Wenn aber ein unheilvoller Schamane entsteht, so sterben in seiner Sippe acht Menschen für seine acht Hauptknochen.

Man sagt, wenn ein Schamane erscheint, dann müssen Leute aus seiner Sippe sterben. Ich hörte auch Erzählungen von einem Wehr, das der Schamane mit seinen Rückenwirbeln erbaut. »Wenn ein neuer Schamane geboren wird, der über größere Kraft verfügt als der andere, dann reißt dieser neue Schamane bei seinem Erscheinen das Wehr ein.«[54]

Die Hilfsgeister des Schamanen in Tiergestalt

Am Ende der langen, manchmal jahrelangen psychischen Erfahrungen und Erlebnisse steht dann ein plötzliches Moment, eine Erleuchtung, ein Durchbruch, der aus dem werdenden einen fertigen Schamanen macht.

Es kommen aber auch Fälle vor, wo einzig und allein ein solches Erlebnis – vielleicht eine plötzliche Erschütterung – diese Wandlung bewirkt und aus einem normalen Menschen, dessen Anlage zum Schamanen unbemerkt geblieben war, einen Schamanen macht.

In vielen Berichten – vor allem von den Eskimos – wird das Ergebnis der langen und leidvollen Vorbereitungszeit, die vermehrte psychische Kraft des Schamanen unter dem Bild des Erwerbs von »Hilfsgeistern« gesehen. Hilfsgeister in verschiedener, meist phantastischer Gestalt oder übergroßer Tiere zeigen sich dem Schamanen in Form von Visionen und stehen ihm zur Verfügung, er kann sie rufen, wann es ihm gefällt.

Die Vorstellung von den »Hilfsgeistern« ist natürlich für den modernen Menschen schwer zu verstehen. Es ist ein Bild, unter dem eine bestimmte psychische Entwicklung gesehen wird. An der Realität dieser psychischen Entwicklung, an dem Kraftzuwachs, brauchen wir aber nicht zu zweifeln. Die psychische Entwicklung, der Vorgang des Erwerbs von Hilfsgeistern, wird von vielen Gruppen, die der jägerischen Kultur angehören, und in ganz verschiedenen Gegenden in sehr ähnlicher Weise geschildert.

»Obwohl schon zu der Zeit, als ich noch im Mutterleibe war, alles für mich bereit war, versuchte ich doch vergebens, ein Geisterbeschwörer mit Hilfe anderer zu werden. Aber das wollte niemals glücken. Ich suchte viele berühmte Schamanen auf und gab ihnen große Geschenke, welche sie augenblicklich an andere weitergaben. Denn wenn sie sie selber behalten hätten, wären ihre Kinder gestorben. Dann suchte ich die Einsamkeit und wurde bald sehr schwermütig. Auf eine mystische Art und Weise konnte ich in Klagen ausbrechen und unglücklich werden, ohne den Grund zu begreifen. Dann wurde manchmal plötzlich alles ganz anders, und ich fühlte eine große und unerklärliche Freude, eine Freude, so stark, daß ich sie nicht beherrschen konnte. Ich mußte in einen Gesang ausbrechen, in einen gewaltigen Gesang, der nur Raum für dies eine Wort hatte: Freude! Freude! Freude! Und mitten in dieser rätselhaften, überwältigenden Wonne wurde ich Schamane, ohne selbst zu wissen wie. Aber ich war es, ich konnte auf eine ganz neue Weise sehen und hören.

Jeder wirkliche Geisterbeschwörer muß sein Leuchten in seinem Körper fühlen, im Innern seines Kopfes oder in seinem Gehirn, etwas, das wie Feuer leuchtet, das ihm die Kraft gibt, mit geschlossenen Augen in die Dunkelheit, in die verborgenen Dinge oder in die Zukunft zu sehen, oder auch in die Geheimnisse anderer Menschen. Ich fühlte, daß ich im Besitz dieser wunderbaren Fähigkeit war.

Mein erster Hilfsgeist wurde mein Name, ein kleiner Aua. Als er zu mir trat, war es, als ob der Hausgang und das Dach sich höben und ich erhielt eine solche Sehkraft, daß ich quer durchs Haus sehen konnte, in die Erde hinein und in den Himmel hinauf. Es war der kleine Aua, der mir all dieses innere Licht brachte, indem er über mir schwebte, solange ich sang. Darauf stellte er sich draußen in einen Winkel des Hausgangs, unsichtbar für alle anderen, aber immer bereit, wenn ich ihn rufen würde.

Ein Aua ist ein kleiner Geist, eine Frau, die unten am Strand wohnt. Dort sind viele dieser Strandgeister. Sie laufen umher mit spitzen Fellhütchen auf den Köpfen, ihre Hosen sind putzig kurz und aus Bärenfell. Sie haben lange Stiefel mit schwarzen Mustern und Pelze aus Seehundfell. Ihre Füße sind aufwärts gedreht, und sie scheinen nur auf den Hacken zu gehen. Die Hände halten sie so, daß die Daumen immer auf die Handflächen gepreßt sind. Die Arme halten sie hoch erhoben mit gefalteten Händen, wie wenn sie ununterbrochen über den Kopf hinstrichen. Sie sind ausgelassen und

18 Figur eines Bären mit kleiner, menschlicher Gestalt. In dieser Weise wurde das Verhältnis eines Menschen oder Schamanen zu seinem Schutzgeist dargestellt. Figur vom Stamm der Kwakiutl, Nordwestamerika ▷

85

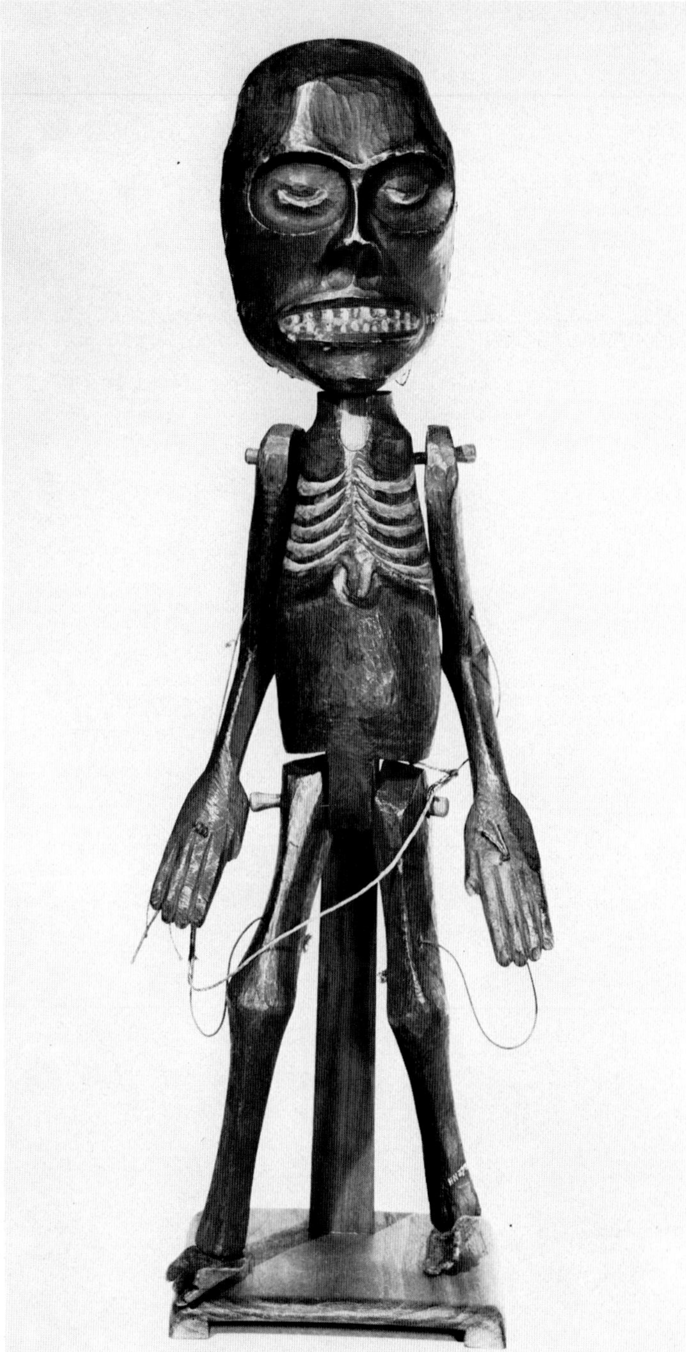

◁ 19 Puppe aus Nordwestamerika. Holz mit beweglichen Gliedern. Die Puppe stellt einen Totengeist dar. Solche Puppen wurden bei der Aufführung geheimer Mythen von den Schamanen benutzt.

◁ 20 Kleine Holzfigur eines singenden Schamanen. Da Teile des Skeletts zu sehen sind, ist anzunehmen, daß der Schamane als Toter im Jenseits dargestellt wird oder während der Einweihungszeremonie, dem Vorgang des „Zerschnitten-Werdens".

21 Puppe, Darstellung eines Hilfsgeistes. Holz mit Einlegearbeit aus Walroßelfenbein, Alaska-Eskimos, um 1880.

22 Die Geister der Verstorbenen fahren auf einem „Drachenboot", um einem Schamanen zu helfen. Knochenschnitzerei der Tlingit, Nordwestamerika. Gefertigt zwischen 1825 und 1875.

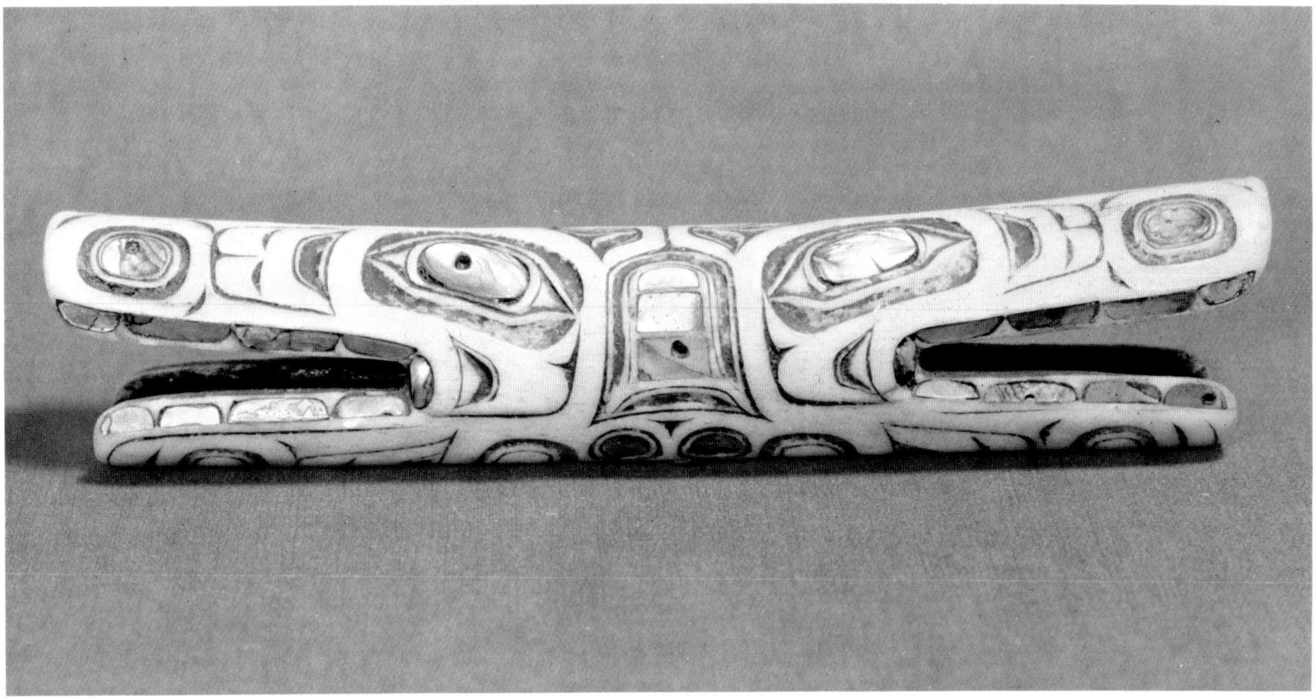

23 Sogenannter „Seelenfänger". Stellt die Ewigkeit und Unendlichkeit symbolisierende doppelköpfige Weltenschlange dar. Mit diesem Gerät „fängt" der Schamane die entfliehende Seele von Schwerkranken oder Sterbenden und heilt sie auf diese Weise. Knochenschnitzerei aus Nordwestamerika, Britisch-Kolumbien. Stilreines Kunstwerk, vor 1850 gefertigt.

24 Rabenkopf mit eingeschnitzten menschlichen Gesichtern: Hilfsgeister eines Schamanen. Knochenschnitzerei der Tlingit, Nordwestamerika.

Schamanenmasken aus Nordwestamerika sind im Gegensatz zu denen der Eskimos streng stilisiert. Die Masken sind sehr oft aufklappbar, d. h. eine Tiermaske kann geöffnet werden und zeigt dann ein menschliches Gesicht, um die Doppelnatur des Menschen, der sich früher auch in ein Tier verwandeln konnte, auszudrükken.

25 Bemalte Tiermaske. Auf den Kopf des Wolfes ist der Schädel seines Opfers aufgesteckt. Die Maske wurde beim Hámatsa-Zeremoniell der Kwakiutl getragen. Vancouver, 1880 bis 1900.

26 Schamanen-Maske. Die hervorstehenden Augen, die Geierschnabelnase und die aufgemalten Fühler sollen den „Geist“ des Seepolypen kennzeichnen. Kwakiutl-Gebiet, 1875 bis 1900.

27 Doppelmaske aus bemaltem Holz. Wenn sie geöffnet ist, erkennt man ein zweites Gesicht mit erhobenen Armen. Stamm der Kwakiutl, Britisch-Kolumbien. Fundort Cape Mudge, zwischen 1850 und 1875 entstanden. ▷

93

28 Sorgfältig geschnitzte, fein stilisierte Schamanenmaske der Tsimshian. Britisch-Kolumbien, Skeena River, um 1800.

29 Schamanen-Maske. Doppelmasken dieser Art finden sich vereinzelt im nordwestlichen Küstengebiet. Hier ein Kannibalengeist der Niska. Fundort Aiyansh, Nass River, 1850–1900.

Die Eingeborenen Australiens, die eine altsteinzeitliche Kultur bis in die Gegenwart bewahrt haben, halten bis heute an schamanistischen Riten und einer auf dem Schamanismus basierenden Kunst fest. Typisches Motiv dieser Kunst ist der sogenannte Röntgenstil: es werden innere Organe und Knochen, die der Jäger kennt, mit dargestellt. Diese Darstellungsweise hängt mit dem Glauben der frühen Jäger zusammen, nach dem man das einmal getötete Jagdtier aus seinen Knochen wiedererstehen lassen kann.

30 Rindenbild aus Australien mit Darstellung einer „Tierherrin". Der weitgehend geometrisierte Stil zeigt eine weibliche Figur, die von Tieren umgeben ist. Man erkennt rechts ein Säugetier, links einen Wasservogel und einen Fisch. Bedeutsam an dem Bild hier ist, daß an dem Fisch noch deutlich Röntgenstil festzustellen ist. Der Vogel und das Säugetier zeigen die fortschreitende Geometrisierung des Röntgenstils in Nordwestaustralien. Field Island, Nordaustralien, 1884.

vergnügt, wenn man sie ruft, und gleichen am meisten kleinen, lieben, lebendigen Püppchen, denn voll aufgerichtet sind sie nicht größer als eines Armes Länge.

Mein zweiter Hilfsgeist wurde ein Hai. Eines Tages war ich im Kajak draußen, als er an mich herangeschwommen kam, sich auf die Seite legte und meinen Namen flüsterte. Ich war sehr überrascht, denn ich hatte niemals vorher einen Hai gesehen. Sie sind sehr selten hier oben. Seitdem half er mir bei jeder Art von Jagd und war immer bei mir, wenn ich ihn brauchte. Diese beiden, Strandgeist und Hai, waren meine wichtigsten Hilfsgeister, und sie halfen mir bei allem, was ich wünschte. Der Sang, den ich zu singen pflegte, wenn ich sie rief, hatte nicht viele Worte und lautete folgendermaßen:

Freude! Freude!
Freude! Freude!
Ich sehe den kleinen Strandgeist,
Meinen Namen.
Freude! Freude!

Darstellung eines Schamanen mit vom Kopf ausgehenden Strahlen auf einer Schamanentrommel, Sibirien.

Diese Worte konnte ich immer und immer wiederholen, bis ich schließlich in Tränen ausbrach, als Beute einer sonderbaren Angst.

Dann konnte ich plötzlich über den ganzen Körper zittern, während ich wiederum ausrief:

Ah – A – A – A –
Freude! Freude!
Nun will ich nach Hause,
Freude! Freude!

Einmal hatte ich einen Sohn verloren und ich glaubte, daß ich niemals mehr den Ort verlassen könnte, wo ich seinen Körper begraben hatte. Ich war gerade wie ein Berggeist, dem bange ist vor den Menschen. Wir hielten uns sehr lange im Innern des Landes auf, und meine Hilfsgeister verließen mich. Aber eines Tages kam das Lied von der Freude ganz plötzlich wieder zu mir. Ich sehnte mich wieder nach Menschen, meine Hilfsgeister kehrten zu mir zurück. Ich war wieder ich selbst. Seit diesem Tage singe ich immer das Lied, wenn ich sie rufe.«[55]

Selbstverständlich handelt es sich bei allen diesen Mythen um die Umschreibung eines psychischen Erlebnisses, eines Werdeganges, dessen Endergebnis ein Mehr an psychischer Kraft ist. Das Erlebnis selbst wird als Unterstützung des Schamanen durch tiergestaltige Geister gesehen. Die Umschreibung dieses Erlebnisses in den Mythen ist durchaus nicht verständlich und klar, wir können das Erlebnis weder begreifen noch nachvollziehen und müssen versuchen, dem Wesen dieses Erlebnisses durch Sammlung von Zitaten näherzukommen.

Arthur Waley hat in seinem Buch Schamanengesänge aus dem 4. bis 3. vorchristlichen Jahrhundert zusammengetragen.[56] Diese Schamanengesänge geben bereits einen Schamanismus wieder, der durch eine Hochkultur filtriert worden ist. Die Hilfsgeister haben hier nicht mehr Tiergestalt, sondern sind» Götter«, die von dem Schamanen Besitz ergreifen. Die Beziehung des Schamanen zu dem Geist wird als eine Art Liebesverhältnis dargestellt.

Waley fährt fort:

»Klar ist jedenfalls, daß die Beziehung zwischen dem Schamanen und der Gottheit nur vorübergehend ist. Vielleicht läßt sich die engste Parallele in der Situation der hito-toki joro finden, der einmaligen Bettgenossin, die bei gewissen Shinto-Festen in Japan als flüchtige Gefährtinnen für den zu erwartenden Gott ausgewählt werden. In einigen der mikro-(Schamanen-) Lieder der aus dem 12. Jahrhundert stammenden japanischen Sammlung Ryojin Hissho wird der Gott ganz offenkundig als Liebhaber aufgefaßt. Zum Beispiel:

Kami Naraba	Wenn du ein Gott bist,
Yurara-sarara-to	Mit Schwingen und Schwirren
Ori-tamae!	Geruhe herniederzukommen.
Ikanaru kami ka	Würde denn ein Gott
Monohaji wo suru?	In solchen Dingen schüchtern sein?

Typisch für die Form der neun Gesänge ist, daß der Schamane – ein Mann, wenn die Gottheit weiblich, und ein Mädchen, wenn sie männlich ist – die Herbeikunft des Geistes bemerkt und ihm entgegengeht; meistens fährt er dabei in einem Wagen, der von fremdartigen und mystischen Tieren gezogen wird.«

Waley bemerkt noch, daß es dieses Liebesverhältnis zwischen einem Schamanen und einem Geist seiner Meinung nach in den klassischen schamanistischen Gebieten, in Sibirien, in der Mandschurei und Zentralasien seines Wissens nach nicht gäbe. Dies ist aber unrichtig. Eine ganze Anzahl von Berichten deuten darauf hin, daß die Besessenheit des Schamanen von einem Geist, seinem Hilfsgeist oder einem »Gott« gerade den Charakter eines solchen Verhältnisses annimmt. Die künstlerische Produktivität des Schamanen, seine Überzeugungskraft und seine psychische Umwandlung, die ihm selbst einen Zweifel an der Realität seiner psychischen Erlebnisse nicht erlaubt, beruhen auf einer hysterischen Komponente.

Auch der bei Schamanen von verschiedenen Forschern häufig beschriebene Geschlechtswandel: daß also Frauen sich als Männer und Männer sich als Frauen fühlen, beruht auf der Intensität psychologischer sexueller Erlebnisse. Solche Erscheinungen treten natürlich mehr in China in einem, man kann sagen, sublimiertem Stadium auf und nicht wie bei einem ursprünglichen Schamanismus, in dem der Hilfsgeist ganz einfach als zoomorphes Wesen empfunden wird.

Auch bei den sibirischen Völkern erscheint meist der Geist, der den Schamanen unterstützt, oft in Tiergestalt. Die am häufigsten vorkommenden Tiere sind Wolf, Bär, Rabe, Seemöwe und Adler. Jochelson berichtet, daß er unter den Korjäken einen Schamanen traf, dem die Tiergeister in der Einsamkeit erschienen, bald in menschlicher, bald in Tiergestalt, und ihm befahlen, das Schamanenamt zu wählen oder zu sterben.

Bei den Jakuten wird von einer »Tiermutter« des Schamanen gesprochen, einem Geisterwesen, das sich von seiner Geburt an um ihn kümmert, seinen Werdegang fördert und ihn unterstützt. Nur große Schamanen haben solche »Mütter«, kleinere müssen sich mit Hilfsgeistern in Hundegestalt zufriedengeben. Der russische Forscher G. V. Ksenofontov hat von den Jakuten, Burjäten und Tungusen eine Reihe bezeichnender Mythen gesammelt, die sich mit dem Wirken der Tiermütter und der Hilfsgeister befassen.

Im folgenden wird eine Auswahl aus den Berichten von Ksenofontov gegeben:

Nur ein großer Schamane, so erzählt man, hat eine »Tiermutter«. Kleine Schamanen indes vollziehen ihren Dienst mit unbedeutenden schädlichen Geistern, mit »Üör« von nächster und örtlicher Herkunft.

Die Tiermutter kommt bei der Geburt und in der Zeit der Erziehung der

Schamanenseele; später kehrt sie nur noch bei seinem Tode wieder. Ist die Tiermutter wieder erschienen und hat sich dem Schamanen gezeigt, so gilt dies als Vorzeichen seines Todes. Alle schamanistischen Tiermütter, so sagt man, sehen sich äußerlich ähnlich und haben ähnliche Merkmale.

Die Tiermutter eines großen Schamanen hat das Aussehen eines großen Elches, die eines kleinen das eines Rentieres. Sie kommt, wenn der Schamane im Sterben liegt, und trägt seinen Halswirbel in den Zähnen davon. Man sagt, der Schamane habe besondere Sehkraft, er könne nach allen Seiten sehen. Die Sehkraft, das »Feuer der Augen«, wirkt bei einem großen Schamanen auf eine größere Entfernung als bei einem kleinen.

Jeder Schamane muß eine Tiermutter oder ein Ursprungstier haben. Es wird meist in Gestalt eines Elches, seltener eines Bären vorgestellt. Dieses Tier geht ganz für sich, getrennt vom Schamanen. Man muß es wohl am besten auffassen als die Feuerkraft des schamanistischen Schauens, die über die Erde hineilt. (Es ist die Verkörperung der prophetischen Gabe des Schamanen, seine Schaukraft, die in Vergangenes und Zukünftiges dringt. G. K.) Diese Tiermutter kommt im Augenblick des Todes des Schamanen.

Die Tiermutter eines tungusischen Schamanen hat, so sagen viele, das Aussehen eines Bergrehes mit kahlem Fell, mit acht Beinen, die am Vorderteil des Rumpfes herausgewachsen sind, und mit rückwärts gewandten Hufen, oder das Aussehen eines Elchweibchens oder schließlich das eines Bären.

Der Überlieferung nach hat jeder Schamane eine sogenannte »Tiermutter«. Sie soll das Aussehen eines großen Vogels haben, mit einem Schnabel, der an einen eisernen Eisbrecher erinnert, mit hakenartigen Kletterkrallen und mit einem Schwanz von drei Schwingfaden Länge.

Die Unterstützung der Tiermutter beginnt nach manchen sibirischen Erzählungen schon sehr früh: Die Seele des Schamanen wird von der Tiermutter entführt und in einem Nest auf einem Baum großgezogen. Die Bedeutung dieser Vorstellung ist unklar, so eindrucksvoll die Erzählungen auch sind.

Die Seele eines künftigen Schamanen wird unten an einem Berge mit dem Namen Dschokuo geboren. Dort wächst eine große Tanne mit einer abgebrochenen Krone oder einer falschen, gleichsam abgehauenen Spitze und mit Zweigen, die nach unten gekehrt sind. Auf diesem Baum liegen von den unteren Zweigen bis zum Wipfel hinauf auf jedem Ästchen Vogelnester. Die Schamanen aus der ganzen Welt werden alle an diesem einen Baume aufgezogen. Je größer der Schamane nach Bedeutung und Kraft ist, um so höher liegt seine Seele auf dem Baum, das heißt, die Seele liegt dort in verschiedener Höhe. Die Schamanen selbst sagen gewöhnlich, daß als Erzieher ein Rabe erscheint, der auf den Zweigen dieses Baumes sitzt und die Seele großzieht.

Die Schamanen, deren Seelen in den Nestern der oberen Zweige aufgezogen werden, werden stärker und bedeutsamer sein als die, die in den unteren Nestern aufgezogen wurden. Die Nester sind in regelmäßigen Reihen angebracht und steigen stufenweise höher mit dem Abstand eines Ästchens vom anderen.

Zuerst erkrankt der werdende Schamane an Geisteszerrüttung, einige vom neunten Lebensjahre, andere sogar schon vom siebenten an. Die seelische Krankheit dauert von drei bis zu sieben Jahren. Andere werden als Erwachsene geisteskrank. Die Krankheit wechselt von Anfällen zu lichten Zuständen hinüber.

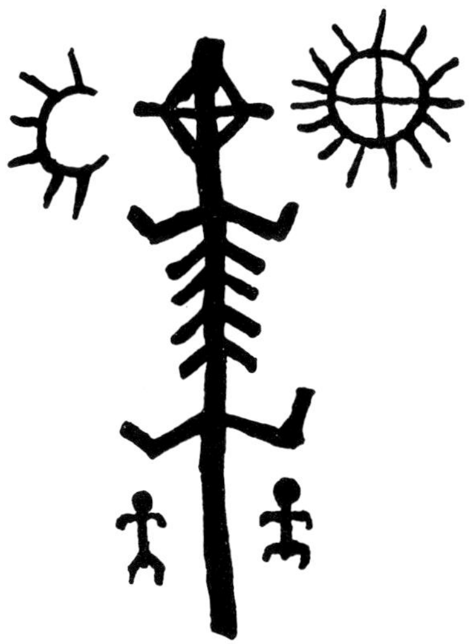

Detailbild von der Rückseite eines Schamanenrockes, vielleicht Schamanenbaum.

Im Himmel ist ein Baum mit Namen Yjyk-Mas. Sein Wipfel reicht bis in den neunten Himmel, seinen Umfang kann niemand feststellen. Von der Wurzel bis zur Spitze ist dieser Baum mit Auswüchsen bedeckt. Keine freien Zweige sind an ihm zu sehen. In diesen Auswüchsen werden die Schamanen geboren, die Schamaninnen und alle diejenigen, die mit Zauberei und Hexerei bekannt sind. Starke werden am Fuße des Stammes geboren. Schamanen mit voller Kraft entstehen an der Wurzel des Baumes in einem Auswuchs, der so groß ist wie ein kleiner Grabhügel.

Man sagt aber auch, daß die größten Schamanen in der unteren Welt bei den bösen Geistern, den Geistern des Streits und des Übels, aufgezogen und in einer besonderen Wiege geschaukelt werden. Dort unten lebt ein Schmied, Kydaj-Bachsy. Bei ihm werden sowohl Schmiede wie Schamanen zusammengeschweißt und gehärtet. Die großen und schrecklichen Schamanen mehren sich von dieser Quelle her.

Man erzählt, daß es einen besonderen Baum gibt, der Aar-Kuduk-Mas, der große, der heilige Baum, heißt. Auf den Zweigen dieses Baumes sollen viele Nester gleich denen der Vögel sein, wo die Seelen der Schamanen aufgezogen werden. Die Nester sitzen am Baum von oben bis unten.

Wenn Schamanen miteinander in Streit geraten, so versuchen sie vorher, das ihres Gegners zu zerstören. Wem dies als ersten gelingt, bleibt Sieger.[57]

Schamanisieren beginnt damit, daß der Schamane sich durch verschiedenartigste Mittel, meist durch monotone, sich wiederholende Geräusche mit einer Trommel oder Rassel durch tanzende Bewegungen in einen Trancezustand versetzt. Der Zustand des Bewußtseins wird ausgeschaltet, und die produktive unterbewußte Schicht kommt zum Sprechen. Nicht nur wirkt dabei die Gestaltungskraft des Schamanen eindringlich und bringt den Gehalt des Weltbildes den Zuschauern, Zuhörern, Kranken und psychisch Verstörten zum Bewußtsein. Es scheint, daß aus dem Trancezustand heraus die für den Schamanen selbst gewonnene Heilungskraft besser oder nachhaltiger auf die anderen übertragen werden kann.

Das Wirken des Schamanen findet immer im Trancezustand statt.

Er versetzt sich willkürlich in diesen Zustand, in dem seine unbewußten Bildkräfte sprechen und durch den er die anderen an diesem Schöpfungsakt teilnehmen läßt.

Seine durch das Schamanisieren neugewonnenen Potenzen übertragen sich vielleicht auf die anderen, oder erwecken in diesen ebensolche Potenzen. Der geistig Kranke heilt sich selbst, indem er zunächst nicht als Priester und Arzt fungiert, sondern als Künstler. Er bringt die inneren Bilder in künstlerische Form, er dichtet, tanzt, führt Pantomimen auf usw.

Der Trancezustand, die Gestaltung der inneren Bilder wird von dem Schamanen als Kommunikation mit Geistern erlebt, die Verschiebung der Bewußtseinsebene unter dem Bild einer »Reise« ins »Jenseits« gesehen. Niemals werden die »Geister« und die »Reise« als Erscheinungsformen der eigenen Psyche erfaßt. Die Geister, so nimmt man an, sprechen durch den Schamanen zur Gemeinschaft, geben Jagdglück und Gesundheit. Der Schamane ist auf seiner Reise, die seine Seele unternimmt, während sein Körper »wie tot« daliegt, in der Lage, »ferne Länder«, das »Jenseits«, die »Götter« oder die »Unterwelt« zu besuchen und von dort aus wichtige Berichte mitzubringen.

Es scheint also hier eine besondere psychische Technik vorzuliegen; die Kommunikation mit den »Geistern« scheint eine Aktivierung anderer Seelenschichten zu sein, die diesen Menschen – oder den Menschen überhaupt – bei vollem Bewußtsein nicht möglich ist. Offenbar handelt es sich hier um eine sehr alte psychische Technik, die der modernen Psychologie noch nicht wieder zugänglich ist, die aber eine auf jahrtausendealte Erfahrung gegründete Möglichkeit zur Heilung bestimmter depressiver Zustände darstellt. Das Wesen des Selbstheilungsprozesses besteht darin, diese Bilder, die wirr und ungeordnet das Individuum zu überwältigen drohen, in eine Ordnung und Gestalt zu bringen.

Die Erlebnisinhalte während dieses Vorganges sind dabei nach allen Berichten über weite Gebiete hin sehr ähnlich.

Radloff schildert als Augenzeuge den Erregungszustand durch den Tanz, in den der sibirische Schamane gerät, folgendermaßen: »Einige Schamanen tanzen so wild, daß sie zuletzt wie tot zusammensinken, andere geraten in eine so heftige Ekstase, daß man sie zuletzt festhalten und festbinden muß, was nur mit äußerster Kraftanstrengung mehreren Männern gelingt. Dann zittert und zuckt der gefesselte Schamane oft eine lange Zeit und sucht sich loszuwinden, bis ihm die Trommel entfällt und er dann wohl stundenlang wie tot daliegt.«[58]

Auch Mikhailovskii gibt eine gute Schilderung eines ekstatischen Zustandes, und zwar bei den Burjäten. »Je länger die Handlung dauert, desto stärker wird die Inspiration.«

Der Ausdruck seines Gesichtes wechselt, seine Glieder zittern, seine Stimme wird wild und schrecklich und ist weit zu hören; mit einem Schrei läuft er an die Feuerstelle und fällt der Länge nach hin, und die Umstehenden fangen ihn auf. Wenn er das Bewußtsein wiedererlangt hat, nimmt er etwas Nahrung zu sich. An anderer Stelle sagt er, daß der Schamane inspiriert sei, indem er seinen Schutzgeist in sich aufnimmt.[59]

Ein Beispiel, in dem die Besessenheit durch einen Tiergeist zum Ausdruck kommt, zum Beispiel durch den Geist eines Wolfes oder anderer Tiere, gibt Jochelson, der bei den Korjäken Zeuge einer schamanistischen Handlung war: »Die Trommelschläge wurden immer stärker und stärker, und man hörte deutlich Laute, die wie das Heulen eines Wolfes klangen, dann wieder wie das Schnattern einer Gans. Die Leute kamen von nah und fern ... Die unzusammenhängenden Worte, die der Schamane äußerte, wurden in psalmodierender Form, und als sei es der Geist, der durch ihn sprach, hervorgebracht. Die wilden ekstatischen Anfälle, von denen der Schamane besessen war, erschreckten sehr.«[60]

Eine ausführliche Schilderung einer jakutischen Schamanenhandlung, wo der Schamane in Ekstase gerät, vom Geist besessen ist, gibt Czaplicka: »Der Schamane beginnt kunstvoll die Trommel zu schlagen. Die Zuhörer wagen kaum zu atmen, und nur das Stöhnen und Räuspern des Schamanen ist zu hören ... dann wieder Schweigen ... man hört Geräusche und Laute, die wie Donnerschläge, wie das Schreien von Seemöwen, Pfeifen der Sumpfschnepfen, dann wie Adler- und Eulengeschrei klingen. Die Trommelschläge werden immer stärker und stärker, die Glöckchen am Gewand des Schamanen beginnen zu klingen. Die Zuhörer sind benommen von diesen Geräuschen und dem Lärm. Dann beginnt der Schamane eine lange, rhythmische Litanei psalmodierend vorzutragen:

Mächtiger Bulle der Erde,
ich bin der mächtige Bulle ... ich brülle,
ich wiehere, Stier der Steppe,
ich bin der Mann, der über allem steht.

Stock mit Griff in Form eines Pferdekopfes, ein primitives Saiteninstrument, das dem Schamanen bei der Reise ins Jenseits dient. Burjäten, Sibirien.

Mit Gebeten wendet sich der Schamane an seinen Schutzgeist Ämägät und an andere Hilfsgeister. Er spricht mit ihnen und erhält Antworten von ihnen. Manchmal muß der Schamane lange die Trommel schlagen, bis der Geist kommt; die Geister erscheinen dann so plötzlich, daß der Schamane übermannt wird und hinfällt.

Wenn der Ämägät in den Schamanen fährt, dann steht er auf, springt und tanzt, und ... schlägt ununterbrochen die Trommel. Diejenigen, die ihn an den Lederriemen halten (er ist gefesselt), haben Mühe, ihn zu halten. Der Kopf ist geneigt, die Augen sind halb geschlossen, sein Haar hängt wild an den Schläfen, Speichel kommt aus seinem Mund.«[61]

Weitere Schilderungen schamanistischer Ausnahmezustände finden sich bei Jochelson[62] und Schirokogorow.[63]

Die seelischen Erlebnisse der Schamanen während der Ekstase werden im allgemeinen in Form unter dem Bild einer Reise ins Seelenland, ins Jenseits, in die Unterwelt oder zum Himmel oder auch über weite geographische Gebiete, reale, bekannte Gebiete erlebt. Es müssen diesen Reiseberichten, die erstaunlich einheitlich sind von Sibirien, Nordamerika bis Australien gleichartige psychische Erlebnisse, Phänomene zugrunde liegen.

Gleichartig ist auch, daß diese inneren Erlebnisse so stark sind, daß sie ganz

selbstverständlich für äußere »reale« gehalten und als solche geschildert werden.
Die suggestive Kraft dieser Erlebnisse und ihrer künstlerischen Formulierung ist so stark, daß die Umstehenden oft daran partizipieren.[64]

Das Wesen des Schamanen – vorläufige Definition

Schamanismus ist also nicht, wie vielfach angenommen wird, eine Religion, sondern eine psychische Technik, die theoretisch im Rahmen jeder Religion auftreten könnte.
Schamanismus scheint aber im wesentlichen innerhalb primitiver Religionen und hier vor allem der religiösen Vorstellungen der Jägervölker aufzutreten.
Schamanismus entsteht aus einer Übersteigerung der Ich-Potenz in einer Zeit, in der der Mensch seine Umwelt keineswegs beherrscht, sondern übermächtigen Kräften der Natur ausgeliefert ist.
Schamanismus ist ein erster Versuch, die Umwelt in Materie und Geist zu unterteilen und eine geistige Wirksamkeit zu versuchen. Gemalte Tiere sind deshalb auch »Geistertiere« und keine wirklichen Abbilder.
Die psychische Technik des Schamanismus besteht darin, mit festen Vorstellungen zu spielen und sie gegeneinander auszuspielen, d. h. nicht in intellektueller Weise, sondern auf der psychischen Ebene, eine Technik, die der modernen Psychologie noch fremd ist; ihre Methode besteht ja mehr oder weniger darin, Vorstellungen, Zwangsvorstellungen bewußt zu machen und damit aufzulösen. Der Schamanismus ist eine Technik, in der Vorstellungen zu Bildern gestaltet und dann gegeneinander ausgespielt werden.
Alle Bilder sind, der jägerischen Weltanschauung entsprechend, Bilder von Tieren. Alle Auseinandersetzungen und Kämpfe werden als Tierkämpfe erlebt und dargestellt.
Auch der Entwicklungsgang des Schamanen von einer anfänglichen Krankheit bis zur Überwindung derselben, wird in der Form von Tierpersonen, die ihn verfolgen und später helfen, gesehen.
Durch diese Verbindung mit der Tierschicht sind auch die zahlreichen Tier-

darstellungen auf Felsbildern mit dem Schamanismus in Verbindung zu bringen.

Kunst des Schamanismus besteht, wie bei jägerischer Kunst zu erwarten, fast ausschließlich aus Tierdarstellungen. Als speziell schamanistisch müssen einesteils Darstellungen von Tierkämpfen angesehen werden und andernteils der sogenannte Röntgenstil. Im Röntgenstil werden lebenswichtige innere Organe von Tieren mit dargestellt. Zum Schamanismus gehört die Auffassung der Wiederbelebung von Tieren aus Tierteilen, Knochen o. a. Die Ideen der Wiederbelebung eines Tieres aus seinen Knochen erfaßt sozusagen gewisse magische Kristallisationspunkte: Schädel- oder Schenkelknochen bei frühen Jägern, bei Tieren auch Fellstücke, an denen das Tier sich wiederbeleben kann oder durch magische Riten wiederbelebt werden kann von anderen. Es muß überlegt werden, ob die sogenannte Baumbestattung damit zusammenhängt, weil es bei den Eskimos Andeutungen gibt, nicht nur, daß die Knochen vor wilden Tieren auf diese Weise geschützt werden sollen, sondern das Skelett durch »die Luft« dem Leben wieder nähergebracht werden soll.

Der Jagdzauber besteht vielfach darin, daß man die Seelen der Tiere einfängt, jagt und tötet, was sich dann auf die Körper der Tiere beinahe von selbst überträgt.

Die Fruchtbarkeit wird dadurch gewährleistet, daß man Körperteile von Tieren aufbewahrt, opfert, an die die Seelen gebunden sind. Man sendet die Seele zurück und nimmt an, daß sie sich wieder »verkörpert«, um erneut gejagt werden zu können.

Die Trance-Technik des Schamanen hat als theoretische Grundlage die Annahme, daß die menschliche Seele vom Körper getrennt werden könne. Auch die menschliche Seele kann vom Körper getrennt ausgesandt werden, in der Ferne oder in anderen Welten tätig sein, um dann wieder zurückzukehren.

Das Hauptmotiv der jägerischen frühen Kunst, das Tier und der zur Tierdarstellung gehörige Röntgenstil, findet sich naturalistisch nur an der Peripherie des fünften Kontinents – die Kunst des Zentrums ist abstrakt, hat aber dieselbe Bedeutung: Einfangen der Tierseelen durch das Bild.

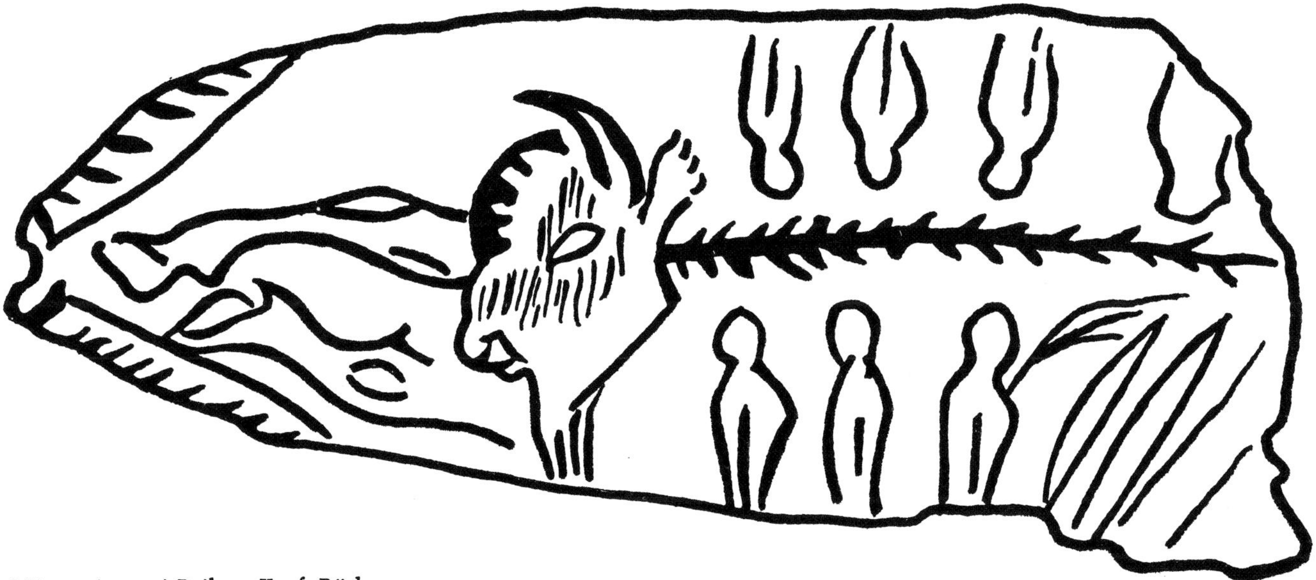

Männer in zwei Reihen, Kopf, Rückgrat und die Vorderbeine eines Bisons, wahrscheinlich Darstellung eines Wiederbelebungsritus. Knochenritzung aus Südfrankreich, Magdalenien, etwa 12 000 v. Chr.

Das Wirken des Schamanen

Die Stellung im Kollektiv

Es ist durch nichts bewiesen, daß der primitive Mensch gesund oder gesünder war als der zivilisierte, und vor allem müssen wir uns die Anfälligkeit des primitiven für verschiedene Formen geistiger Krankheit als eine ganz ungewöhnlich große vorstellen. Psychosen, Neurosen, Wahnvorstellungen, Massenwahn u. ä. sind sehr häufig.

Der Schamane kann diese Zustände heilen – aber erst wenn er sie in sich selbst überwunden hat. Man muß den Schamanismus als eine Methode früher Kulturzustände, geistige Krankheiten zu heilen, ansehen, und hier scheint vor allem, ja ausschließlich, das frühe Jägertum die Methode erarbeitet zu haben.

Wo es Schamanen gibt, sind sie der Mittelpunkt der Gemeinschaft der Eingeborenen. Ganz gleich, ob es sich um eine kleinere oder eine größere Gemeinschaft handelt, sie gruppiert sich jeweils um einen oder mehrere Schamanen.

Selbstverständlich handelt es sich bei diesen Gemeinschaften immer um verhältnismäßig kleine Gruppen: 20–30 Menschen, im Höchstfalle 300. Die Jäger treten ja immer nur in kleinen Gruppen auf. Sie schweifen durch ein verhältnismäßig großes Gebiet. Die Ernährungsbasis einer solchen Gruppe, die Jagdtiere, können nur auf ein größeres Gebiet verteilt leben.

Das Wirtschaftsleben der Jäger erlaubt nicht die Ernährung einer größeren Anzahl von Menschen. Wenn man den Schamanismus als eine Religionsform bezeichnen wollte, so wäre es eben die Religion von kleinen Gruppen. Die Ausstrahlungskraft eines Schamanen, der ja ohne Apparat, ohne Schrift, ohne ein geregeltes »kirchliches Leben« auskommen muß, kann nur eine kleine Menschengruppe erreichen. Auch wenn die Persönlichkeit des Schamanen sehr stark ist und sein Ruf sich so verbreitet, daß Menschen, in deren Nähe kein Schamane lebt, weite Wanderungen unternehmen, um bis zu ihm zu kommen, so bleibt der Kreis oder die Gruppe, die sich um ihn bildet, doch immer verhältnismäßig klein. Schamanismus ist nicht eine geistige Haltung von Massen, sondern von kleinen Gruppen.

Man muß eine solche Gruppe von Eingeborenen weniger als eine Summe von Individuen ansehen, sondern vielmehr als einen Gesamtorganismus, dessen Glieder aus Individuen bestehen. Der einzelne Mensch kann ohne ein solches Kollektiv nicht leben.

Der Schamane ist das Zentrum, das Gehirn und die Seele eines solchen Kollektivs. Er ist gewissermaßen der Regulator der Gruppen oder Stammesseele, und seine Funktion ist es, alle Mißstände, Schwankungen, Störungen und Krankheiten dieser Seele auszugleichen, zu verhüten und zu heilen. Das gesamte Leben der Primitiven ist biologisch gesehen wesentlich stärker vom Unterbewußten her beeinflußt, als dies bei uns der Fall zu sein scheint. Es ist klar, daß der Stellung der Schamanen bei dieser Sachlage eine große Wichtigkeit zukommt.

Selbst natürliche Vorgänge, wie die Vermehrung der Menschen, bedürfen oft einer Anregung, einer Belebung der psychologischen Komponente durch den Schamanen, wie eine jakutische Geschichte es darstellt oder die Untersuchung der Verhältnisse in Australien es beweist.

Der Fruchtbarkeitszauber des Schamanen

In alter Zeit vollzogen nach den Erzählungen die Schamanen einen besonderen Bittritus an den Geist der Erde zur Erfüllung der Frauen mit Dschalyn, der Kraft des Geschlechtstriebes. Er wurde zusammen mit einigen Jurtenbesitzern durchgeführt, die an demselben Sommerzeltplatz wohnten. Wenn man sich zu diesem Ritus vorbereitete, sprach man bereits vorher viel davon. Man brachte Essen zusammen, das man zur Bewirtung des Volkes brauchte, und traf besondere Vorbereitungen.

Zur bestimmten Zeit versammelten sich die Leute. Auch der gerufene Schamane kam. Ein Schamane, der blutgierige und böse Geister hatte, konnte diesen Ritus nicht vollziehen. Auf der Reise zum Geist der Erdmutter hatte der Schamane dreimal neun Mädchen und ebenso viele Jünglinge bei sich. Diese Jungfrauen und Jünglinge hatten Birkenäste in den Händen und tanz-

ten gemeinsam mit dem Schamanen. Der Schamane zog sein Gewand an und hatte auch die Trommel bei sich. Während der Séance gelangte er tanzend zum Geist der Erdmutter und bat sie, Dschalyn zu spenden. Darauf nahm er von der Erdmutter »Dschalyn«, die Geschlechtsleidenschaft, in Empfang. Mit der Trommel und dem Schlägel in der Hand begann er wie ein Pferd zu wiehern und sich im Kreise zu drehen. Dabei stieß er Lockrufe aus »Choruu, choruu!«, als ob er eine Pferdeherde riefe.
In diesem Augenblick stießen die versammelten Frauen plötzlich laute Schreie aus und begannen wie Stuten zu wiehern: »Innä-sasach!« Wiehernd stürzten sie sich auf den Schamanen und führten liebestolle Körperbewegungen über ihm aus. Sie sollen ihn sogar zur Erde geworfen haben. – Die Männer, die dabeistanden, mußten den Schamanen von den Frauen losschlagen. Der Schamane erhob sich, stieß einen Pfiff aus und beschrieb Kreise mit seinem Trommelschlägel. Darauf kamen die Frauen augenblicklich zu sich, wurden ruhiger und setzten sich hin. Man erzählt, daß die Frauen dabei in Schweiß gerieten und daß ihre Gesichter vom Zustrom des Blutes kupferrot wurden.
Dreimal vollzog der Schamane diesen Ritus, jedesmal mit den gleichen Begleitumständen. Wie man hört, stürzten sich die erhitzten Frauen sogar völlig nackt, ohne jegliches Gewand, auf den Schamanen.
Man nennt diesen Ritus auch »das Nehmen der Geschlechtsleidenschaft vom Geist der Erde für Menschen und Vieh« oder auch »die Herabbringung der Vermehrungskraft«.[65]
Die Vermehrung der australischen Eingeborenen z. B. läßt nach oder hört ganz auf, wenn ihr unbewußtes Seelenleben gestört ist. Wesentlich mehr als bei uns scheint auch ihre biologische Produktivität von ihrem seelischen Gleichgewicht abhängig zu sein.
Störungen des Unterbewußten wirken sich dahingehend aus, daß die Kinderzahl abnimmt. Die Eingeborenen drücken die mangelnde seelische Disposition zur Vermehrung aus, indem sie sagen: »Wir können keine Kinder mehr träumen.«
Störungen des Unterbewußten kann nur der Schamane wieder in Ordnung bringen, und auch er nur solange, als sein eigenes Seelenleben völlig unerschüttert ist. Die Einwirkungen der europäischen Zivilisation brauchen noch nicht in materiell faßbarer Weise spürbar sein, schon allein Erzählungen

und Berichte aus dem Bereich der weißen Zivilisation können das sehr empfindliche seelische Gleichgewicht eines Schamanen in Unordnung bringen. Der gelegentliche Anblick eines Flugzeuges, das die Gebiete der Eingeborenen überfliegt, kann verheerende Störungen bei ihnen hervorrufen. Alle Medizinmänner glauben, daß ihre Seelen sie im Traum verlassen können, um in ferne Länder zu fliegen. Der Anblick eines Flugzeuges, einer gleichsam, wie sie glauben, materialisierten Seele eines anderen großen und mächtigen Schamanen, erfüllt sie mit Furcht und Minderwertigkeitsgefühlen. Man könnte eine Gruppe von Eingeborenen vielleicht mit einem Termitenstaat vergleichen. Ein solcher Termitenstaat ist ein Organismus, dessen Glieder die einzelnen Insekten sind. Das Leben eines solchen Termitenstaates hört auf, wenn man die Königin entfernt. Ebenso erlischt das Leben unter den Eingeborenen, wenn sie ihren Schamanen verlieren oder dieser seine Fähigkeiten einbüßt.

Es gelingt den Menschen dann entweder, einen neuen Schamanen zu finden, oder sie versuchen, sich einer Gruppe anzuschließen, bei der sich ein solcher befindet.

Ohne Schamane aber tritt auf jeden Fall eine völlige Degeneration ein.

Der Schamane ist die lebendige Verbindung der gegenwärtigen Menschen mit der Urzeit und der Schöpfung.

Die Primitiven kennen im allgemeinen kaum eine Zukunft, sie leben nur in der Gegenwart und der Vergangenheit, d. h. Urzeit. Das Leben der Gegenwart ist nur möglich durch eine ständige Verbindung mit der Urzeit. Das Leben der Gegenwart wird aufgebaut als eine immerwährende Wiederholung der Vorgänge in der Urzeit. Symbol der Urzeit ist der Schamane, er lebt nicht nur in der Gegenwart, sondern in ihm sind noch heute die schöpferischen Kräfte, die in der Urzeit wirksam waren, lebendig, er lebt gleichsam in einem ständigen Traumzustand.

Der Schamane wiederholt also heute all das, was die Wesen der Urzeit bei der Schöpfung vornahmen.

Als Träger von seelischer Kraft ist der Schamane imstande, Krankheiten zu heilen.

Als Kenner unzähliger magischer Formeln und Riten kann er unliebsame Stammesgenossen oder äußere Feinde mit Krankheiten bezaubern oder töten. Seine Verbindungen mit Ungud, der Seelenkraft der Welt, ermöglichen es ihm, seine Seele von seinem Körper zu trennen und über weite Strecken zu fliegen und so in Erfahrung bringen, was an anderen Stellen der Welt vor sich geht. Der Schamane ist auch der einzige, der ohne Gefahr mit den wilden Geistern verkehren kann, die die Leichen fressen und die Seelen der Menschen entführen. Er kann sich als Gast bei ihnen aufhalten und ihre Sprache und ihre Gesänge erlernen: Er ist der Dichter, Schauspieler und Regisseur.

Der Schamane schließlich ist es auch, der seine Seele zu den Toten in die Unterwelt entsenden kann und so die Verbindung zwischen den Lebenden und ihren Vorfahren aufrechterhält.

Nicht immer vereinigt ein Schamane alle diese Fähigkeiten in sich. So gibt es viele, die über etwas heilende Kraft verfügen, aber weiter keine Bedeutung haben. Andere wieder haben die Fähigkeit, ihre Seele zu den Geistern oder in die Unterwelt zu entsenden und dort Gesänge zu erlernen. Solche Männer sind Dichter, und ihre Fähigkeiten sind damit meist erschöpft. Jeder Mensch kann nach Ansicht der Eingeborenen durch seine Seelenkraft – die er in sich trägt – heilend auf andere wirken, indem er durch körperlichen Kontakt diese Seelenkraft auf andere Menschen einströmen läßt. Auch ein wirklicher und großer Schamane wird in den meisten Fällen von Geburt an dieses Maß an Kraft besitzen. Aber er besitzt noch mehr. Hinter ihm spürt man die Gewalt besonderer seelischer Erlebnisse, die leicht von irgendwelchen Vorspiegelungen oder bloßer Wichtigtuerei unterschieden werden kann. Solche Menschen sind nicht häufig, und ein Stamm bringt nur von Zeit zu Zeit einen wirklichen Schamanen hervor, und diese Gestalt vereinigt in sich dann das ganze seelische Leben dieser Menschen. Die besonderen Fähigkeiten, über die er verfügt, hat er nicht von Geburt an. Er kann sie auch nicht erlernen.[66]

Die zentrale Stellung des Schamanen bei fast allen Primitiven der Welt wird erreicht durch eine Reihe von psychischen Erlebnissen, die wiederum über die ganze Welt hin außerordentlich gleichartig sind. Diese Erlebnisse, in der wissenschaftlichen Literatur Berufungserlebnisse genannt, öffnen für den Schamanen den Zugang zu psychischen Bereichen und damit Fähigkeiten, die anderen Menschen verschlossen sind.

Es ist bei Betrachtung des Schamanismus mit Recht sehr viel Wert auf die soziale Funktion des Schamanen als Priester und Arzt gelegt worden. Man

31 Schamanentrommel. Der Griff der Trommel stellt einen Hilfsgeist des Schamanen dar. Die Trommel stammt vom unteren Yukon oder vom Kuskokwim River.

32 Griff einer Schamanentrommel aus Walroßelfenbein. Die beiden Köpfchen am oberen Ende – ein menschlicher und ein Tierkopf – sollen an die Zeit erinnern, in der sich Schamanen beliebig in Tiere verwandeln konnten. Aus Point Barrow in Nordalaska, angefertigt zwischen 1875 und 1900.

33 Modell eines Festhauses der Eskimos. Eine kleine Holzkonstruktion, ein wenig bemalt. Die Personen sind aus Walroßelfenbein geschnitzt. In solchen Festhäusern gibt der Schamane seine Vorstellung. Man sieht ihn bekleidet hinter einem Vorhang aus Tierfellen hervortreten. In der Mitte hängt von der Kuppel eine Seehundmaske herunter. Mehrere Teilnehmer tragen Trommeln. ▷

◁ 34 Bemalte Schamanenrassel von kanadischen Indianern. Neben einer Reihe von nicht deutbaren geometrischen Zeichen ist die Rassel mit zwei Adlern bemalt. Der Adler spielt in Nordamerika bei den Indianern und bei den Eskimos als Vogel, der den Menschen das Geheimnisvolle, den Zauber und das Fest bringt, eine große Rolle.

35 Kleine Holzfigur eines Schamanen, der sich anschickt, in Trance ins „Jenseits" zu reisen. Stamm der Haida, Nordwestamerika. ▽

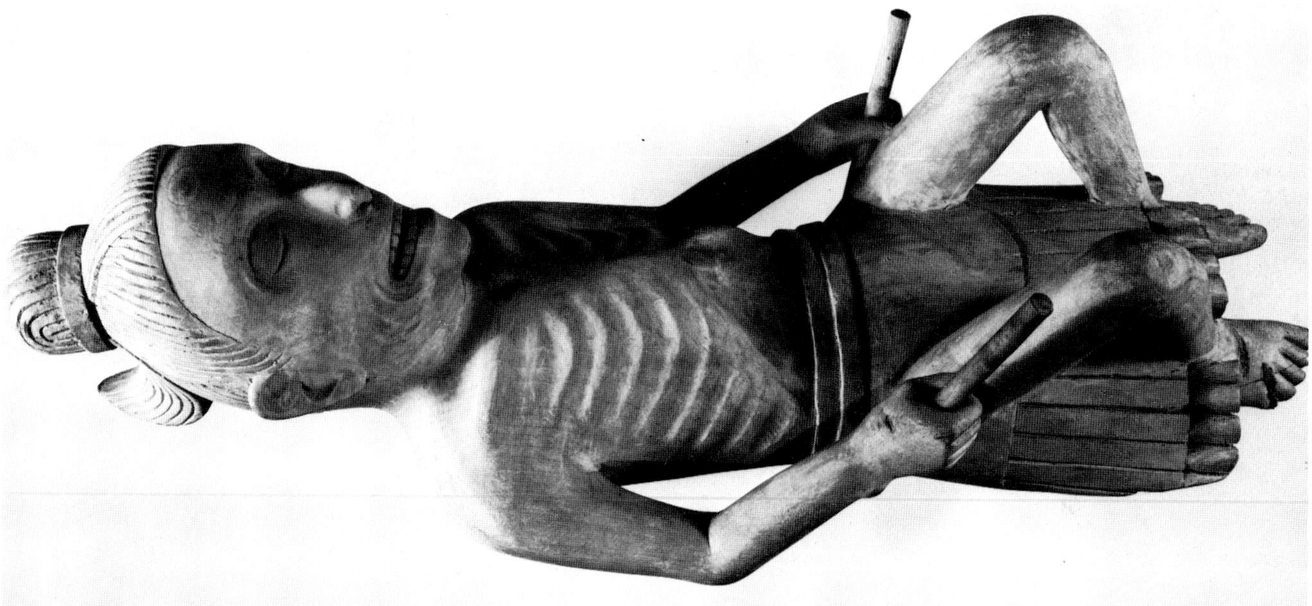

Zu Seiten 118 und 119

36 Bemalte Schamanentrommel, wahrscheinlich nordamerikanischer Herkunft. Die Bemalung der Trommel ist geometrisch. Sie ist in vier Felder aufgeteilt, in jedem Feld ist eine Art Sonne. Vergleiche mit sibirischen Trommeln führten dazu, Schrägstriche an den vier Enden des Kreuzes als abstrahierte Gesichtsdarstellung zu deuten. ▷▷

37 Schamanentrommel von den Lappen. Die Bemalung der Trommel zeigt das „Weltbild" der Lappen: oben den Himmel mit den Gestirnen, in der Mitte die Erde mit einem Jäger, unten die Unterwelt. Die Abbildung des Jagdtieres zeigt Spuren des „Röntgenstils". Auf der rechten Seite sieht man einen Schamanen im Schlitten zum Himmel fahren – ein Tier der Unterwelt, vermutlich ein Wolf, sucht ihn herabzuziehen. Der Schamane kann alle Regionen der Welt verbinden, das Weltbild durch Schlagen der Trommel „aktivieren" und so das Selbstvertrauen der Menschen in kritischen Situationen stärken (s. Anmerkungen zum Bildteil). ▷▷

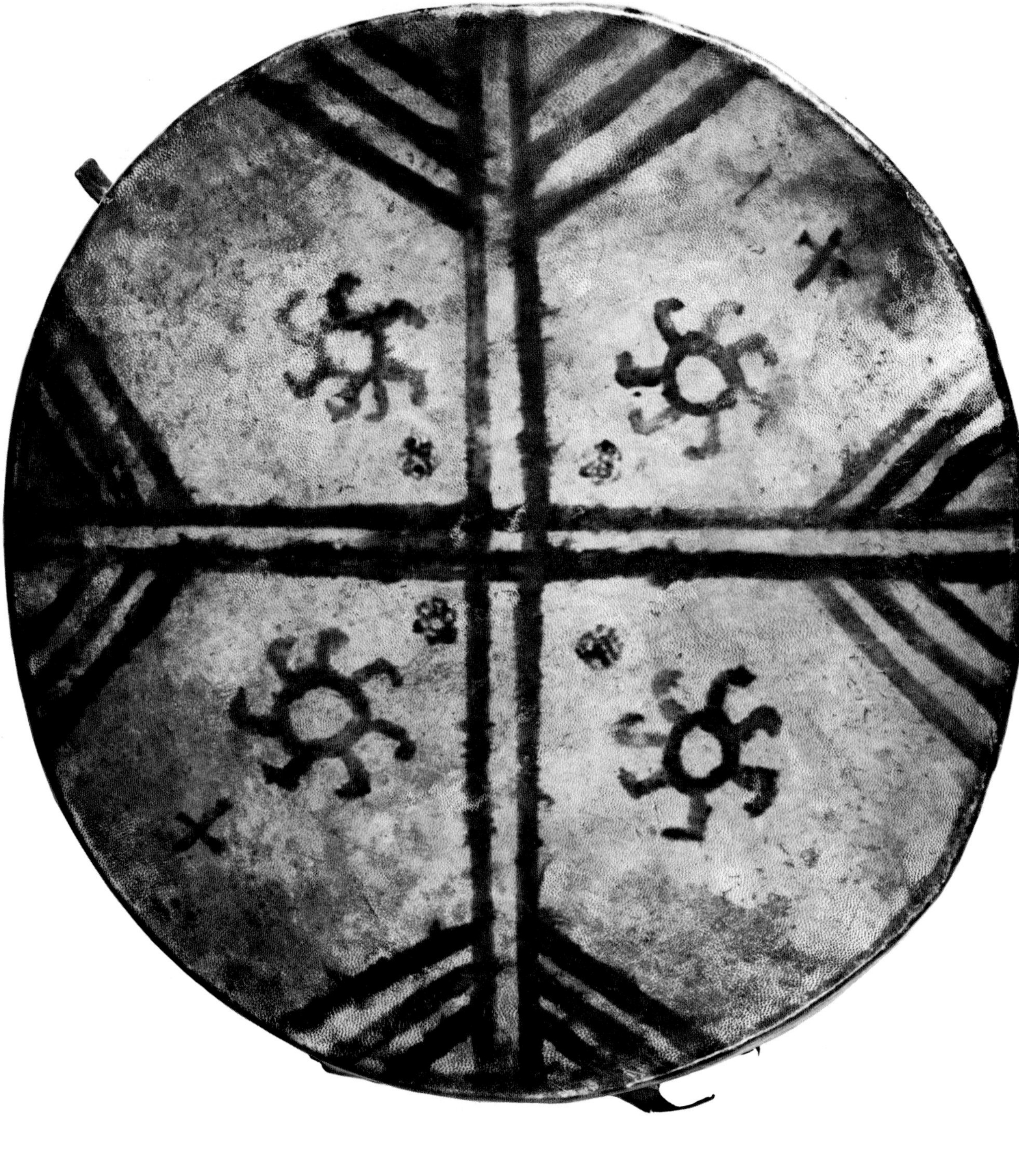

38 Bisonpaar, Lehmplastik. Dieses Beispiel der Kunst der frühen Jäger ist deutlich motiviert als Fruchtbarkeitsdarstellung, wie sie zur selben Zeit und später bis nahezu in die Gegenwart in immer neuen Variationen für die Jagdmagie angefertigt wurde. Die Länge eines Tieres ist etwa 60 cm. Tuc d'Audoubert (Ariège), Frankreich. Magdalenien-Zeit, um 12 000 v. Chr.

hat aber die künstlerische Funktion und Produktion des Schamanen nicht genügend beachtet. Es erscheint aber die künstlerische Produktion und Aktivität des Schamanen, vielleicht weniger vom sozialen Standpunkt aus, aber mehr von dem des Individuums die Hauptsache zu sein:
Der ganze Prozeß des Werdens und Wirkens des Schamanen ist ein künstlerischer Prozeß. Bei diesem Prozeß werden von dem einzelnen geisteskranken Individuum die Bilder der Mythologie oder Weltanschauung der betreffenden Gruppe in einer persönlichen Variation aktiviert und produktiv gemacht.
Das Ergebnis der Selbstheilung ist künstlerische Produktion und Tätigkeit. Die Person des Schamanen, die Wandlung, die bei Beginn des Schamanisierens in ihm vorgeht, und das Ergebnis des Schamanisierens sind eine Form der künstlerischen Produktivität des Menschen. Wahrscheinlich sind sie die früheste Form überhaupt, und wahrscheinlich sind die Felsbilder der Eiszeit Ergebnisse einer schamanistischen Wandlung und Handlung von frühen Künstlern.

Der Jagdzauber des Schamanen

Wenn die Jagd am Versiegen ist, sucht der grönländische Schamane die Herrin der Unterwelt und der Seetiere auf, die auf dem Grunde des Meeres lebt. Er befreit sie von dem Ungeziefer in ihren Haaren, dafür schickt sie dann die verschiedenen Jagdtiere, die sie bis dahin zurückgehalten hatte, wieder auf die Erde.
»Er reist zur Mutter der Seetiere, wie sie genannt wird, indem er dem Weg der Toten folgt. Es dauert nicht lange, da kam er zu einem anderen Weg, der nach links abbog; diesen schlug er ein und alle seine Hilfsgeister folgten ihm. Schließlich hört er ein starkes Brausen, es war der Elv, der durch das Haus floß, in dem die Mutter der Seetiere wohnte ... dann setzte er seinen Weg fort und mußte über drei Steine springen, die mit glatten Algen bewachsen waren. Er stand ratlos, als aber seine Hilfsgeister drüben waren, wagte er den Sprung und kam glücklich hinüber. Wieder flog er weiter und erblickte endlich das Haus, in dem die Mutter des Meeres wohnte. Alsdann mußte er wieder über einen Bach springen. Seine Hilfsgeister sagten ihm:

›Sobald du im Hause bist, mußt du auf die Mutter des Meeres springen, sie am Haar packen und es dir um den rechten Arm schlingen, dann wird sie den Versuch machen, dich in den Abgrund hinter ihrer Pritsche zu werfen. Glückt es ihr, so wirst du in Dunkelheit erstickt ...‹ Als er (der Schamane) im Hause war, packte er die Frau am Haar und wickelte es sich geschwind um den rechten Arm. Ihr Versuch, ihn rückwärts auf die Pritsche zu werfen, mißglückte, sie hob ihn aber hoch, daß ihm war, als ob ein Abgrund sich unter ihm auftäte. Dann kämpften sie miteinander, aber seine Hilfsgeister kamen zu Hilfe, indem sie der Frau auf die Ohren schlugen und riefen: ›Sei ruhig, er ist ja gekommen, um dein Haar zu kämmen und dich vom Ungeziefer zu reinigen.‹ Sie ergibt sich dann und sagt: ›Ich verkomme unter dem Schmutz der Menschen. Die Unreinheit eurer Übertretungen beschmutzt mich. Schnell, reinige meinen Kopf und kämme mein Haar. Wenn du zurückkehrst, so sage deinen Stammesgenossen, daß sie die Glaubensvorschriften genau befolgen sollen. Die Menschen geben sich keine Mühe, das Leben richtig zu leben, ihr Trotz kommt aber als Schmutz zu mir und macht mich häßlich. Gern hätte ich meine Fangtiere den Menschen geschickt, aber ich mußte sie zum Nachdenken erziehen.‹ Der Schmutz, den der Schamane der Herrin der Unterwelt abgesucht hatte, verwandelte sich in Jagdtiere; damit war der Zweck der schamanistischen Reise erreicht.«[67]
Eine andere Schilderung der Fahrt zur Beherrscherin der Unterwelt findet sich bei Rasmussen:

Vor dem großen Geisterbeschwörer öffnet sich der Weg – durch die Erde ins Meer hinab – von selbst; sie fahren ihn hinab, ohne auf Hindernisse zu stoßen, gleichsam wie im Fall durch ein Rohr ... kommt er zum Haus des Weibes und findet, daß davor eine Windmauer errichtet ist, dann ist sie den Menschen feindlich gesinnt. Der Beschwörer soll sich dann sofort gegen die Mauer werfen, sie über den Haufen treten und der Erde gleich machen. Ihr Haus (das Haus der Unterweltsgöttin) ist wie ein gewöhnliches Menschenhaus, nur das Dach fehlt, nach oben zu ist alles offen, damit sie von ihrem Platze bei der Lampe die Wohnplätze der Menschen im Auge behalten kann. Alle Arten von Fangtieren, Robben, bärtige Seehunde, Walrosse und Wale sind rechts von ihrer Lampe in einer Wake versammelt, wo sie pustend und atmend daliegen, nur für die Haie hat sie einen anderen Platz, diese leben im Nachttopf, weswegen auch der Haifisch nach Urin schmeckt.

Das einzige Hindernis für den Eintritt des Geisterbeschwörers ist ein großer Hund, der quer vor dem Hauseingang liegt und den Weg versperrt. Man sagt, daß sie (die Unterweltsgöttin) mit dem Hund verheiratet war, bevor sie vom Sturmvogel entführt wurde. Der Hund zeigt die Zähne und knurrt gefährlich wie ein bissiges Tier, das nicht gestört werden will, oft liegt er da und knabbert an den Knochen eines Menschen, der noch lebt. Ohne zu zögern und Furcht zu zeigen, soll der Zauberer ihn zur Seite schieben und ins Haus springen. Hier stößt er auf den Vater, der ihn packen und zu den Seelen sperren will, die ihre Sünden büßen. Daraufhin muß er hurtig sagen: »Ich bin aus Fleisch und Blut«; dann geschieht ihm nichts. Zum Zeichen ihres Zornes sitzt die Mutter der Seetiere mit dem Rücken zur Lampe, mit dem Rücken zu allen Fangtieren, die sie sonst zu den Küsten hinaufsendet. Ihr Haar, über ihr Gesicht und die Augen hinabgespült, ist unordentlich und zerzaust.

Sogleich beim Eintritt soll der Geisterbeschwörer sie bei den Schultern fassen und ihr Antlitz zur Lampe und zu den Tieren wenden, er soll ihr übers Haar streichen und es freundlich glätten. Er sagt: »Die da oben dürfen den Seehunden nicht mehr an den Vorderflossen aus dem Meere helfen.« Darauf antwortete das Weib: »Eure eigenen Sünden und die Leichtfertigkeit eurer Weiber mit den Geburten – gemeint sind hiermit die Abtreibungen und Tabubrüche während der Schwangerschaft – sperren den Weg.« Der Schamane muß alle Kunst aufwenden, um ihren Zorn zu beschwichtigen. Sobald sie besänftigt ist, greift sie nach den Tieren und läßt sie einzeln auf den Boden fallen. Es beginnt ein Wehen, wie wenn ein Stromwirbel sich im Hause erhöbe, und die Tiere verschwinden im Meere. Das bedeutet Großfang und Überfluß.

Nun ist es für den Zauberer die Zeit, zu seinen wartenden Lagergefährten zurückzukehren. Man hört ihn schon von weitem heraneilen. Der Braus seiner Fahrt kommt näher und näher, mit einem gewaltigen »Pu–a« ... taucht er bei seinem Platz hinter dem Vorhang auf, wie ein Seetier, das seine Lungen zusammenpreßt, aus der Tiefe aufschießt.

Einen Augenblick ist es still, keiner darf dies Schweigen brechen, bis der Zauberer sagt: »Laßt uns hören.« Und der Beschwörer fährt in der feierlichen Sprache der Geister fort: »Wort will aufsteigen.« Und dann müssen alle im Hause den Bruch des Tabus bekennen, dessen sie sich schuldig ge-

Die eingekreiste Figur stellt die Mutter der Seetiere dar, die auf dem Grund des Meeres sitzt und über das Schicksal der Menschen brütet. Die andere Zeichnung soll Putuleq darstellen oder den „Geist der vielen Löcher". Dieser schoß eines Tages, als der Zeichner beim Lachsfang war, aus der Tiefe des Sees hervor. Er wollte gern einem Menschen dienen und sein Hilfsgeist werden. Eigenheit: Geburtshelfer. Die vielen Löcher wirken ermunternd auf das Kind, welches leichter aus dem Leibe der Mutter kommt, wenn es sie gewahrt. Zeichnung von Arnaqaoq.

macht haben: »Vielleicht ist es meine Schuld« fällt man einander ins Wort. Mann und Frau rufen, voll Angst vor Mißfang und Hunger; man beginnt von all dem Unrecht zu erzählen, das man begangen hat. Der Name eines jeden, der im Hause ist, wird genannt, alle müssen bekennen; auf diese Weise erfährt man viel, von dem niemand etwas geahnt hat. Jeder bekommt die Heimlichkeiten des anderen zu hören. Aber trotz aller Sünden, die zum Vorschein kommen, spricht der Beschwörer oft wie ein Unglücklicher, der sich irrt, immer wieder bricht er in die Worte aus: »Ich suche die Gründe in Dingen, die nicht geschehen sind, ich rede wie ein Unwissender.« Dann geschieht es plötzlich, daß jemand mit einer heimlichen Sünde hervorkommt, die er hatte verbergen wollen, und dann bricht aus dem Geisterbeschwörer eine große Erleichterung hervor. »Das war es!« Oft sind es die ganz jungen Frauen und Männer, die gesündigt haben und schuld an dem Unglück sind, das die Siedlung getroffen hat. Sind aber die Weiber jung und treten sie weinend hervor, so ist dies immer ein Zeichen, daß es gute Weiber sind. Denn im Bekenntnis liegt die Vergebung. Eine große Freude darüber, daß ein Unglück abgewendet ist, erfüllt alles, und man ist ganz sicher, daß es am Tage darauf von Fangtieren wimmeln wird.[68]

Vergleichbare Berichte, wenn auch nicht so deutlich, können aus Australien beigebracht werden. Es ist zwar hier nicht die Reise zu dem Tierherrn, aber immerhin ein Jagdzauber, der in einer Massentrance seinen Höhepunkt findet.

Die Gestalt der Tierherrin ist aber in Australien, vor allem in Nordaustralien, auch bekannt unter dem Begriff der sogenannten Wauwelak-Schwestern, die über das Land gehen und die Tiere und Pflanzen erzeugen und aussenden.

Darstellungen solcher Tierherrinnen finden sich noch auf Felsbildern und vor allem auf Rindenbildern.

Wesentlich ist des Schamanen Wirkung aber bei der Anwendung des Jagdzaubers. Hier hängt oft die Existenz der ganzen Gruppe von seinem Wirken ab. So ist zum Beispiel die Zeit, wo der Zauberer eingreifen muß, gekommen, wenn die Jagd längere Zeit erfolglos war. Es kommt vor, daß auch geschickte Jäger tagelang kein Känguruh ins Lager bringen können und schließlich die Nahrung der Menschen nur noch aus den Wurzeln oder kleinen Tieren, z. B. Eidechsen besteht, die die Frauen gesammelt haben.

Dann nimmt der Schamane Känguruh-Knochen, die er als Klangstäbe benützt und versammelt die Männer des Abends um sich. Unaufhörlich wird zum Taktschlag der Knochenstäbe gesungen. Man singt nicht besonders schnell, man nennt zwischen den verschiedenen Strophen immer wieder in einer bestimmten rhythmischen Folge die Namen aller Arten von Känguruhs, die man kennt. In den Gesängen wird das Geräusch der hüpfenden Tiere nachgeahmt, und die Männer sehen vor sich unzählige Känguruhs, die die felsigen Berge hinunterspringen und deren Pfoten auf den Felsen aufschlagen. Der Schamane stimmt unermüdlich neue Gesänge an, und allmählich wird der Gesang wilder und eindringlicher, um schließlich dann leise und beschwörend zu werden.

Die Männer geraten allmählich in Trance und singen weiter, andere brechen vor Erschöpfung zusammen und liegen wie betäubt, aber von niemand beachtet, zwischen den Singenden. Wenn der Tag graut und die Nebel des Morgens über dem Busch liegen, erreicht der Gesang seinen Höhepunkt. In dem Moment, in dem die Sonne über dem Horizont sichtbar wird, bricht er ab. Die Jäger erheben sich lässig, kauen an den letzten Überresten der Wurzeln, die sich noch vom Vortag her finden, und begeben sich auf die Jagd wie gewöhnlich.

Es wird versichert, daß nach einem solchen nächtlichen Gesang die Känguruhs von allen Seiten auf die Jäger zukommen und den Speeren nicht ausweichen.[69]

Berichte über schamanistische Ausnahmezustände liegen noch aus jüngster Zeit vor. Sie haben alle zwei Dinge gemeinsam: nämlich den lockeren, beinahe unbeabsichtigten Beginn und die unverständlichste, aber um so eindrucksvollere Intensität des Ablaufes.

In der überwiegenden Mehrzahl wird in den Berichten auch der Erfolg der schamanistischen Handlung, nämlich eine vollständige Beruhigung und Sicherheit in dem Verhalten der Gruppe erwähnt.

So erzählt Rasmussen:

Am dritten Abend des Sturmes wurden wir feierlich zu einer Geisterbeschwörung in einem der Schneehäuser eingeladen. Der Gastgeber war ein ausgesprochen blonder Eskimo mit kahlem Schädel, rötlichem Vollbart und Augen, die einen leichten Stich ins Blaue hatten. Sein Name war Kingiuna. Der Sturm schien nun auf dem Höhepunkt zu sein. Man mußte zu drei und drei zusammengehen, um sich aufrecht halten zu können. Und man mußte damit rechnen, sich unweit von dem Platze, wo das Fest sein sollte, eine Schneehütte bauen zu müssen. Wir waren alle mit großen Schneemessern bewaffnet und schoben uns, die Gesichter tief aufs Eis hinabgebeugt, auf das kleine Dorf zu, in dem das Fest stattfinden sollte. Kingiuna und sein Partner hatten mich bei den Armen untergefaßt.

»Das ist der Säugling Narsuk, der da weint, und der Sturm pfeift durch seine Windeln.« Und nun erzählt man mir die alte Mythe vom Sohne des Riesen, welcher sich an den Menschen, die ihm Vater und Mutter getötet, gerächt hatte und zum Himmel aufgefahren war, um sich in Sturm zu verwandeln. Heute wollte man im Laufe der Nacht den Grund für den Zorn des Kindes erforschen und versuchen, den Sturm zu zähmen. Der Wind zerrte so stark an uns, daß wir bisweilen stillstanden und uns aneinander klammerten, um nicht in das Preßeis geblasen zu werden, das sich rings um uns auftürmte. Gewaltige Windstöße vom Lande her schlugen wie mit Peitschen auf uns ein; erst nach drei oder vier Stunden konnten wir wieder ein paar Schritte vorwärts tun, bis die Bö, gefolgt von Schreien des Sturmjungen, uns wiederum annagelte und uns fast aufs Eis hinabschlug. Ich glaube, der halbe Kilometer nahm eine ganze Stunde in Anspruch. Wie froh waren wir, als wir endlich die warmen Strahlen der Specklampen in den blanken Eisscheiben der Festhalle gewahrten. Durch ein Gewimmel von Hunden, die knurrten und nach uns schnappten, krochen wir durch den langen Hausgang, bis wir in die Festhalle kamen, wo jeder Platz bereits von Männern und Weibern besetzt war.

Das Festhaus bestand aus zwei Schneehütten, die zusammengebaut waren. Der eine der Wirte nahm mich herzlich in Empfang und führte mich auf meinen Platz. Das Haus, welches vier Meter breit und sechs Meter lang war, hatte eine so hohe Decke, daß der Baumeister sie mit zwei Balken aus Treibholz hatte stützen müssen, welche als Säulen in der weißen Schneehalle prachtvoll wirkten. Auf dem Boden war so reichlich Platz, daß die Kinder aller Nachbarn während der Festvorbereitungen Nachlaufen und Haschen um die Säulen spielen konnten.

Die Einleitung des Festes bestand in einer Mahlzeit, die aus Dörrlachs, Speck und gefrorenen, ungehäuteten Seehundskörpern zusammengesetzt war. Mit großen Beilen haute man kräftig in das gefrorene Diner ein, so daß die Fleischspäne umherflogen. Während die Hauswärme langsam dic Röte in alle Gesichter trieb, die vom Sturm und Schnee gebeizt waren, verschlang man mit größtem Appetit die Fleischklumpen, die man vorher ein wenig angehaucht hatte, um sich nicht die Haut von Lippen und Zunge zu reißen.

»Leckermäulige Leute, abgehärtet und immer für ein Fest zu haben«, flüsterte »Eidervogel«, der den Mund voll gefrorenen Blutes hatte, mir zu. Und wahrlich, nicht nur starke Mägen brauchte man für diese Kost, sondern auch starke Sinne, um aus einem Schneesturm ein Fest zu machen. Der Schamane des Abends war Horqarnaq, ein junger Mann mit klugen Augen und flinken Bewegungen. Es war kein Falsch in seinem Antlitz; vielleicht dauerte es darum länger als gewöhnlich, bis er in Trance kam. Er erklärte mir, daß er nur wenig Hilfsgeister habe. Da war der Geist seines verstorbenen Vaters und dessen Hilfsgeist, ein Troll der Sage, ein Riese mit Klauen, so lang, daß er den Körper eines Menschen ganz durchbohren konnte, wenn er nur ein bißchen daran kratzte. Und dann war da eine Figur, die er selbst aus Schnee geschaffen hatte, eine Gestalt wie ein Mensch, ein Geist, der kam, wenn er ihn rief. Ein vierter und mystischer Hilfsgeist war ein roter Stein namens Aupilalanguaq, ein merkwürdiger Stein, den er einmal auf der Rentierjagd gefunden hatte. Er glich vollständig einem Kopf mit Hals. Als er ein Rentier in der Nähe schoß, legte er dem Stein ein Kopfband aus den langen Halshaaren des Rentieres an. Auf diese Weise machte er seinen eigenen Hilfsgeist zum Zauberer und verdoppelte dessen Kraft. Diese Hilfsgeister sollte er nun beschwören. Er begann die Sitzung mit einer bescheidenen Rede darüber, daß er es nicht könne. Alle Frauen des Dorfes umstanden ihn im Kreise und ermunterten ihn mit billigem Geschwätz. »Du kannst wohl und du machst es so leicht, weil du so stark bist.« Aber er wiederholte fortgesetzt: »Es ist eine schwere Sache, die Wahrheit zu sprechen, es ist eine schwierige Sache, verborgene Kräfte heraufzubeschwören.« Lange bewahrte er seinen Ernst und seine beinahe herausfordernde Unzulänglichkeit, aber die Frauen um ihn hörten nicht auf, ihn anzufeuern, und schließlich kam er langsam in Trance. Im gleichen Augenblick traten auch die Männer herbei, der Kreis um ihn wurde dichter und dichter, und alle riefen ihm anfeuernde Worte über seine Fähigkeit und Stärke zu.

Horqarnaqs Auge wird wild. Er reißt die Lider auf und scheint in ferne

Weiten zu schauen. Ab und zu wirbelt er auf dem Absatz herum, seine Atemzüge werden unruhiger, und er erkennt seine Dorfgefährten nicht mehr. »Wer seid ihr?« »Deine Nächsten«, antwortet man ihm. »Seid ihr alle hier?« »Ja, außer den zweien, die nach Osten auf Besuch reisten.«

Aber es ist, als ob er nichts höre, was man ihm sagt; er wiederholt immer wieder: »Wer seid ihr, seid ihr alle hier?«

Plötzlich richtet er seinen Blick wild auf »Eidervogel« und mich und ruft: »Wer sind die beiden da? Ich kenne ihre Gesichter nicht.«

»Männer, die rund um die Welt reisen, Männer, die wir gerne haben, Freunde, die auch gerne hören wollen, welche Weisheit du uns bringen kannst.«

Wiederum dreht sich der junge Mann im Kreise, sieht jedem einzelnen in die Augen, starrt wilder und wilder um sich und wiederholt schließlich wie ein müder Mann, der einen langen Weg gemacht hat und nun zusammenfällt: »Ich kann nicht, ich kann nicht!«

Im selben Augenblick hört man einen gurgelnden Laut, und ein Hilfsgeist nimmt Wohnung in seinem Körper. Eine fremde Kraft hat von ihm Besitz ergriffen, er ist nicht mehr er selbst und ist seiner Worte nicht mehr mächtig. Er tanzt, springt, wirft sich zwischen den Haufen der Zuhörer zu Boden und ruft nach seinem verstorbenen Vater, der ein böser Geist geworden ist. Sein Vater starb erst vor einem Jahre, und seine Mutter, die Witwe, die noch über den Verlust ihres Versorgers trauert, stöhnt schwer und atmet tief und sucht ihren wilden Sohn zu beruhigen. Aber die übrigen schreien durcheinander, daß er weitersprechen und daß er die Worte des Geistes wiederholen solle. Der junge Mann nennt mehrere Geister von Toten, die er zwischen den Lebenden hier im Hause sieht. Er schildert ihr Aussehen, alte Männer, alte Frauen, die er niemals getroffen hat, und verlangt, daß die anderen sagen sollen, wer sie sind. Ratlosigkeit, Schweigen, endlich flüsternde Beratung zwischen den Weibern. Zögernd drängt man sich vor und nennt den einen oder den anderen Verstorbenen, auf den die Beschreibung des Beschwörers passen könnte.

»Nein, nein, nein, nicht der.«

Die Männer stehen stumm und abwartend da, während die Weiber im schrillen Diskant aufschreien. Sie sind nicht mehr ratlos, sondern nur noch erregt. Sie sind auf der Jagd nach dem Rätsel. Nur die Witwe des toten

Mannes, der zugegen sein soll, seufzt verzweifelt und wiegt weinend das Haupt hin und her. Plötzlich springt eine alte Frau, die sich bisher stumm auf ihrer Bank zurückgehalten hat, auf den Boden und ruft die Namen derer, welche die anderen nicht in den Mund zu nehmen wagen, die Namen eines eben verstorbenen Paares, dessen Gräber noch ganz frisch sind.

»Quanorma! Quanorme!«

»Die sind es, die sind es«, ruft der Beschwörer mit schneidender Stimme, und eine unerklärliche Schreckensstimmung legt sich auf alle Gäste, weil diese zwei Menschen noch vor wenigen Tagen lebend unter ihnen wandelten. Nun waren sie zu bösen Geistern geworden, die Sturm und Unwetter hervorriefen. Entsetzen breitet sich im Hause aus. Das rätselhafte Leben hat mystische Nacht über alle ausgegossen. Etwas Unerklärliches geschieht und verwirrt alle.

Draußen heult der Sturm, man kann nicht die Hand vor Augen sehen. Und selbst die Hunde, die sonst mit Tritten aus dem Hause gejagt werden, dürfen jetzt Wärme und Obdach zwischen den Beinen der erregten Menschen suchen. Es ist heute der dritte Tag, daß der Sturm dauert. Man hat kein Fleisch für morgen, nichts zu essen, nichts, um sich zu wärmen, und diese Drohung scheint plötzlich lebendig zu werden. Der Sturmjunge weint, und die Frauen klagen, die Männer murmeln unverständliche Worte. Die Sitzung hat ungefähr eine Stunde gedauert und ist mit Brüllen und Beschwörung unbekannter Kräfte vergangen, als etwas geschieht, was uns, die wir niemals der Zähmung des Sturmgottes beigewohnt haben, erschreckt. Horqarnaq springt vor, faßt den alten gutmütigen Kingiuna, der gerade dasteht und ein frommes Lied an die Mutter der Seetiere singt, mit einem raschen Griff an der Kehle und schleudert ihn brutal hin und her, hin und her. Im Anfang stoßen beide klagende Kehllaute aus, aber nach und nach erstickt Kingiuna und kann keinen Laut mehr von sich geben. Aber da flüstert es plötzlich aus seinem Munde, und im selben Augenblick ist auch er eine Beute der Ekstase. Er leistet nicht mehr Widerstand, sondern folgt dem Beschwörer, der immer noch seine Kehle gefaßt hält, und beide taumeln ohne Sinn und Verstand hin und her. Die Männer des Hauses müssen sich zunächst vor die großen Specklampen stellen, damit sie nicht zerschmettert oder umgeworfen werden, die Frauen helfen den Kindern schleunigst auf die Bänke, damit diese im Tumult keinen Schaden nehmen. So geht es noch eine Weile weiter, bis Horqarnaq alles Leben aus seinem Gegner herausgedrückt hat, den er nun einem leblosen Bündel gleich hinter sich her schleppt. Dann erst löst er den Griff an der Kehle, Kingiuna fällt zu Boden.

So wird der Sturm »in effigie« getötet. Der Aufruhr der Luft verlangt Leben, und wiederum faßt der Beschwörer den leblosen Kingiuna, beißt ihm mit aller Kraft seiner Zähne in den Nacken und schüttelt ihn hin und her wie ein Hund, der seinen Widersacher besiegt hat.

Totenstille ist im Hause. Horqarnaq ist der einzige, der seinen wilden Tanz fortsetzt, bis auf unerklärliche Weise wiederum Ruhe in seine Augen kommt. Er legt sich vor dem Toten auf die Knie und beginnt dessen Körper zu kneten und zu streicheln, um ihn wieder zum Leben zu bringen. Langsam kehrt das Leben in Kingiuna zurück, der Schwankende wird auf die Beine gestellt, aber kaum ist er wieder ganz zu sich gekommen, als der Tanz von neuem beginnt.

Derselbe gewaltsame Griff an die Kehle, dasselbe zügellose Rasen im Raum, dasselbe Stöhnen nach Atem und Luft, bis der arme Mann wieder wie ein lebloses Bündel auf den Schneeboden des Hauses geschleudert wird. Auf diese Weise wird er dreimal umgebracht. Der Mensch muß seine Überlegenheit über den Sturm beweisen. Aber als Kingiuna zum dritten Male wieder lebendig wird, ist es an ihm, in Trance zu fallen.

Horqarnaq bricht auf dem Boden zusammen. Der alte Seher richtet sich in seiner komischen, ein wenig zu fetten Würde auf, und doch beherrscht er uns durch die Wildheit seines Auges und den unheimlichen rotblauen Glanz, der sich nach den vielen Mißhandlungen über sein Gesicht gelegt hat. Alle fühlen, daß dort ein Mann steht, den der Tod soeben berührt hat, und man weicht unwillkürlich einen Schritt zurück, als er, den Fuß auf Horqarnaqs Brust gestellt, sich an die Zuhörer wendet und mit verblüffender Zungenfertigkeit seine Gesichte verkündet. Mit einer Stimme, die vor Bewegung zittert, ruft er durch die Schneehütte:

»Der Himmelsraum ist mit nackten Wesen erfüllt, die durch die Luft daherfahren. Nackte Menschen, nackte Männer, nackte Frauen, die dahinfahren und Sturm und Schneegestöber entfachen.

Hört ihr es sausen? Es braust wie der Flügelschlag großer Vögel oben in der Luft. Das ist die Angst nackter Menschen, das ist die Flucht nackter Menschen!

Die Geister der Luft blasen Sturm aus, die Geister der Luft treiben den fegenden Schnee über die Erde, und das bildlose Sturmkind Narsuk erschüttert die Lungen der Luft mit seinem Weinen.
Hört ihr das Weinen des Kindes im Wind? Und seht: zwischen den nackten Scharen der Flüchtlinge ist da einer, ein einzelner Mann, den der Wind durchlöchert hat. Und sein Körper ist wie ein Sieb, und durch die Löcher saust es: Tja – tju – u, tju – u – u! Hört ihr ihn? Es ist der gewaltigste von allen Windentfachern!
Aber mein Hilfsgeist wird ihn anhalten, wird sie alle festhalten. Ich sehe ihn ruhig, siegessicher auf mich zukommen. Er wird siegen, er wird siegen. Tju – tju – u! Hört ihr den Wind? Pst, pst, pst! Seht ihr die Geister, das Wetter, das Unwetter, das mit dem Sausen großer Vogelflügel über uns dahinbraust.«
Bei diesen Worten richtet Horqarnaq sich vom Boden auf, und die beiden Beschwörer, deren Antlitz nach der gewaltigen Sturmpredigt einen verklärten Ausdruck bekommen hat, singen mit schlichten heiseren Stimmen zur Mutter der Seetiere:

Mutter, große Mutter in der Tiefe!
Nimm es, nimm es fort von uns, das Böse.
Komm, komm, Geist der Tiefe!
Eines deiner Erdenkinder
ruft dich an.
Beiße den Feind zu Tode!
Komm, komm, Geist der Tiefe!

Sobald die beiden ihre Hymne zu Ende gesungen hatten, fielen alle anderen Stimmen wie ein rufender, klagender Chor bedrängter Herzen ein. Niemand wußte, wonach man rief, niemand betete um etwas, aber der alte Sang der Vorväter gab ihren Sinnen Gewalt. Sie hatten kein Essen für ihre Kinder, wenn der nächste Tag kam. Sie baten um Wetterruhe für ihre Jagd, um Essen für ihre Kinder.
Und plötzlich ist es, als ob die ganze Natur um uns lebendig würde. Wir sehen den Sturm in der Fahrt und im Getümmel nackter Geister über den Himmel dahinreiten, wir sehen die Scharen flüchtender Toter durch die Wogen des Schneegestöbers daherfegen, und alle Gesichte und alle Laute

Geisterdarstellung. Zwei friedlose Seelen. Der große Geist heißt Nalaqnaq, der Lauscher, mit großem Mund, zwei Zähnen, die Zunge aus dem Mund heraushängend, unförmige Hand mit sechs Fingern; er bewegt sich im Laufe. Der andere heißt Punqoq, „Langohr"; er hat zwei Mäuler, drei Beine. Eines Nachts schlief der Zeichner im Schutze eines Steines, als diese beiden bösen Geister über ihn kamen und ihn gefressen hätten, wenn die Hunde sie ihm nicht vom Leibe gehalten hätten. Zeichnung von Arnaqaoq.

sammeln sich in dem Flügelschlag des großen Vogels, den Kingiuna uns hatte vernehmen lassen.

Hiermit schloß der Kampf der beiden Beschwörer mit dem Sturm. Ein jeder von ihnen konnte sich getröstet und beruhigt zu seiner heimischen Schneehütte hinkämpfen und sich dem Schlaf anbefehlen, denn morgen würde schönes Wetter sein.

Und wirklich, in blendender Sonne über festgewehte Schneeflächen fahren wir den nächsten Tag weiter ...[70]

Eine der Hauptaufgaben des Schamanen innerhalb des hier interessierenden Erlebnisinhaltes bildet die Überwindung von hindernden Kräften, die ihm auf seiner Seelenreise begegnen:

Rein psychische Hindernisse natürlich – ein psychischer Zustand der Lähmung, den nur er allein überwinden kann und für die Gemeinschaft überwinden muß.

Vom Schamanen wird zur Erfüllung seiner eigentlichen Aufgabe Unerschrockenheit, großer Mut und voller Einsatz der ganzen Persönlichkeit gefordert, der manchmal sogar mit einer imaginären und vielleicht sogar wirklichen Lebensgefahr für ihn verbunden sein kann. Bringt er den Mut nicht auf, so kann er an seiner Aufgabe scheitern: Der Selisch-Schamane ertrinkt im Meer, wenn er einen Fehler auf seiner Bootsfahrt beim Übersetzen macht; er befindet sich ständig in der Gefahr, von den feindlichen Mächten, den Geistern der Unterwelt, körperlich verletzt zu werden. Der Altai-Schamane fällt in den reißenden Fluß, der nur um ein »Haar« überbrückt werden kann. Überall also ist der Schamane auf seiner Seelenfahrt von Gefahren umlauert, die den Tod bringen können. Wenn er den Kampf mit der Urmutter des Geschlechts, der großen Göttin Sedna, nicht siegreich bestanden hat, wird er von ihr in den Abgrund geworfen, wo er ein klägliches Ende findet. Nach dem Glauben der Grönländer sind aus dem Leib der Göttin Sedna Tiere und Pflanzen der Erde entstanden; man kann sie also als die »große Mutter«, als Sinnbild und Repräsentant der unbewußten Kräfte betrachten, die in ihrer ambivalenten Funktion zugleich verderblich und beglückend sein können.

Der Schamane ist ein besonders Auserwählter und daher vor allen anderen Stammesgenossen fähig, diese schwierigen Proben und Hindernisse zu überwinden. Die wesentlichen Merkmale des Auserwähltseins sind daher zunächst nicht äußerlicher, sondern innerlicher Art, und zwar analog denjenigen des jüngsten Bruders im Märchen, der »reinen Herzens« sein mußte, um erfolgreich den Gefahren zu begegnen. So muß der Grönland-Schamane gebeichtet haben, um als ein Sündenloser die Seelenfahrt antreten zu können, und er muß während dieser »Reinigung« rufen: »Alles dies, weil ich gern sehend werden will«[71]

Bei den Grönländern beichtet übrigens nicht nur der Schamane als Vermittler des Göttlichen zum Menschlichen, sondern es findet unmittelbar nach der Seelenreise eine Generalbeichte der Gemeinde statt. Auch bei den Altai-Völkern vermag nur der sündenlose Schamane das reißende Wasser zu überqueren. Nur bei voller Läuterung durch die Proben der Vorbereitungszeit und die Beichte vermag also der »Reine« in die transzendentale Welt zu gehen und in ihr unterzutauchen.

Reisen ins Jenseits

Hilfsgeister, die den Schamanen auf der Reise ins Totenreich begleiten; Holz und Federn. Golden, Sibirien.

Die psychischen Erlebnisse des Schamanen in der Trance werden immer in Bildern der realen Welt ausgedrückt. Im Gedächtnis der Menschen leben dann solche Begebenheiten als Wunder fort.

Die Reisen der Schamanen ins Jenseits, das Hineintauchen in irgendwelche psychische Tiefen, das wir nicht oder nur kaum nachzuerleben fähig sind, deren reales Ergebnis, die Beruhigung der Gruppenpsyche, der Zuwachs an Sicherheit und Vertrauen, uns unfaßbar bleibt, werden meist als Unterweltsreise, ins Jenseits zu den Toten, erlebt und berichtet.

Um in das Land der Toten zu gelangen, muß der grönländische Schamane auf den Grund des Meeres hinabfahren, dessen Bereich (mythologisch gedacht) durch einen Fluß (als Grenze zwischen dem Land der Toten und Lebenden) vom Totenreiche getrennt ist. »Endlich erreichten sie die Grenze zwischen dem Meer und dem Land unter dem Meere, die von einem schäumenden Bach gebildet wurde; um hinüber zu gelangen, mußten sie über große, spitze Steine springen, die ganz von nassen Tanggewächsen bedeckt waren und so glatt schimmerten, daß sich niemand hinüber wagte ... Durch die Hilfe der Geister springt der Schamane über diese Hindernisse. Die Geister ermuntern ihn und rufen ihm zu: »Wenn du diesen Sprung nicht wagst und umkehrst, wirst du nie das Land der Toten erreichen; an diesen Steinen wird deine Reise immer enden.« Dann wagte der Schamane den Sprung, und zu seinem großen Erstaunen zeigte sich, daß der Tang gar nicht so glatt war.[72] Vom selben Autor wird ebenfalls bei den Grönländern von Stufen berichtet, die der Schamane überwinden muß, um in die Totenwelt zu gelangen: »Der Geisterbeschwörer . . . stieß auf eine Treppe mit drei hohen Stufen. Sie waren so hoch, daß er sich mit knapper Not von der einen zur anderen schwingen konnte, und schlüpfrig von Menschenblut, das darüber rieselte. Der Geisterbeschwörer stieg mit Mühe und unter großer Lebensgefahr die schlüpfrigen Stufen hinauf und gelangte zu einer weiten, weiten Ebene, der Himmelsebene . . . Der Rückweg war ohne Hindernisse, und er hatte keine Bluttreppe zu überwinden.«

Bei den Selisch-Indianern an der Nordwestküste Amerikas erlebte der Schamane eine imaginäre Wasserfahrt, um die verlorene und geraubte Seele eines Kranken wiederzugewinnen. Die Bootsfahrt über das große Meer (Totenfluß), das die Lebenden von den Toten trennt, wird mit einer Mannschaft von zehn Schamanen unternommen, Steuermann ist der Geist des handelnden Schamanen. Die übrigen stehen während der Zeremonien zu je vier in einer Reihe; jeder hat ein Paddel in der Hand, mit dem er Ruderbewegungen macht. So wird die Bootsfahrt auch den Zuhörern deutlich vor Augen geführt. Nach langer Fahrt kommen sie in das Land der Toten, einer Flußenge, an welcher die Geister wohnen. Diese fischen und jagen (sie haben alle dieselben Lebensgewohnheiten wie die Menschen); im Unterschied zu den Menschen gehen sie mit gekreuzten Beinen. Daran erkennt man sie als Geisterwesen. Das Jenseits ist bei den Naturvölkern fast immer dem Diesseits sehr ähnlich; es sind dieselben Lebensbedingungen, die auf das Jenseits projiziert werden.

Das erste Hindernis, das der Schamane im Totenland zu überwinden hat, ist ein reißender Strom. Wie auch die Toten zu tun pflegen, legt er nun einen Baumstamm über den Fluß und überquert ihn so wie auf einer Brücke. Während er dieses (imaginäre) Hindernis nimmt, legt er seine Paddel auf den Boden und balanciert vorsichtig darüber, damit er nicht falle. Die nächste Schwierigkeit ist ein zähflüssiger Fluß, der in einem Kanu überquert wird. Es folgt der Kampf mit einem Mann, der die Auskunft über den Weg verweigert.

Beim Eintritt in das Totenland beginnt der Kampf mit den Geistern, die sich mit Fackeln aus brennendem Zedernholz verteidigen. Dieser imaginäre Vorgang wird durch Knaben des Stammes dargestellt, die mit Fackeln herbeistürzen und diese auf die Eindringlinge in das Geisterreich werfen. Nach Aussagen der Indianer geschieht dann oft, daß einer der Beteiligten ernstlich zu Schaden kommt.

Schließlich wird die Schwelle zum Totenreich symbolisch verschlossen, damit die Geister, denen die Seele des Kranken wieder geraubt wurde, sich nicht rächen können. Wenn der Geist des Kranken gefunden ist, wird bei der Rückkehr das Lied dieses Geistes gesungen. Wenn der Kranke diese Musik hört, springt er auf und ist gesund.[73] Dazu auch ein Bericht aus Sibirien:

Wenn die bösen Geister im Norden die Seele eines Menschen hinwegtragen, dann vollzieht der Schamane die Séance und macht sich mit verschiedenen Gaben in ihr Land auf. Ehedem machten sich Frauen aus »nutschtscha« (russische) auf den Weg nach Norden. Es waren alte, bucklige Frauen mit verfaulten Knochen in den Gelenken. Sie fuhren auf der Lena in Booten und machten sich am Berge Dschokuo seßhaft.

Dazu erwähnten die Schamanen insonderheit zwei Alte, die sie auch aus den Kranken austreiben: Tanjachtaach Laabyralaan, »die L. mit dem Stock«, und Toruoskalaach Soluonnjaj-Chotun, »die Herrin Suolonnjaj, die einen Stock hat«. (Der Erzähler irrt sich, wenn er die Soluonnjaj den nördlichen Geistern zurechnet. Sie wird gewöhnlich zu den neun himmlischen Jungfrauen gerechnet, die Pferde fordern und Wahnsinn bringen. G. K.)

Als Darbringungen an diese Geisterfrauen werden neun grobe Kuchen zubereitet; in hölzerne Branntweinbecher wird Wodka gegossen. Aus Holz werden ein Schwein und ein Truthahn gemacht. Weiterhin wird ein Iltisfellchen verwendet, ferner ein Strick, der aus weißen und schwarzen Haaren geflochten ist, als letztes eine zweizinkige Gabel aus Holz.

Als diese Frauen nach Norden zogen, hatten sie alle diese Dinge bei sich. Bei diesen Geistern lebt ein Mädchen mit schiefem Gesicht. Sie dient als Wächter. Wenn der Schamane sich nähert, ertönen dort Stimmen:

»Da geht er, der Schamane mit seiner schweren Last, mit wertvollen Gaben. Vor sich hin treibt er Vieh, hinter sich zieht er Opfertiere am Strick ...«

»Ei, da kommt wohl unser ältester Sohn (der Schamane ist deshalb ihr Sohn,

weil seine Seele bei ihnen erzogen wurde). Schnell, empfange ihn! . . .«
Dann ertönen Schreie: »Suu, Saa!« (Dieses sind die Rufe beim Viehfangen.)
Dann wird das mitgebrachte Vieh in eine Hürde getrieben.
Der Schamane ergreift von sich aus vor ihnen das Wort, der und der Menschenfürst sei krank geworden und habe diese Gaben geschickt . . . »Übergebt mir seine Seele!«
Diese sind durch die mitgebrachten Geschenke zufriedengestellt und ordnen an, die Seele freizugeben. Sie sagen:
»Ei, geht und öffnet die Tür des Gefängnisses, wo die Seele des Kranken liegt!«
Zuweilen wollen die Geister die Seele nicht freigeben. Dann äußert der Schamane Ärger und Verzweiflung . . . Er wälzt sich um die Feuerstelle, verwandelt sich in eine Wespe und fliegt in den Kuhstall. Dort liegt ein blaubunter Stier. Die Wespe sticht den Stier in die Nase. Der Stier schnaubt, und dabei fällt die Seele, die in den Nüstern des Stieres gefangen lag, heraus. Der Schamane ergreift sie sofort und fliegt mit ihr eilig davon.
Der Alte, ein Geist oder ein Gott, springt hinter ihm her, wirft mit Lehmklumpen nach ihm und sagt: »Was für ein Ärger! Er, der gestern noch bei mir erzogen wurde, wagt es jetzt, mich so zu behandeln!«[74]
Eine sehr schöne Schilderung der Reise eines Altai-Schamanen gibt Potanin:[75]
Der Schamane nimmt seinen Weg in der südlichen Richtung. Zunächst überquert er das Altai-Gebirge und dann die roten sandigen Wüsten Chinas. »Wir werden es singend überwinden«, sagt der Schamane in seinem Liede. Nach dem Flug über die gelbe Steppe kommt eine blasse Steppe, die kein Rabe überfliegen könnte, und der Schamane auf seiner imaginären Fahrt singt wieder sein ermunterndes Liedchen. Dann kommt ein eiserner Berg, welcher sich an den Himmel lehnt. Der Schamane ermahnt sein Gefolge, daß alle eines Willens sind und die Grenze durch die geeinte Kraft ihres Willens überschreiten mögen (die Worte sind an die Zuhörer gerichtet). Er beschreibt die Schwierigkeiten des nun ansteigenden Weges, wobei er tief und schwer atmet. Auf der Anhöhe angelangt, findet er die Knochen von anderen Schamanen, die hier gefallen sind, weil sie nicht machtvoll genug waren. Dann singt er wieder ein Lied, um sich Mut zu machen, und erklärt, daß er über den Berg will. Schließlich kommt er an den Eingang der Unterwelt. Dort findet er einen See, der nur über eine Brücke, die aus einem Haar

Bei den Eskimos gibt es zwei Typen von Masken: die Inua – sie verkörpern die Doppelgestalt des Menschen aus der Zeit, in der die Wesen noch beliebig als Mensch oder Tier auftreten konnten, und die Tunghuat – Masken, die Hilfsgeister des Schamanen darstellen. Hier sind der formalen Phantasie keine Grenzen gesetzt. Der Schamane benutzt beide Typen, er allein ist heute noch in der Lage, zwischen menschlicher und tierischer Natur hin und her zu gehen, und er bezieht seine geheimnisvollen Kräfte von den Geisterwesen, den Hilfsgeistern, deren Masken als ihre Erscheinungsform gelten.

39 Maske aus Holz in weißer, schwarzer und roter Bemalung, mit Tierzähnen und Federn ausgeschmückt. Ein typisches Beispiel der Eskimomasken, bei denen das symbolische zentrale Gesicht von einer Reihe anderer Symbole umgeben wird. Aus Andreafsky, ca. 1893.

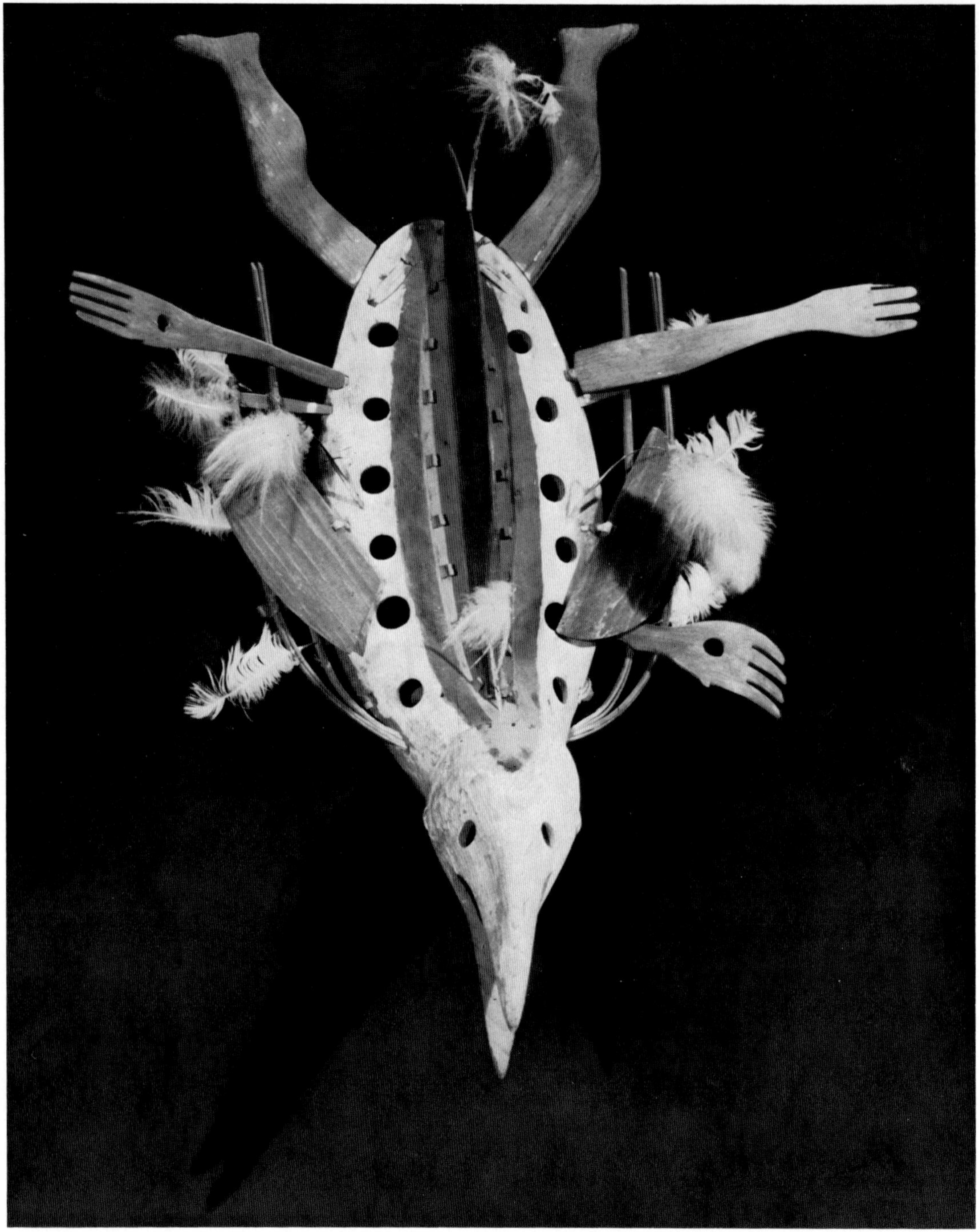

◁ 40 Vogelmaske. Die Maske stellt ein Doppelwesen dar, einen Vogel, dessen Seele ein Mensch ist. Man erkennt dies an den menschlichen Beinen und an einem kleinen Menschengesicht, das sich, auf dem Foto nicht sichtbar, unter dem Vogelgesicht befindet. Northon Sound, 1892 gesammelt.

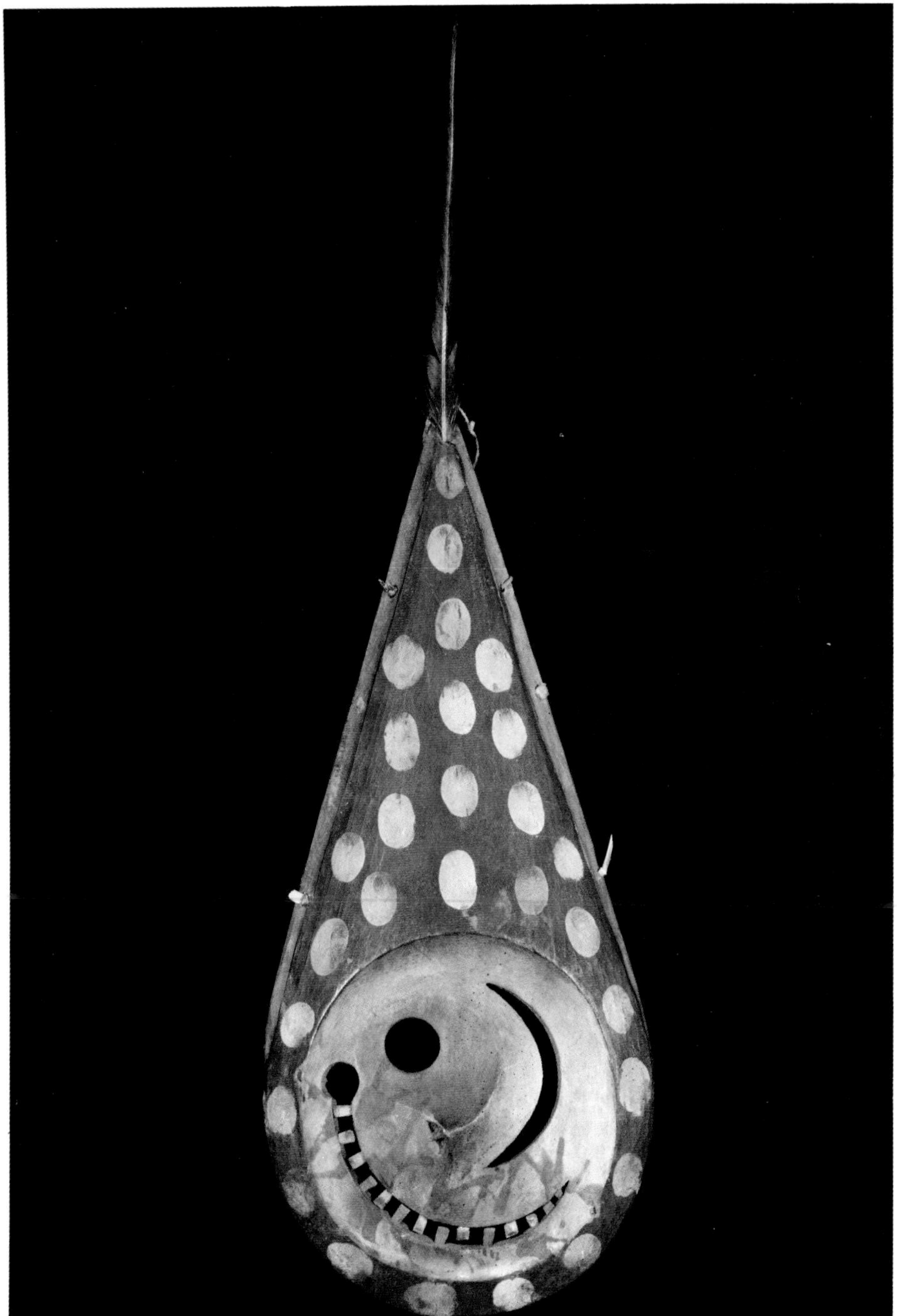

41 Außergewöhnliche Form einer Maske. Das Gesicht ist auf einige wenige geometrische Formen reduziert. Stammt aus Andreafsky.

42 Schamanenmaske. Eine ganze Anzahl von Hilfsgeistern, Seehund, Bär, Walroß, Hirsch und Ren, sind in der Maske vereint. Die Maske stammt aus Alaska und ist zwischen 1875 und 1900 entstanden.

43 Bemalte Maske der Eskimos aus Südwestalaska. Die Maske stellt einen Geist dar, vielleicht einen Hilfsgeist, wie er dem Schamanen im Trancezustand erscheint. Die Maske ist typisch für die aus Visionen entstehende Kunst der Eskimos.

44 Schamanenmaske. Die eine Hälfte stellt einen Seehund dar, die andere den Geist des Seehundes, seinen inua. Alaska, vor 1910.

◁ 45 Schamanenmaske aus Holz. Sie stellt Walaunuk, den Geist der aufsteigenden Wasserblasen dar. Die Größe und Zerbrechlichkeit der Maske legt den Gedanken nahe, daß sie vom Ritualtänzer nicht aufgesetzt, sondern ihm vors Gesicht gehalten wurde. Kuskokwim River, Alaska, vor 1900.

46 Schamanenmaske. Geist des Seehundes. Kuskokwim River, Alaska, vor 1900.

47 Schamanenmaske. Darstellung eines „Kaltwettergeistes". Die Masken werden zu Beginn des Frühlings rituell verbrannt. Kuskokwim River, Alaska, vor 1900.

◁ 48 Schamanenmaske. Fabeltier, das eine Robbe oder einen Seehund im Maul hält. Darstellung eines Hilfsgeistes. Alaska, vor 1900.

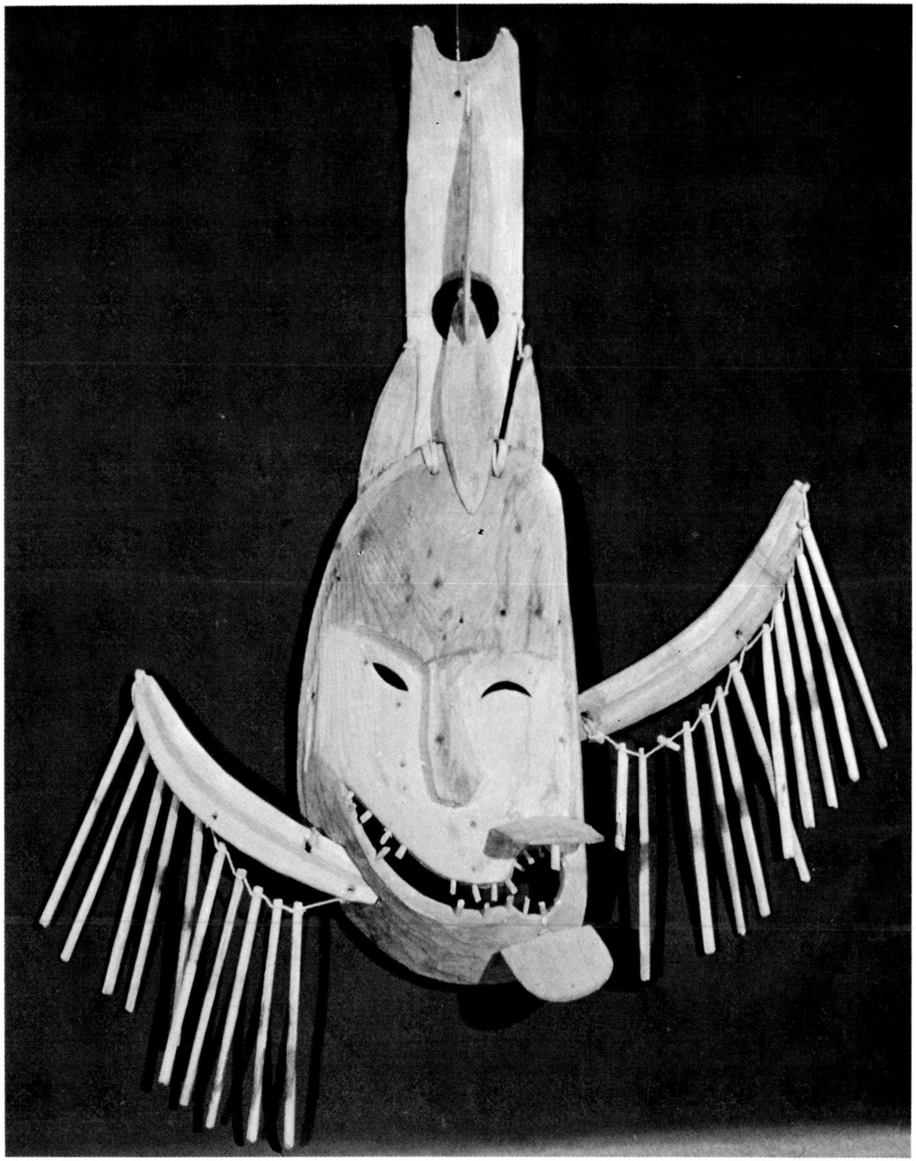

49 Schamanenmaske aus Holz in roter, schwarzer und weißer Bemalung. Die Maske ist nicht typisch für Eskimomasken, sondern zeigt Einflüsse der Athabasken-Indianer in der Nähe vom Anvik- und Innoko River.

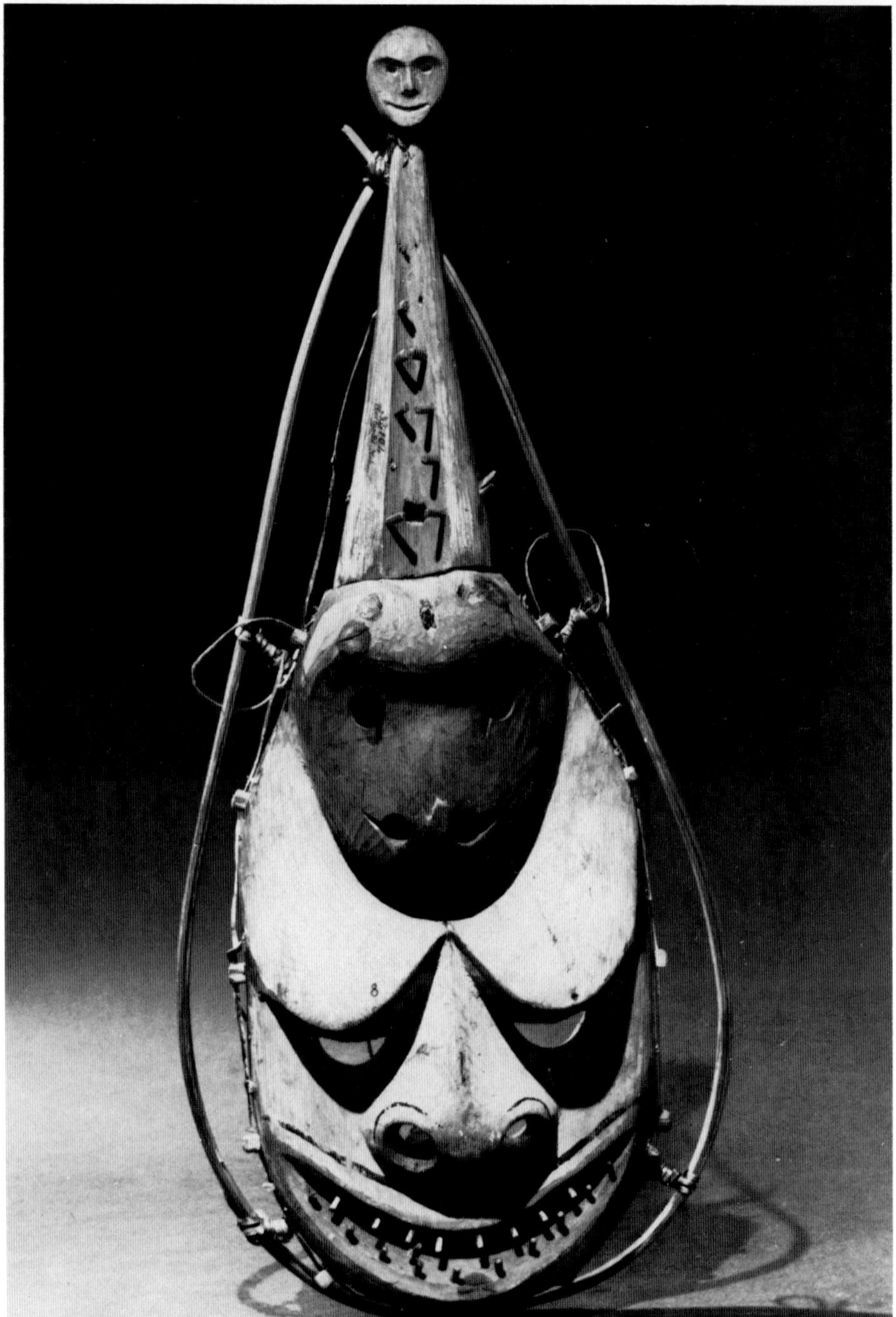

50 Schamanenmaske mit rot-grüner, schwarzer und gelber Bemalung. Die Maske zeigt ein menschliches Gesicht, darüber ein tierisches. Sie dürfte eine sogenannte Tiergeistmaske sein und stammt vom Kuskokwim River in Westalaska.

besteht, zu überqueren ist. Um zu zeigen, wie schwer der Übergang über diese Brücke ist, stolpert der Schamane und fällt beinahe. In den Tiefen des Sees sieht er Leichen von mehreren sündigen Kams (Schamanen), welche hier starben; denn nur diejenigen, die ohne Tadel sind, können diese Brücke überqueren. In der Nähe des Hauses von Erlik, dem mächtigen Beherrscher der Unterwelt, wird er von Hunden angefallen, welche ihn nicht durchlassen wollen. Sie werden aber durch vorher vom Schamanen eingesteckte Leckerbissen beruhigt. Ist er erfolgreich an diesen Tierwächtern vorbeigekommen, verbeugt er sich an dem imaginären Thron von Erlik und nimmt die Trommel zur Hand. Er erklärt dann, warum er gekommen ist. Plötzlich schreit er; dies bedeutet, daß er vor dem Herrscher der Unterwelt Angst hat, der erzürnt ist, daß jemand wagt, seine Jurte zu betreten. Der Schamane reicht ihm Wein und stimmt ihn milder, so daß er ihm verspricht, das Vieh zu vermehren, und ihm die für das Ergehen des Stammes wichtigen Fragen beantwortet. Schließlich kehrt der Schamane auf dem Rücken einer Gans auf die Erde zurück und läuft dabei auf Zehenspitzen, um das Fliegen zu demonstrieren.
In den analogen Berichten aus Australien werden die Reisen in die Unterwelt oder zu den Geistern als »Flugreisen« beschrieben.
Deutlich wird dabei, daß diese Flugreisen nicht ohne Opfer bleiben. Den Hilfsgeistern muß ein Opfer gebracht werden, das aus einem Menschen der Gruppe besteht.
Es findet sich hier eine Parallele zu den Opfern, die in Sibirien aus der Familie des Schamanen gebracht werden müssen, wenn ein Mensch zum Schamanen wird.
In Australien ist davon nicht die Rede, aber es finden sich Andeutungen, daß ein Opfer bei bestimmten Handlungen gebracht werden muß.
Eine wesentliche Eigenschaft des australischen Schamanen besteht darin, daß seine Seele im Traumzustand den Körper verlassen kann. Es ist ihm dann möglich, weit entfernte Gegenden zu besuchen und nach seiner Rückkehr – wenn sein Körper aus dem tiefen Schlaf erwacht – zu berichten, was er in der Ferne gesehen und erlebt hat. Die Eingeborenen sprechen von dieser Fähigkeit des Schamanen oft und ausführlich und bezeichnen sie als einen Flug, den die Seele des Schamanen auf einer großen Schlange unternimmt.

»Fliegt« der Schamane, so liegt sein Körper in einem tiefen, todähnlichen

Schlaf da, und niemand wagt ihn zu wecken. Die Erlebnisse des Fluges erscheinen dem Schamanen nach seinem Erwachen als Traum. Diese Flugträume stellen eine besondere Art von Träumen des Schamanen dar und haben ausgesprochen sexuellen Charakter. Während eines solchen Traumes »erhebt« sich die Kraft des Schamanen in seinem Körper und bringt den Penis des Mannes zur Erektion.

Auf der so sich erhebenden Schlange reitet die Seele des Schamanen dann nach Aussage der Eingeborenen dahin. Die Kraft verläßt während eines solchen Traumes den Körper, bleibt aber immer, durch einen »dünnen Faden«, der aus dem Penis oder Nabel des Mannes austritt, mit dem Körper verbunden.

Vor Beginn eines Traumfluges hat der Träumende das Gefühl, auf einen Baum zu klettern, von dem aus er sich in die Luft erhebt. Oft muß der Schamane – im Traum – eine Frau an den Stamm dieses Baumes lehnen und über diese Frau hinweg den Baum erklettern. In der Luft, während des Fluges, reitet der Schamane auf einer Schlange. Oft begattet er sich mit dieser Schlange während des Fluges. Oft auch glaubt er zwischen zwei Schlangen zu liegen, die sich während des Fluges begatten.

Es wird gesagt, daß gewöhnliche Menschen von diesen Vorgängen nichts sehen könnten, sie sehen nur den Körper des Schamanen, der daliegt. Andere Schamanen aber können die Erlebnisse, die der eine während des Fluges hat, in der Luft »in Wirklichkeit« sich abspielen sehen.

In früheren Zeiten vereinten sich auch oft, so wird berichtet, mehrere Schamanen, um eine solche Reise anzutreten. Sie sandten damit gemeinsam ihre Seelen, wie gesagt wird, »auf der Kraft« des Stärksten unter ihnen reitend, in ferne Länder, um dort gewisse Vorgänge zu beobachten und ihre Angehörigen davon zu benachrichtigen. Auf solche Art und Weise konnten die Menschen von Geschehnissen Kenntnis haben, die oft erst nach Jahren von Augenzeugen berichtet wurden. Aber es erwies sich immer, daß die Schamanen in ihren Berichten die Wahrheit gesprochen hatten.

Es kommt auch vor, daß mehrere Männer zugleich mit den Geistern der Verstorbenen in Beziehung treten wollen oder aus sonst irgendeinem Grunde ihre Seelen in ein entferntes Land schicken wollen, um zu sehen, was dort vorgeht.

Die Methode, um dies zu erreichen, ist die folgende:

Darstellung der Himmelsreise eines Schamanen. Die dünne Linie stellt den „Weg des Ulgen" oder die Reise des Schamanen mit seinem Opfer zum Obergott dar. Die Linie geht vom Zelt des Opferspenders aus, wo ein Feuer brennt. Neben dem „Weg" zuerst das an einen Pfahl gebundene Opferpferd und in seiner Nähe drei Trinkgefäße: das erste ist dem Bogdygan, das zweite dem Kökysch und das dritte dem Ulgen zugedacht. Sodann folgt ein schief aufgestellter Pfahl, an dem das Fell des Opfertieres hängt. Der eigentliche Aufstieg in den Himmel beginnt neben der „Birke", die sich – nach der Abbildung zu schließen – im Zelt befindet und in die neun Stufen (tapty) geschlagen sind. Oberhalb der Birke liegt die Wohnung Bogdygans, vor der man auch ein anderes mythisches Wesen erblickt, den Bobyrgan. Dann folgen neun durch kleine Querlinien angedeutete „schwankende" Plätze, wonach der Schamane, wenn er sie durchwandert hat, „dem auf dem Wege zum Ulgen stehenden Kökysch" begegnet. Noch weiter oben befinden sich drei durch Kreise markierte Gebiete, von denen das erste wässerig ist und blauen, das zweite weißen Sand hat; das dritte liegt schon so hoch, daß die Wolken dorthin nicht mehr reichen. In der obersten Abteilung wohnt der Obergott selbst, der „weiße Ulgen", umgeben von Lichtstrahlen. Neben ihm befindet sich sein „Bote". Von den auf der Himmelsreise des Schamanen angetroffenen Personen sind natürlich diejenigen die wichtigsten, denen die Trinkopfergefäße geweiht sind. Altai-Gebiet.

Die Männer, die eine solche Reise unternehmen sollen, setzen sich hintereinander in einer Reihe nieder mit dem Blick in der Richtung, in der sie die Geister vermuten und sie ihre Seelen senden wollen.

Die Männer setzen sich dabei auf große Tanzhölzer, die »Birmal« heißen. Alle Männer sind durch eine Schnur aus Menschenhaar verbunden, die sie in den Händen halten. Der erste und der letzte Mann der Reihe muß ein Schamane sein, der schon einmal bei den Geistern war.

Eine Menge anderer Männer setzen sich um diejenigen, die ihre Seelen fortsenden wollen, herum. Sie entzünden ein Feuer hinter dem letzten Mann und singen dann, unter der Leitung eines dritten Schamanen:

»Birmal Ingalai irir bunga ...«

Sie singen diesen Gesang langsam und leise unaufhörlich, bis die in der Reihe Sitzenden in Trance geraten und ihre Seelen sich von ihrem Körper lösen. Der Gesang muß dann immer noch weiter gesungen werden, bis nach stundenlanger Abwesenheit – manchmal wird behauptet, daß ein solcher Aufenthalt bei den Geistern auch tagelang dauern könne – die Seelen der Männer plötzlich zurückkehren und diese dann ruckartig aus ihrem Trancezustand erwachen. Es erweist sich dann oft, daß eines der Hölzer voll Blut ist. Dies bedeutet dann, daß sich irgend jemand den Reisenden in den Weg gestellt hat und durch die Hölzer – die geistige Substanz der Hölzer ist gemeint – verletzt wurde.

Wenn die Männer erwacht sind, geht der Schamane, der die Reise leitet, von einem zum anderen, umarmt einen jeden, und sie »reiben ihre Bäuche aneinander«. Nach anderem Bericht berührt der Schamane den Penis eines jeden Reisegenossen.[76]

Opfer für den Schamanen

Solche Flüge scheinen für die Schlangen, auf denen die Schamanen reiten, große Anstrengungen zu bedeuten. Die Schlangen verlangen für solche Reisen häufig ein Opfer. Einer der Beteiligten muß getötet werden, um die Schlange mit ihm zu ernähren. Nach den Berichten der Eingeborenen wurden solche Reisen von mehreren Schamanen oft nur zu dem Zweck unternommen, um einen der Beteiligten zu opfern.

Es ist schwer für uns zu ergründen, welche seelischen Erlebnisse hinter diesen Berichten liegen und um was es sich bei diesen »Opfern an die Schlange« eigentlich handelt.

Ein solches Opfer wird wie folgt geschildert: »Die Männer sitzen da mit einem Schamanen zusammen und singen, bis sie in Trance geraten. Der Schamane nimmt eine große Schlange aus dem Wasser, alle setzen sich darauf und fliegen durch die Luft mit großer Schnelligkeit. So schnell fliegen sie, daß andere Schamanen nur den zitternden Schwanz der Schlange sehen können. Nach einiger Zeit erreichen sie ein fernes Land. Dort setzen sie sich auf die Erde, im Kreis um die Schlange herum.

Der Schamane nimmt ein Steinmesser und tötet einen der Anwesenden. Er schneidet ihn in Stücke und gibt das Fleisch der Schlange zum Fressen. Die anderen Männer sitzen ruhig da und sehen zu, wie die Schlange ihren Genossen verschlingt. Dann essen sie selbst auch von dem Fleisch.

Der Schamane reinigt die Knochen des Getöteten, er nennt die Namen der einzelnen Knochen und legt sie in einer bestimmten Reihenfolge auf die Erde. Er legt die Knochen gerade »umgekehrt« hin, wie sie in Wirklichkeit liegen sollten. So legt er die Schenkelknochen an die Schulterblätter und den Kopf in die Beckenknochen. So werden die Knochen liegengelassen.

Der Schamane bleibt bei ihnen zurück. Die anderen Männer besteigen wiederum die Schlange und kehren zurück an den Ort, von dem sie kamen. Der Schamane aber berührt die Knochen des Opfers, streicht darüber hin und singt Zaubergesänge. Daraufhin bedecken sich die Knochen wieder mit Fleisch, der Schamane singt so lange, bis der Getötete wieder lebt. Dann zieht er aus seinem Nabel eine zweite Schlange, die beiden besteigen sie und fliegen zu den anderen zurück.

Dann »erwachen« alle Männer aus dem tiefen Trancezustand, in dem sie diese Erlebnisse gehabt haben. Keiner der Männer, außer dem Schamanen, erinnert sich an das, was vorgegangen ist. Auch der »Geopferte« weiß nichts davon. Er träumt eine Schlange, nach einigen Tagen stirbt er »wirklich«.

Es wird betont, daß solche Opfer an die Schlangenkraft von Zeit zu Zeit von den Schamanen vorgenommen werden müßten, weil die Schlange sonst dem Schamanen ihre Kraft entzieht. Die Eingeborenen erwähnen auch, daß die Schamanen zu solchen Opfern immer irgendwelche Feinde aussuchen, derer sie sich entledigen wollen.[77]

Vermengt wird die Idee von dem Opfer mit der Fähigkeit des Schamanen, auf magische Weise zu töten. Es erscheint manchmal, als ob der Schamane das Notwendige mit dem Praktischen zu verbinden wisse, das heißt, daß er einen Menschen, der aufgrund eines Kollektivbeschlusses der Gruppe getötet werden soll, auch gleich als Opfer anbietet.

Wenn der Schamane beschlossen hat, einen bestimmten Menschen seiner Gemeinschaft auf magische Weise zu töten, so versammelt er dessen Feinde um sich. Die Männer begeben sich in eine einsame Gegend. Sie geben natürlich vor, auf die Jagd zu gehen, aber es ist unmöglich, daß ihre wahre Absicht geheim bleiben könnte, und auch das Opfer wird sich schon allein aus der Auswahl der Begleiter des Schamanen vorstellen können, daß es nunmehr auf sein Leben abgesehen ist.

Die Männer begeben sich auf eine kahle, öde Hochfläche im Innern des Landes und setzen sich dort im Schatten eines Baumes nieder. Unterwegs haben sie eine kleine Eidechse gefangen. In den Baum wird eine rohe Skizze einer menschlichen Figur eingeritzt. Vor dem Baum wird ein kleines Feuer entzündet. Nach stundenlangem Singen, nachdem die Männer in Trance geraten sind, wirft man die Eidechse, während man den Namen des Opfers laut hinausschreit, ins Feuer und durchbohrt sie mit spitzen Stäben oder Knochen. Diese Stäbe werden »Jinbal« oder auf Pidgin-Englisch »Pointingstick« genannt. Jinbal ist in Westaustralien der Ausdruck für »magisches Singen«. Auch das Bild auf dem Baum wird mit den Stäben durchstochen. Man findet manchmal in der Einsamkeit Bäume, die solche kleine Zeichnungen tragen, die dann durchlöchert sind und aussehen wie ein Sieb. Haben die Männer nach stundenlangem Singen die Gewißheit, daß ihre Zauberhandlungen von Erfolg sind, dann entfernen sie sich langsam in verschiedener Richtung in die Wüste. Nach vielen Stunden kehren sie zurück und bedecken die verkohlte und durchbohrte Eidechse mit Laub und Zweigen. Einige Gewährsmänner betonen, daß immer bei solchen Handlungen einer der Anwesenden Blut aus der Armvene oder dem Penis auf das Bild spritzen müssen. Andere behaupten, von dieser Notwendigkeit nichts zu wissen.

Ein sicherer Beweis, daß die Zauberhandlung geglückt ist, wird darin gesehen, daß die Männer bei ihrer Heimkehr kurz vor dem Lager eine klagende Stimme vernehmen, die leise, aber weithin hörbar über die Wüste ertönt. Es klingt wie gak, gak, wenn die Männer diesen Ton hören, dann wissen sie, daß die Seele ihres Opfers mit der Eidechse zusammen verbrannt ist und nun sterbend aufstöhnt. Sie wissen dann, daß das Opfer in etwa vier Tagen auch in seiner körperlichen Existenz ausgelöscht sein wird.

Die Eingeborenen versichern, daß man dem Opfer nie etwas von der Absicht, es zu töten, mitteile. Der Verzauberte aber fühlt die gegen ihn angewandte Gewalt in seinen Träumen. Denn seine Seele berichtet ihm alles, was mit ihr geschieht.

Träumt ein Mann also, zu brennen oder eine solche durchbohrte Eidechse zu sehen, sieht er im Traum »Pointingsticks« oder fühlt er sich unter einem Stein begraben oder meint er in die Stacheln, die ein gewisser Fisch auf seinem Rücken trägt, zu treten, so weiß er, nach dem Erwachen, daß er nunmehr sterben muß.

Die Methoden dieser Zauberhandlung unterscheiden sich voneinander nur in Einzelheiten, aber nicht in ihrem Wesen. So ist eine andere Methode etwa die, einen Stein mit Wachs zu bestreichen und in die Wachsschicht, mit der Spitze nach oben, Knochenstäbchen oder die erwähnten Stacheln eines Fisches zu stecken. Oft wird auch auf den Stein zuerst die Figur eines Menschen mit Holzkohle gezeichnet und dann der Stein so gelegt, daß das Bild nach unten zu liegen kommt. Man glaubt, daß bei Anrufung des Namens die Seele des Opfers in die aufgerichteten Stacheln stürzt und sich dabei tödlich verletzt. Der Gesang dazu heißt:

»Weila manja manja budu dschuri dschiri.«

Die Eingeborenen betonen, daß es gut ist und die Wirkung einer solchen Zauberhandlung erhöht, wenn sich eine größere Anzahl von Männern dazu vereint. Ein starker Schamane kann solche Handlungen aber auch allein ausführen. Es wird noch hinzugefügt, daß diese Zauberhandlungen immer nur bei Nacht ausgeführt werden können und mit Sonnenaufgang beendet sein müssen.

Die Eingeborenen geben zu, daß diese Zaubermethoden ohne Erfolg weißen Siedlern gegenüber angewandt worden sind. Sie bestehen aber mit tiefer Überzeugung darauf, daß ihren eigenen Rassegenossen gegenüber diese Zauber immer wirksam sind.

Ein auf einer Missionsstation erzogener Schwarzer, der schreiben und lesen konnte und dem europäische Politik ein Gesprächsstoff war, den er beherrschte, sprach sich einmal über die Unsinnigkeit und Lächerlichkeit dieser Zauberei aus, an die ja, wie er meinte, nur ganz dumme Menschen glauben könnten. Wie ich im Gegensatz zu anderen Weißen, die er kennen mochte, ihm gegenüber merken ließ, daß ich über diese Dinge nicht verächtlich dachte, veränderte sich sein Gesichtsausdruck augenblicklich. Der im Sinne der europäischen Zivilisation und Aufklärung erzogene Mensch warf die Maske ab und verwandelte sich vor meinen Augen in ein völlig anderes Wesen. Mit leiser und eindringlicher Stimme berichtet er mir von dem letzten Fall, in dem man einen Mann auf einer Station durch »Singen« getötet hatte, weil er sich unbeliebt gemacht hatte. Die weißen Ärzte, »die vom Singen nichts wußten«, hatten den Tod des Opfers einer Lungenentzündung zugeschrieben.

Es ist klar, daß die Methode des »Singens«, die ja im wesentlichen darin besteht, daß die Seele des Opfers durch Namensnennung gerufen und getötet wird, nur gegen Menschen angewandt werden kann, deren »Schlangen-Namen« man kennt. Es ist dies also eine Methode, die nur gegen Angehörige der eigenen Gruppe oder des eigenen Stammes gebraucht werden kann. Es ist klar, daß jeder Eingeborene seinen Schlangen-Namen oder den seiner Kinder nach Möglichkeit geheimhalten wird.

Menschen, deren Schlangen-Namen man nicht kennt, werden vom Schamanen mit anderen Methoden vernichtet.

Der Schamane geht in einem solchen Falle im Traum zur Schlange in der Tiefe zurück, von der er seine Kraft bekommen hat. Aus der Tiefe entnimmt er ein dämonisches Känguruh – die seelische Substanz eines Känguruhs –, die aber auch anderen Menschen im Traum (oder auch in Wirklichkeit?) erscheinen kann – er nennt diesem Tiergespenst gegenüber die Namen der Menschen, die es töten soll, nicht die Schlangen-Namen in diesem Fall, sondern die bekannten Namen, unter denen diese Menschen gerufen werden. Der Schamane kann dieses Tiergespenst so weit aussenden, wie er will. Die Opfer begegnen dann auf der Jagd einem Känguruh, das ihnen immer entweicht, auf rätselhafte Weise ihren Speeren entgeht, aber nie weit von ihnen wegflieht, sondern tagelang in ihrer Nähe bleibt. Man erkennt ein solches Känguruh-Gespenst daran, daß es sich von Zeit zu Zeit in unheimlicher Weise schüttelt. Wenn die Menschen dies beobachten, wissen sie, daß sie

verloren sind. Denn das Tier schüttet tödliche Krankheiten aus. Die Opfer werden nach kurzer Zeit krank, ihre Glieder verfaulen, und sie können nicht gerettet werden.
Die Kunst, ein solches Tiergespenst auszusenden, wird »Daba« genannt. Die Methode stammt, so versichern die Eingeborenen, von dem Kulturheros ab und kommt ursprünglich von Osten her, aus dem sagenhaften Land Kalimbi.
Immer, wenn von diesen Dingen berichtet wird, fügen die Erzähler hinzu, daß es heutzutage keine solchen großen Schamanen mehr gäbe, die gegenwärtigen verfügten über weit weniger Kraft als die der alten Zeit.

Wandlung der psychischen Atmosphäre in der modernen Zeit

Es ist bei diesen Erzählungen auch merkwürdig, zu beobachten, wie die Eingeborenen, um ihre Berichte aus der Vergangenheit besser zu veranschaulichen, moderne Erscheinungen, die sie erst durch die Europäer kennenlernten, als Beispiel heranziehen. So wird, wenn vom Fliegen des Schamanen gesprochen wird, immer erklärt, dies ginge genauso vor sich wie heute das Fliegen im Flugzeug, der Schamane säße dabei auf seiner Schlange wie der Weiße in seiner Maschine.
Man kann auch feststellen, wie die alten Berichte, die von den jüngeren Schwarzen oft schon nicht mehr geglaubt werden, jedenfalls aber ihre selbstverständliche Überzeugungskraft nicht mehr besitzen, heute wiederum angesichts des Fliegens des weißen Mannes wieder glaubhaft erscheinen. Freilich hat hierbei der Einfluß der Zivilisation eine völlige Verschiebung der tatsächlichen Wirklichkeit zur Folge: die großen, seelischen Erlebnisse der Eingeborenen werden heute nicht mehr nachempfunden, ihre Realität aber erscheint zu neuem Leben erweckt angesichts des »wirklichen« Fliegens der weißen Männer.
Auch der obige Bericht von der Tötung und Wiederlebendigmachung eines Menschen wurde mir dadurch glaubhaft zu machen versucht – obwohl ich ihn gar nicht anzweifle, aber der Schwarze ist gewohnt, daß seine Berichte vom Weißen als Phantasie und Märchen behandelt werden –, daß man mir darstellte, wie es die weißen Doktoren ja genauso machen. Man beschrieb

Neben den expressiven, phantasievollen Masken der Eskimos gibt es andere, ebenfalls Hilfsgeister darstellende, in einem kargen, zurückhaltenden Stil. Sie mögen individuelle Schöpfungen anders gearteter Künstlerpersönlichkeiten oder Einflüsse der Indianerkunst Zentralalaskas oder der Aleuten zeigen.

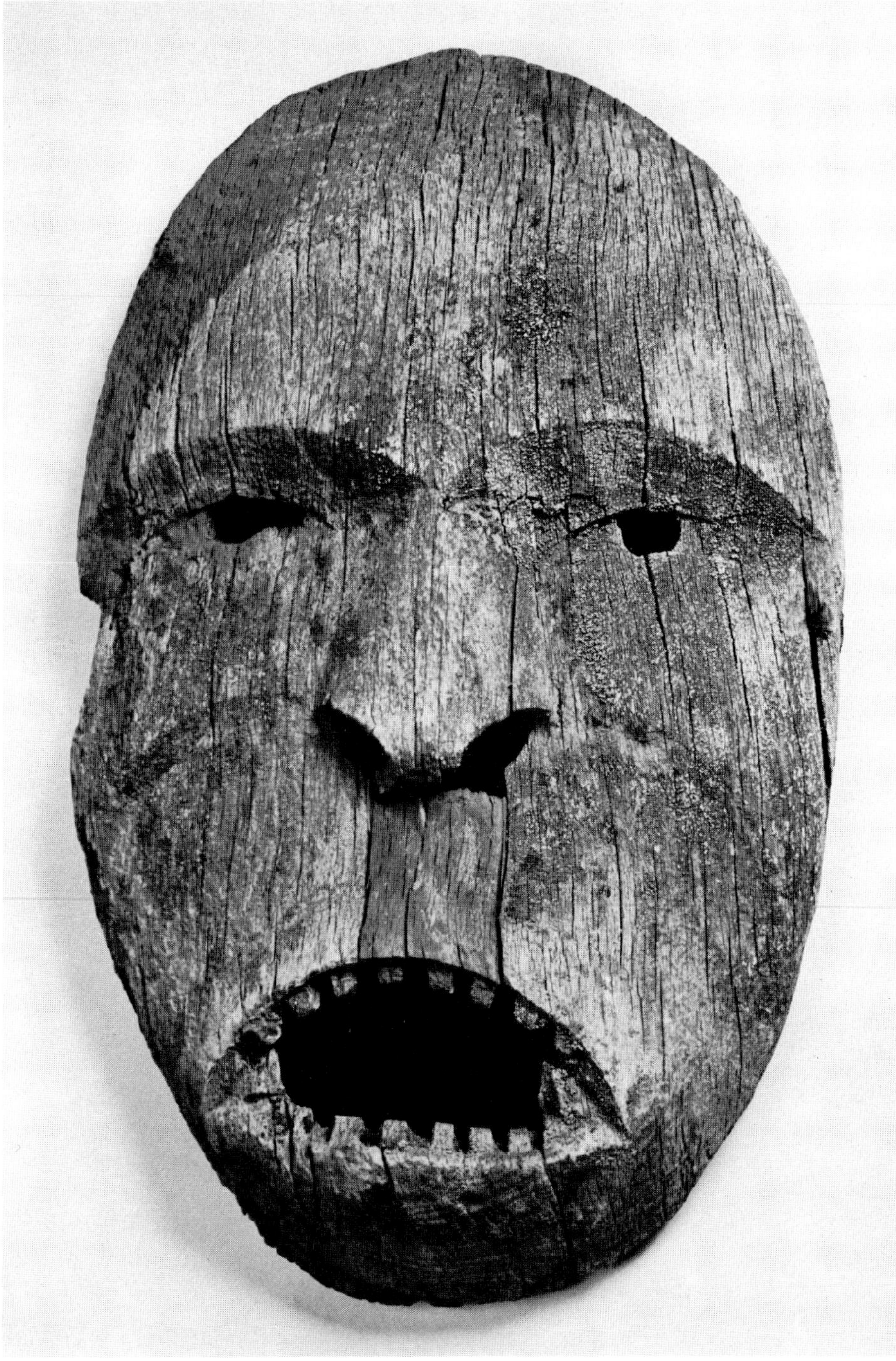

51 Kleine Maske aus Holz. Darstellung eines Hilfsgeistes. Alaska, vor 1890.

52 Unbemalte Holzmaske. Die Maske zeigt Einflüsse der Aleutenkunst und stammt wahrscheinlich aus Point Hope, spätes 19. Jahrhundert.

53 Maske aus Holz mit zurückhaltender roter und schwarzer Bemalung. Sie zeigt deutliche Parallelen zu den Masken der Aleuten. Aus der Insel Kodiak in St. Paul, 1884 gesammelt.

54 Kleine Maske aus Walroßelfenbein. Darstellung eines Hilfsgeistes. In ihrer kargen Form erinnert die Maske stark an sibirische Masken aus Metall, die am Schamanengewand befestigt sind. Höhe 6 cm. Point Barrow, Nordalaska, zwischen 1850 und 1875 angefertigt.

◁ 55 Maske. Die aus Holz geschnitzte, aber unbemalte bzw. grau verwitterte Maske hat ein menschliches Obergesicht, jedoch eine spitze Tierschnauze, in die kleine Tierzähne eingesetzt sind. Dies verleiht der Maske den Charakter eines Wolfsmenschen. Port Clarence, Alaska.

mir dabei eine Operation, der ein Schwarzer in einem Hospital sich hatte unterziehen müssen und der anscheinend einige andere zugesehen hatten. Der Mann hatte dagelegen wie tot. Der weiße Arzt hatte ihn getötet, dann öffnete er ihm den Leib und nahm die Eingeweide heraus, er wusch sie, legte sie wieder in den Körper zurück und verschloß die Öffnung. Nach langer Zeit wurde der »Tote« wieder lebendig. Er konnte sich an nichts erinnern, ebensowenig wie sich das Opfer des Schamanen an das erinnern kann, was mit ihm geschah.

Die Tatsache, daß in Nordwest-Australien der weiße Arzt meist im Flugzeug erscheint, da es keine andere Möglichkeit gibt, die weit im Inneren gelegenen Stationen zu erreichen, vermehrt noch die Parallelen, die sich zwischen dem Schamanen der alten Zeit und den weißen Ärzten der Gegenwart finden lassen.

Diese Parallelen stärken das zerbrechende Selbstbewußtsein der Eingeborenen, und aus der Tatsache, daß solche Wunder ja in der Gegenwart und vor seinen Augen möglich sind, schöpft er die Gewißheit, daß auch die Lehren seiner alten Männer einen Wahrheitsgehalt haben müssen. Und so findet der auf der Station unter dem Einfluß der Weißen lebende Schwarze gerade durch die Anschauung der weißen Zivilisation wieder zurück zu den Lehren seiner Rasse.

Freilich sind ihm die tiefen seelischen Erlebnisse seiner Schamanen dadurch nicht weniger unzugänglich und verloren, denn das Mißverständnis, durch äußere Erscheinungen seelische Erlebnisse bestätigt oder ersetzt sehen zu wollen, kann unmöglich die seelische Wirklichkeit, die sich in den Erzählungen der alten Männer ausdrückt, zurückrufen.[78]

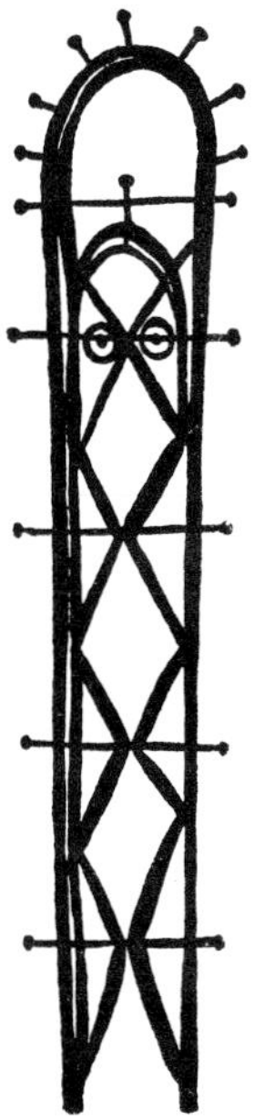

Geisterdarstellung aus Nordwest-Australien, Yaoro.
Ein typisches Beispiel für die Abstraktionstendenz in der Kunst der Australier: die menschliche Figur wird in einem Fadengespinst dargestellt – nur die Augen sind noch erkennbar. Das Geisterhaft-Durchsichtige, das jederzeit auch wieder unsichtbar werden könnte, wird deutlich.

Kunst und Schamanismus

Einfluß des Schamanismus auf die Antike

Schamanendarstellungen sind aus früher Zeit verhältnismäßig selten. Wahrscheinlich sind viele Bilder der frankokantabrischen Kunst, die Tiere und vor allem Tierkämpfe darstellten, als Darstellung kämpfender Schamanen in Tiergestalt gedacht. Die eigentlichen anthropomorphen Darstellungen sind leicht aufzuzählen:

Es ist einmal der tanzende Zauberer von Laussel, die auf einem Knochen eingeritzten sogenannten Gemsenmännchen und der vor einem getroffenen Stier umfallende Mann, aus Lascaux. Aus späterer Epoche kennt man die Darstellung von Menschen mit Tierköpfen und einer Trommel vom Ladogasee, die aber viel später als die frankokantabrische Kunst sind, und dann die in die moderne Zeit gehörenden rudimentären Darstellungen auf Trommeln in Lappland und Sibirien.

Ein Schatten der sibirischen und schamanistischen Vorstellungen ist auch ins Mittelmeer gelangt und in antiken Mythen noch zu erkennen. So ist wahrscheinlich ein Grundzug der Odysseus-Sage zurückzuführen auf die Wanderung des arktischen Helden, der unzählige Abenteuer besteht und schließlich wieder zu seinen Eltern heimkommt, der bei den Eskimos Kiviok heißt. Schamanistische Züge finden sich in der Odysseus-Sage, bei der Reise von Odysseus in die Unterwelt und die Belebung der Schatten durch ein Blutopfer, in der Orpheus-Sage: der Sänger Orpheus bezwingt die Tiere, die ihm zuhören – sowie auch bei der Vorstellung des Flügelpferdes Pegasus, »des Dichterrosses«. Geflügelte Pferde oder Pferde mit Flügelzeichen sind die Reittiere des Schamanen oder besser seiner Seele, wenn sie sich auf eine Himmelsreise begibt.

Verschiedene Motive, die heute nur noch vereinzelt in einer Mythe faßbar sind, müssen früher ungleich verbreiteter und wichtiger gewesen sein, weil sie in künstlerischen Darstellungen so häufig auftreten. So kommt

Tierherrin, Gefäßmalerei auf einer griechischen Amphora. 7. Jahrhundert v. Chr., Böotien.

z. B. das Motiv der nach hinten verdrehten oder geknickten Beine nur in einer Mythe vor, ist aber beherrschend in dem gesamten nomadischen Tierstil Innerasiens: in Tierkampfszenen wird dieses Motiv immer gebracht, um den Tod oder den Todeskampf eines Tieres anzudeuten. Wenn diese Kampfszenen Schamanenkämpfe darstellen sollen, so wäre anzunehmen, daß der unterlegene Schamane in Tiergestalt in dieser Weise gezeigt wird.

Schamanenkostüme und Masken

Die psychischen Erlebnisse des Schamanen während der Trance werden in allen Berichten als reale Erlebnisse aufgefaßt und geschildert, vielfach als Wunder begriffen und als solche kolportiert.
Sie sind natürlich nicht weniger real, deshalb weil sie »nur« psychische Realitäten sind. Zudem bewirkt die Trance des Schamanen einen realen Effekt in der Psyche der Zuschauer. Diese bleiben niemals nur Zuschauer, sondern werden von der schamanistischen Trance aufs tiefste aufgewühlt und ergriffen. Sie erleben einen Wandlungsprozeß – eine Katharsis– eine Reinigung und Ordnung ihrer Psyche, einen Zuwachs an Selbstvertrauen und Sicherheit. All dies läßt sie die Gefahren des täglichen Lebens besser überstehen.
Die Erlebnisse des Schamanen während der Trance werden bewußt und unbewußt auf die anderen übertragen. Um sein durch die Trance erworbenes Mehr an psychischer Potenz den anderen zukommen zu lassen, be-

dient sich der Schamane einer Reihe künstlerischer Ausdrucksmittel. Hier findet man ganz einfache Details: Bildliche Darstellungen oder Zeichen, Farben an der Kleidung, Masken oder durchgearbeitete Theateraufführungen, dramatisierte Darstellungen eines Mythos und ähnliches. Nicht nur im Zusammenhang mit der Trance stellt der Schamane künstlerisch dar, er malt, zeichnet und dichtet ja auch. Eine ganze Reihe von Felsbildermotiven, die sich aus der Zeit des Magdalenien bis in die Gegenwart erhalten haben, zeigen schamanistische Inhalte.

Das ist nicht ohne weiteres ersichtlich – man muß die Welt und die Vorstellungen des Schamanentums kennen, um Darstellungen auf Felsbildern in ihrem Zusammenhang zu sehen.

Die Dichtungen aber, die Berichte schamanistischer Erlebnisse sind in ihrer lapidaren Sprache und auch in ihrer Symbolik unmittelbar als solche zu erkennen und wirken auch als solche. Zu den Worten, »den Texten« kommt ein mäßiger Zubehör: Gewänder und Masken, die Trommel als Musikinstrument und alle möglichen Zutaten, Kulissen aus Zweigen oder ähnliches mehr.

All dieses wirksame Beiwerk ist für den Angehörigen der Gruppe mit Symbolik beladen, jedes Detail weist auf den schamanistischen Mythos und den – man kann sagen – Ritus hin, der vorgeführt werden soll, alles erhöht die Empfänglichkeit der Zuschauer – die ja nicht Zuschauer bleiben sollen, sondern wenn nicht Mitwirkende, so doch Beeinflußte und als Träger der überwirklichen Atmosphäre das Ihre zu der Trance des Schamanen beitragen müssen.

Es kann im folgenden nur ein Überblick über die schamanistische Kunst und ihre Verarbeitung gegeben und nur das eine oder andere Motiv in all seinen Abwandlungen und seiner Verbreitung herausgegriffen werden. Ein wichtiges Kunstwerk, das voller Bedeutung, ist allein schon die Schamanentracht mit ihrem Zubehör. Eine wirkliche Schamanentracht kam bis in die Neuzeit nur in Sibirien vor. Bei den Eskimos zeichnete sich der Schamane durch Details, durch Amulette, Gürtel oder Stirnbinden von den übrigen Stammesgenossen aus, in anderen Gebieten sind es besonders Rasseln, »Zauberstäbe«, Kopfbedeckungen oder Körperbemalung, die den Schamanen kenntlich machen.

Die Schamanentrachten mit ihrem Zubehör stellen einen wesentlichen Be-

Als Gemsen verkleidete Tänzer aus Teyjat, Dordogne, Magdalenien, etwa 12 000 v. Chr.

standteil der schamanistischen Handlungen dar. Natürlich kann man nicht eine lückenlose Übersicht über die schamanistischen Trachten geben, sondern lediglich das Typische an ihnen im Hinblick auf ihren allgemeinen symbolischen Gehalt besprechen. Es vermittelt das Studium der schamanistischen Trachten einen auf andere Weise kaum erreichbaren unmittelbaren Einblick in das ganze Wesen des Schamanismus. Wir unterscheiden bei den Schamanentrachten die Kopfbedeckungen (z. B. Hüte, Kronen, Masken), und die mit vielerlei Verzierungen und Anhängseln versehenen Gewänder.

Das Schamanengewand ist mit all seinen Attributen zunächst eine Tierverkleidung. Handschuhe, Schuhe, Mützen und Masken weisen ebenfalls darauf hin, und die älteste Darstellung eines Schamanen, die des »Zauberers« von der Höhle Trois Frères, zeigt einen Schamanen in Tierverkleidung.

Die Eskimos sagen von den Schamanenmasken, daß sie eine Zeit in Erinnerung bringen sollen, in der noch kein Unterschied zwischen Mensch und Tier bestand oder in der die Wesen beliebig tierische oder menschliche Gestalt annehmen konnten.

Die Tierverkleidung des Schamanen ist vielleicht nicht so sehr ein Versuch »zurück zum Tier« zu kommen, sondern ein Versuch, die in Tiergestalt vorgestellten Hilfsgeister in sich aufzunehmen und darzustellen. Oft sind auf den Kleidern der Schamanen Skelettzeichnungen angebracht, Rippen oder Beinknochen. Diese Zeichen deuten natürlich auf die sogenannte Skelettmagie hin und auf den Werdegang des Schamanen durch das sogenannte Zerschnittenwerden, also die besondere Todes- und Wiederbelebungserfahrung, die zum psychischen Werden des Schamanen gehört.

Diese Skelettdarstellungen sind aber, wenn man es recht betrachtet, auch eine Wiederaufnahme oder Fortleben des sogenannten Röntgenstils in der Tracht des Schamanen. Der Röntgenstil, der schon sehr früh auf Felsbildern vorkommt und sich sogar noch in der Bemalung der lappischen Trommeln erhalten hat, stellt ja innere Organe von Tieren dar. Der Stil weist auf die Wiederbelebungsmethoden oder Zeremonien der Jägervölker hin: man glaubt, die Tiere, die man getötet hat, aus lebenswichtigen Teilen, Knochen oder Herz, wiedererstehen lassen zu können.

Die rituelle Kopfbedeckung spielt von alters her bei den Zeremonien der Naturvölker, auch der übrigen Völker, eine besondere Rolle. Sie gilt für den Träger zunächst als Schutz vor schädlichen Einflüssen, die von feindlichen

Mächten ausgehen. Um den dämonischen Angriffen, die ihn auf seiner Reise durch das Geisterreich bedrohen, zu begegnen, trägt auch der Schamane eine abschreckende oder wenigstens unkenntlich machende Kopfbedeckung, meist aus entsprechenden Tierattributen.

Bei einigen nordsibirischen Stämmen ist es der Uhubalg, der gegen böse Geister schützt: Bei manchen Samojedenstämmen (Karagassen und Sojoten) gibt es »Hauben«, die mit Federn vom Königsadler oder Uhu geschmückt sind, wobei Flügel und Kopf nicht abgeschnitten werden. Die Bedeutung der aus dem Balg des Uhus angefertigten Kappen ist die, daß der Uhu die bösen Geister verfolgt und sie frißt. Der Schamane, der den Balg eines Uhus auf dem Kopfe trägt, ist daher vor bösen Geistern gesichert.[79]

Bei den Amurvölkern in der Mandschurei trägt der Schamane bei der schamanistischen Handlung eine Perücke aus verschiedenen Tierfellen, die sich wie eine Mähne über sein Haupt legt. »Die einzelnen Enden aller dieser Streifen bindet der Schamane zusammen und näht sie auf die gewöhnliche mandschurische Filzkappe, an welcher ein Paar kleiner Hörner aus Metall ... und eine große Zahl Schellen und Glocken befestigt sind. Die Schamanen der Amurvölker machen sich ihre Kappen auch aus Bären-, Wolfs-, Waschbären- und Fuchsfellen.«[80]

Wahrscheinlich sollen diese Tierfelle aber nicht nur als Symbole der hilfsbereiten Tiergeister wirken und die Anwesenheit dieser Geister darstellen, die dem Schamanen helfen, seine Aufgaben zu lösen. Oft übertragen sie auch auf den Schamanen ihre tierhaften Eigenschaften, so z. B. bei den Jenissejern das Geweih als Symbol des Hirsches die Eigenschaften des schnellen Läufers. Nioradze berichtet, daß der Schamane dort einen Kopfschmuck trägt, »der in Gestalt einer Krone aus Metall gefertigt ist und oben ein Hirschgeweih und seitlich einen Dolch hat«.

Bei den Altai-Völkern wird die Kopfbedeckung aus einem Stück Rentierhaut verfertigt, deren Vorderseite aus buntem Stoff besteht und mit zwei Metallknöpfen verschlossen wird. Der russische Forscher Potanin erwähnt bei diesen Völkern Hüte, die mit Adler- oder Eulenfedern geschmückt sind. Als Zierat waren Kaurimuscheln und kleine, an Lederriemen befestigte Stofffransen angebracht. Die Stofffransen sollen Schlangengeister symbolisieren.[81]

Die Kopfbedeckung hat für ihren Träger nicht nur die Bedeutung des Schut-

Darstellung eines maskierten, tanzenden Schamanen. Höhle Trois Frères, Südfrankreich, Magdalenien, etwa 12 000 v. Chr.

zes vor übelwollenden Geistern bzw. der Übertragung der gewünschten Eigenschaften eines Tieres, sondern ist häufig auch als eine Auszeichnung anzusehen und wird verliehen, um einen bestimmten Rang anzudeuten. So gilt bei einigen Stämmen die Kopfbedeckung als ein Zeichen der Schamanenwürde, die entweder von den Geistern oder einem Schamanenlehrer verliehen wird. Den ersteren Fall haben wir bei den Teleuten-Stämmen im Altai-Gebirge; hier repräsentiert der Hut einen bestimmten Grad der Schamanenwürde. »Einige Teleuten-Schamanen verfertigen ihre Hüte aus dem Fell der grauen Eule. Nicht alle Schamanen haben das Recht, diesen Hut zu tragen; denn während einer Kamlanie (einer schamanistischen Handlung) enthüllen die Geister nur bestimmten Günstlingen, daß die Zeit gekommen ist, diese Amtstracht zu verfertigen.«[82]

Aus diesen Äußerungen ist zu entnehmen, daß das Huttragen bei den Teleuten nicht allen, sondern nur bestimmten bevorzugten Schamanen gestattet ist und als Auszeichnung empfunden wird.

Bei den Burjäten, wo eine besondere Einweihung der Schamanen stattfindet, bekommt der Kandidat nach einigen rituellen Waschungen einen Eisenhut, der die Form einer Krone hat, die aus einem Reif mit zwei gekreuzten Eisenreifen besteht. Auf der Spitze sind eine schmale Eisenplatte und zwei Hörner befestigt.[83] Auch Nioradze berichtet von den Burjäten-Schamanen, daß sie von den Geistern die Aufforderung erhalten, sich als Zeichen ihrer Würde einen Hut zu machen:

»Um sich das volle Recht eines Schamanen zu erwerben, muß der zukünftige Schamane im Traum seinen Schutzgeist ›Seon‹ sehen und von ihm den Befehl bekommen, einen Hut zu machen, um die Erlaubnis zu erhalten zum Betreten des Jenseits. Daraufhin macht sich der Schamane eine Tracht, wählt ein bis zwei Gehilfen, die für ihn die Blätter eines Sumpfgewächses räuchern, ladet seine Stammesgenossen zum Schnaps ein und kündigt feierlich seine Schamanenwürde an.«[84]

Auch aus diesem Bericht geht hervor, daß zum approbierten Schamanen als hervorstehendes Attribut der Schamanenhut gehört, dessen genaue Form und Verfertigung vom Schutzgeist befohlen wird, und daß in diesen Fällen der Hut als eine Art Auszeichnung gilt.

Die alten vollständigen Schamanengewänder von Jakuten, Tungusen, Burjäten, Jenissejern und Jenissej-Ostjaken u. a. besitzen eiserne Behangteile, die die Rippen des Brustkorbes, die Schlüsselbeine, Arm- und Beinknochen, auch Kiefer und Kniescheibe nachbilden (siehe Abbildungen bei Holmberg, Harva, Findeisen, Nioradze). Die eingehenden Untersuchungen der verschiedenen sibirischen Schamanentrachten haben ergeben, daß die Mehrzahl der alten vollständigen Gewänder als ein vollständiges Ganzes ein Tier nachbilden sollen. Vogel (Uhu), Hirsch (Rentier, Rehbock) – und Bärenkostüm sind die drei Haupttypen, nach deren Verbreitungsgebieten man Kulturkreise zu rekonstruieren versucht hat; ein Versuch, der trotz mancher Abweichungen Aussicht auf Erfolg hat.[85/86]

Holmberg zieht nun folgenden Schluß aus dem Tiercharakter des Kostüms: Jedes originale Kostüm zielt mit allen seinen Teilen darauf hin, das Wesen eines bestimmten Tieres darzustellen, wobei die Eisenplatten, die an den Oberflächen der verschiedenen Kostümteile befestigt sind, die Knochen des Tierskelettes nachahmen. Vor der Eisenverwendung wurden diese Teile mit den natürlichen Tiersubstanzen (Horn und Knochen) dargestellt. Dies bezeugen auch Sirokogorov[87] und L. P. Potapov,[88] der das Kostüm eines mächtigen Tungusenschamanen als Hirschdarstellung bezeichnet, dessen eiserne Behangteile Skelett und Geweih des Hirsches nachbilden. Sirokogorov äußert sich nach seinen Feldforschungen im gleichen Sinne: Auf der Kopfbedeckung des Edelhirschkostüms sind eiserne Hörner angebracht, während die einzelnen Anhängsel des Gewandes wiederum das Gerippe des Edelhirsches darstellen. Das Vogelkostüm der Tungusen von Barguzin und Nercinsk stellt einen Vogel dar – die Manifestation eines der hauptsächlichsten Schamanengeister. Es ist mit eisernen Anhängseln und Fransen ausgestattet, welche Skelett und Gefieder des Vogels symbolisieren.

Auch Masken werden als Kopfbedeckung während der schamanistischen Handlung vielfach getragen, z. B. gebrauchten die Burjäten große Masken aus Holz, Leder oder Metall. Diese waren bemalt und mit Bärten aus Tierhaaren versehen.[89] Ebenfalls besaßen die Korjäten Holzmasken, die sich aber heute nicht mehr finden. Die Schamanen der Tschernew-Tataren verfertigten Masken aus der äußeren Rinde von Birken und verwendeten Eichhornschwänzchen, um Augenbrauen und Haare wirkungsvoll wiederzugeben.[90]

Zu der Bedeutung der Kopfbedeckung kommt der psychologisch wichtige Umstand hinzu, daß der Träger äußere Eindrücke, die ihn ablenken könnten, durch die Verhüllung nur in beschränktem Umfang wahrnimmt.

Darstellung eines Rentiers im Röntgenstil auf einer Lappen-Trommel. Die inneren Organe: Herz, Lunge, Luftröhre sind auf eine dünne Linie, die sog. „Lebenslinie" reduziert.

Kopfputz einer Schamanin von den Karagassen, Sibirien.

Durch die Augenlöcher, falls überhaupt solche vorhanden sind, wird das Gesichtsfeld des Maskenträgers weitgehend eingeschränkt.
Er ist ganz auf die innere Bilderwelt konzentriert, um in passiver Haltung auf das Kommen der Geister zu warten, so wie man sich bekanntlich mit geschlossenen Augen besser auf ein inneres Geschehnis sammeln kann. Ähnlich haben die Schamanen der Lappen und Samojeden die Sitte, während der schamanistischen Handlung mit einem Taschentuch das Gesicht zu verhüllen.[91] Die Schamanen der Altai-Völker und Burjäten bedecken dabei manchmal das Gesicht mit Fransen, die von der Kopfbedeckung herunterfallen, und die Samojeden verhüllen das Gesicht mit einem Tuch.[92] Eine typische derartige maskenhafte Kopfbedeckung zeigt Nioradze. Es ist ein Sojoten-Schamane, der eine mit Federn geschmückte Kopfbedeckung aus einem Tierbalg trägt, von der in dichten Reihen Stofffransen über sein Gesicht hängen, so daß man den Eindruck eines Tiergesichtes hat und nicht den eines menschlichen Gesichtes.
Bei den Altai-Völkern tragen schließlich manche Schamanen überhaupt keine Kopfbedeckung oder Maske, sondern bemalen ihr Gesicht mit Ruß.[93]
Eine andere Technik der Darstellung, den Schamanen, den Tiergeist oder Hilfsgeist in Tiergestalt darzustellen, zeigen die nordwestamerikanischen Masken. Wie bekannt, sind diese Masken aufklappbar, unter der Tiermaske erscheint dann ein menschliches Gesicht, und die Tatsache, daß sich in einer Person mehrere geistige Wesen verbinden und auch vorstellen können, wird durch diese künstlerische Technik auf das beste verdeutlicht.[94]
Die Gedanken und Vorstellungen, die sich mit den Masken verbinden, sind aber im einzelnen komplizierter, als man zunächst annehmen möchte.
In Sibirien sind Schamanenmasken verhältnismäßig selten. Sie erscheinen eigentlich nur bei den Tungusen und Mongolen. Bei Altaiern und Golden wird nur das Gesicht mit Ruß beschmiert. Die Bemalung und die Maske haben rein defensiven Charakter. Der Schamane würde sterben, wenn er in der Unterwelt, die er auf seinen Traumreisen besucht, sein Gesicht nicht verbergen könnte.
Bei den Eskimos in Alaska sind Masken auch häufig. Hier ist der Einfluß der nordwestamerikanischen und überhaupt der ozeanischen Masken deutlich.
Die Maske drückt hier die Doppelnatur der Wesen aus, das Tier hat auch

ein menschliches Double; diese Doppelnatur wird in Nordwestamerika oft ausgedrückt durch aufklappbare Masken, bei den Eskimos häufig durch Doppelmasken, d. h., die eine Hälfte des Gesichts ist menschlich, die andere tierisch.
Die Maske soll erinnern an eine frühe Zeit, in der die Wesen sich noch in verschiedene Formen verwandeln konnten. Die Schamanen sind in der Gegenwart die einzigen, die noch die Möglichkeit zu solchen Verwandlungen haben.
Solche Masken, die eine Doppelnatur ausdrücken, heißen Inua.
Eine andere Art von Masken, in denen außerordentlich willkürliche und phantastische Formen gewählt werden, heißen Tunghart. Sie stellen die Hilfsgeister der Schamanen dar. Sie können Krankheiten bedeuten, die Elemente, Orte und Kombinationen von all diesen Erscheinungsformen.
An solchen Masken sind oft kleinere Amulette oder Masken angeheftet, die Hilfsgeister minderer Kraft bedeuten.
Die Masken werden gebraucht bei Trancesitzungen, die Jagdglück herbeizwingen sollen: der Hilfsgeist wird vom Schamanen gebeten oder auch gezwungen, ihm den Weg zu den Tieren, den Seelenplätzen der Tiere oder zur Mutter der Seetiere zu zeigen.
An Eskimomasken finden sich häufig Anhängsel, die ebenfalls Hilfsgeister darstellen, ja die ganze Maske ist oft nichts anderes als eine Darstellung des Hilfsgeistes.
Sehr oft sind die Eskimo-Masken auch mit Stäbchen oder Fäden umgeben, so daß sie aussehen, als ob sie im Zentrum eines Spinnennetzes angebracht wären oder um ihren Kopf eine Art von »Antenne« trügen.
Die Bedeutung dieser Ausstattung ist nicht ganz klar, vielleicht aber ist die Gedankenverbindung »Antenne« nicht von der Hand zu weisen: Die Schnüre und Stäbe mögen eine Verbindung zu den Geistern andeuten.
Wir finden eine ähnliche Darstellung und Beziehung auch in Ozeanien. Es gibt in Australien, dem benachbarten Neuguinea und verschiedentlich in der Südsee auch Skelettdarstellungen auf Felsbildern, die in reduzierter Form einfach aus einem zentralen Strich mit regelmäßig angebrachten Querstrichen bestehen.
Skelettdarstellungen werden auch bei Tanzfesten in Form von Stäben mit darübergespannten Schnüren, sogenannten Waningis, verwandt. Diese

Waningis sind von Nordwestaustralien bis Zentralaustralien verbreitet. Ihre Bedeutung ist keineswegs eindeutig. Daß es sich aber um Skelettdarstellungen handeln könnte, geht aus einer Bemerkung hervor, die in Nordwestaustralien gemacht wurde, wo die Waningis bei einem Tanz gebraucht wurden und als »Gebeine Verstorbener« bezeichnet wurden.

P. Worms bildet sehr ausgearbeitete Waningis von den Yaoro in Nordwestaustralien ab, mit der ausdrücklichen Bemerkung, daß es sich hier um Darstellungen Verstorbener handle.[95]

Diese Waningis, die im allgemeinen in der Literatur als Fadenkreuz bezeichnet werden und eine weite Verbreitung haben, wurden bisher auch häufig als sogenannte »Geisterfallen« bezeichnet – wohl nach den bruchstückhaften Erklärungen der Eingeborenen dazu – und es war immer wieder festzustellen, daß sich an diesen Schnüren und Stäben die Geister Verstorbener aufhielten. Es sind aber nicht »Fallen«, sondern abstrahierte Darstellungen von Totenseelen, offensichtlich eine Darstellungsform, die sehr weit zurückgeht und die auch mit dem Glauben, den es z. B. auch in Australien gibt, daß der Schamane an einer Schnur, einem sogenannten Seelenfaden, in die Unterwelt zu den Toten reisen könne, zusammenhängt.

Weitere Spekulationen, ob diese Vorstellungen auch mit den Fadenspielen, die ja ohne Zweifel eine ganz ausgeprägte und frühe Fähigkeit zur Abstraktion und zur räumlichen Vorstellung zeigen, zusammenhängen könne, muß dahingestellt bleiben.

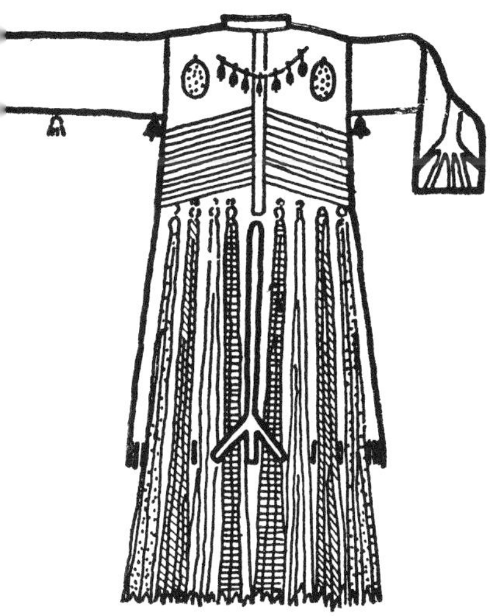

Schamanengewand von den Karagassen.

Die Kleidung, die der Schamane zur Ausübung seines Amtes anlegt, ist eine besonders ausgewählte und nur für diesen Zweck geeignete. Bei den sibirischen Völkern besteht sie aus einem hemdartigen Obergewand, das im Binnenlande (bei den Tungusen, Jakuten, Jenissejern) aus Fellen, besonders aus Rentierfellen, an der Ostküste aus Seehund- und Fischhäuten genäht ist. Bei einigen südsibirischen Stämmen (Burjäten, Sojoten, Beltiren) besteht der Rock aus Stoff. Die einfache Hemdform wird im allgemeinen über kurze Hosen mit langen Stiefeln getragen. Ausnahmen davon bilden die Röcke der Tungusen und Jenissejern, die einen rockähnlichen Schnitt haben, der hinten zu einer Spitze ausläuft. Dieses Gewand ist bei den nördlichen Tungusen nach Schirokogorow ein Vogel- oder Hirschgewand. Beim Vogelgewand besteht der dazugehörige Kopfschmuck aus einem Vogelkopf, und die Schuhe sind als Vogelkrallen hergerichtet. Zahlreiche Anhängsel symbolisieren Flügel und Federn des Tieres.[96] Nach der Ursprungssage ist mit diesem Vogel wohl der Adler gemeint, denn der erste Schamane, der von der Gottheit auf die Erde gesandt wurde, um der leidenden Menschheit zu helfen, war ein Adler. Beim Hirschgewand dient als Kopfschmuck ein Hirschgeweih. Auch hier weist das Gewand zahlreiche Anhängsel auf, welche die flinken Beine des Hirsches darstellen sollen.[97] Im allgemeinen sind die Schamanenkostüme einander ähnlich.

Die Herstellung des Gewandes geschah in früherer Zeit in Verbindung mit bestimmten Zeremonien: »So schlachtete der Schamane bei den Jenissejern selbst ein Rentier, besprengte alle Zierate seines Gewandes reichlich mit dem Blute des Tieres und fertigte aus dem Fell einen Rock.«[98] Das Blut gilt hier als Übertragung einer Kraft des Geistes des Tieres. Der Geist des Rentieres geht auf den Menschen über und begabt ihn so mit dessen Eigenschaften, die der Schamane braucht, um seine Aufgaben zu erfüllen.

Schließlich sind noch einige Völker zu erwähnen, die keine besonderen Trachten während des Schamanisierens anlegen: Einige Tatarenstämme und ein Teil der Teleuten tragen gewöhnliche Kleidung.[99]

Einen wesentlichen Bestandteil der Schamanentracht bilden die verschiedenen Attribute, die am Schamanenrock hängen. Jedes ist für sich Ausdruck der schamanischen Phantasie und hat eine bestimmte Bedeutung, die aber heute zum Teil schon verblaßt ist, so daß der Schamane hierüber keine erschöpfende Auskunft geben kann. So ist bei der Deutung der häufig nur fragmentarischen Unterlagen große Vorsicht am Platze.

Die vielgestaltigen Anhängsel sind entweder am Schamanengewand selbst oder am Gürtel befestigt. Teils sind es tierhafte und menschliche Figuren, die als Hilfsgeister des Schamanen gelten, teils Platten aus Kupfer oder Eisen, Glöckchen, Leder- oder Fellstreifen kleiner Tiere, Bänder, Stäbe usw. Jeder dieser Gegenstände hat eine symbolische Bedeutung. »Nach dem Glauben dieser Leute haben diese Eisengegenstände und diese Anhängsel am Rock des Schamanen eine Eigenseele.«[100]

Oft finden sie auch einzelne Körperteile eines Tieres in Metall nachgebildet, die dann (»pars pro toto«) als Symbole für das ganze Tier anzusehen sind. So werden z. B. an der Loange-Küste in Afrika Elfenbeinamulette getragen, welche die erwünschten Eigenschaften des Elefanten dem Träger mitteilen sollen (Pechuel-Lösche u. a.).

In analoger Weise sollen z. B. bei den Tungusen-Schamanen, wie schon erwähnt, Stäbe die Beine eines Hirsches oder eines Pferdes oder die oben erwähnten Flügelknochen eines Vogels darstellen und symbolisch die jeweiligen Eigenschaften dieser Tiere übertragen.

Auf manchen Gewändern befinden sich auch aus Eisenblech angefertigte sechsfingrige Hände sowie weibliche Brustwarzen. Andere schmale, an beiden Enden gebogene Stäbe sollen Fischkutter darstellen.[102] Auch dieses Anhängsel hat eine »pars pro toto«-Bedeutung: Es symbolisiert einen Fisch, der vermutlich den Schamanen in die Unterwelt trägt.

Oft finden sich auch menschliche Figuren als Anhängsel, welche die verschiedenen Hilfsgeister bedeuten sollen. So ist eine der wesentlichsten Beigaben am jakutischen Schamanengewand eine rechteckige, handtellergroße Kupferplatte, Ämägät genannt, deren Oberfläche mit einer Zeichnung versehen ist. Nach der Beschreibung von Eingeborenen stellt diese einen Mann dar, mit »Füßen, Händen, Kopf, Augen und Nase«.[103] Ämägät kann aber auch als Ganzes in Form einer kleinen männlichen Figur aus Eisen oder Kupfer hergestellt sein.[104] Beide Formen gelten als ein Zeichen der Schamanenwürde, werden vom alten Schamanen bei der Initiation am Gewand des Novizen befestigt und ihm bei der Abgabe des Amtes wieder abgenommen. »Ämägät bedeutet in den meisten Fällen die Seele eines verstorbenen Schamanen oder sonst eine der obersten Wesenheiten.«[105] Dieser Geist inspiriert den Schamanen während der Ausübung seines Amtes und wird deshalb der Geist des Wahnsinns oder der Ekstase genannt.[106]

Bei den Uriankhai-Stämmen finden sich kleine menschliche Figuren mit einer Miniaturtrommel in der Hand. An demselben Band, an dem diese »Puppe« befestigt ist, findet sich auch eine kleine schmale Tierfigur, die dem Opfertier des Schamanen nachgebildet zu sein scheint.[107]

Außer den genannten menschlichen Figuren finden sich auch Tierfiguren als kleine Anhängsel am Gewand des Schamanen: Vögel, die vermutlich den Schamanen in die Geisterwelt tragen, und andere Tiere, die ihm helfend beistehen, seine Aufgaben zu erfüllen, z. B. Taucher, Schwäne, Adler, Bären. Andere Anhängsel symbolisieren Naturgeister, z. B. Sonne und Mond. Eine ausführliche Schilderung der Anhängsel, nur leider wenig von ihrer symbolischen Bedeutung, gibt Mikhailovskii von den Altaivölkern: »Das Gewand des Schamanen besteht aus dem Fell einer wilden Ziege oder eines

Rentieres, und das Äußere ist meist bedeckt mit einer Anzahl verschlungener Tücher von verschiedener Größe, welche Schlangen darstellen ... Einige Tücher sind am Ende nicht festgenäht, sondern das obere Ende bleibt frei und sieht wie der Kopf einer Schlange aus. Manchmal sind darauf nachgebildete Augen genäht. Die dickeren Enden sind gespalten, so daß die Schlangenmäuler geöffnet erscheinen. Wie es heißt, haben einige Schamanen über tausend Schlangen an ihrem Gewand.«[108] Auch durch diese Schlangengeister werden die Schamanen in ihrer Macht unterstützt.

An metallenen Anhängseln erwähnt derselbe Verfasser kleine Dreiecke aus Eisen und fügt hinzu, daß eiserne Geräte die Geister erschrecken. Czaplicka gibt hierfür als Grund an, daß die Geister Lärm fürchten, der bei der Verfertigung der Anhängsel in der Schmiede gemacht wurde. Hieraus scheint ersichtlich zu sein, warum die Anhängsel der Schamanengewänder mit Vorliebe aus Eisen angefertigt werden. Neben ihrem schon erwähnten Symbolgehalt bildet dies einen Schutz gegen die bösen Geister, die dadurch ferngehalten werden. Andere Anhängsel scheinen auf entsprechende Weise die guten Geister anzulocken: zum Beispiel sollen die oben erwähnten Glöckchen vielfach als lebende Wesen angesehen werden und durch ihr Klingen die guten Geister herbeirufen.

Zusammenfassend läßt sich sagen, daß die Anhängsel am Schamanengewand keineswegs als regellose phantastische Beigaben anzusehen sind, sondern alle der Bilderwelt des Schamanen entnommene Wesenheiten darstellen oder wenigstens symbolisieren. Vielfach handelt es sich dabei um die aus der Psychologie der Naturvölker bekannte Erscheinung, daß der Teil eines Wesens als Symbol für das Ganze gilt.[109]

A. Friedrich sagt über die metallenen Anhängsel an den Schamanengewändern zusammenfassend:

Die Erkenntnis über den tatsächlichen Charakter der eisernen Knochennachbildungen werden vor allem die Legende und die Erklärungen sibirischer Schamanen selbst geben, wobei von der Legende die ausgiebigere Beleuchtung der Fakten zu erwarten ist; denn sie bewahrt, was den heute Lebenden im Sinnzusammenhang bereits entschwunden ist. Daß sich der Schamane in der Séance in ein Tier verwandelt, bezeugen u. a. eine ganze Reihe von Legenden der Jakuten (Schamanen kämpfen als Stiere miteinander), bezeugen auch ekstatische Tänze von Schamanen, in denen sie sich

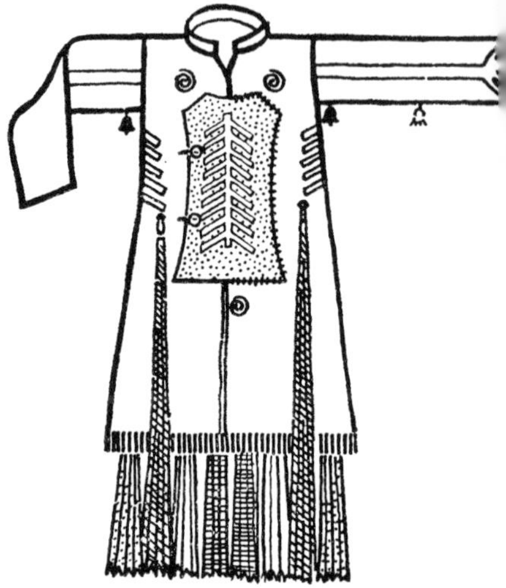

Schamanenmantel von den Karagassen.

wie das Tier gebärden, das Gewand und Kopfbedeckung darstellen. Es ist mithin durchaus sinngemäß, wenn knochenförmige Eisenteile des Hirschfellgewandes das Skelett des Hirsches nachbilden. Der Grenzübergang zwischen Tier und Mensch ist in der atavistischen Tradition der Jägerzeit schwach markiert; vielmehr besteht eine enge Verbindung und Durchdringung beider Sphären. Sie wird ohne Frage auch in der Auffassung und Darstellung des als elementar und lebenskräftig angesehenen Substrates, des Skelettes, zum Ausdruck gekommen sein. Doch erschöpft sich in der schamanistischen Geisteswelt die Existenz des Menschen keineswegs mit der »Vertierung«; diese trägt nur als eine kräftige Wurzel aus altem, jägerischem Mutterboden zur Erfüllung und teilweisen Gestaltung des schamanistischen Wesens bei. In den Schamanenberichten von den Erlebnissen der Vorbereitungs- und Auswahlzeit empfinden sich die zerstückelten und aus ihrem Skelett und dem Fleisch der Sippengenossen neubelebten Schamanen durchaus als sich selbst in ihrer menschlichen Natur. Und wo ihrem Skelette solch erhaltende Bedeutung zukommt, ist auch an eine Darstellung des menschlichen Gerippes auf ihren Schamanengewändern zu denken.[110]

Die Schamanentrommel

Das wichtigste Hilfsmittel der Schamanen ist die Schamanentrommel: »Das Reittier des Schamanen«.

Zauberszene. Schamane mit Trommel und Wolfsmaske hinter einem Rentier. Felsgravierung von Bessov-Noss, Onega-See, Rußland.

In Indien gibt es noch die Ansicht, daß die Trommel ein Symbol der Schöpfung sei. Der tanzende Shiwa ist mit einer Trommel ausgestattet. In Geschichten der Zen-Mönche in Japan (Rebs) wird der Ton, sein Entstehen und sein Verschwinden als Symbol für Schöpfung und Vergehen gebraucht. Ähnliche Ansichten mögen für die Entstehung der Trommel, dem wichtigen Gerät des Schamanismus, verantwortlich sein.

Trommeln kommen vor von Lappland bis Sibirien. In Amerika bei den Eskimos und südlich bei den Indianern wird die Trommel ersetzt durch die Rassel. Die Trommeln sind nicht nur das unentbehrliche Gerät für den Schamanen, um sich in Trance zu versetzen, sie sind auch Kunstwerke.

Die lappländischen und sibirischen Trommeln sind an ihrer Oberfläche bemalt. Die Bemalung ist figürlich und keineswegs willkürlich, es sind interessante und umfassende Weltbilddarstellungen.

Auf lappländischen Trommeln zum Beispiel findet sich meist in der Mitte eine Raute, von deren Ecken vier Strahlen zum Rand gehen, die die Trommel in vier Felder einteilen. Die zentrale Raute stellt die Sonne dar, die übrigen auf die Felder verteilten Gestalten, Menschen, Tiere, Gegenstände, gehören zu dem schamanistischen Weltbild. Ein Teil der Gestalten sind Gottheiten des Gewitters, des Windes, der Unterwelt, die anderen stellen auch Tiere, Rentiere dar. Das Lager, die Siedlung, Gräber, die Unterwelt usw. werden dargestellt.

Offensichtlich sind auch die Gottheiten oder Unterweltsdarstellungen von nordischen Vorstellungen her beeinflußt, auch christliche Ideen kommen in einer vereinfachten Form auf den Trommeln vor.

Ebenso haben sich aber auch sehr viele alte Vorstellungen und künstlerische Motive auf den Trommeln erhalten. Es ist zum Beispiel nicht zu übersehen, daß oft Darstellungen von Rentieren auf den Trommeln, den sogenannten Röntgenstil zeigen.

Bei den Bildern im Röntgenstil werden innere Organe von Tieren, die lebenswichtig sind, deren lebenswichtige Bedeutung der Jäger kennt und die man an sich nicht sieht, mitgezeichnet.

Durch dieses Motiv, das auf den Trommeln nur noch selten und wahrscheinlich gar nicht verstanden auftritt, wird die Kunst der Lappen mit der arktischen Felsbilderkunst, die zwischen 6000 und 2000 v. Chr. in Südschweden und Norwegen ausgeübt wurde, verbunden. Es soll damit keineswegs behauptet werden, daß die Lappen zu dieser frühen Zeit in Südskandinavien gelebt hätten. Es ist nur offenbar, daß sich bei ihnen eine alte Jägerkultur, die in vorchristlicher und vorgermanischer Zeit in Südskandinavien lebte, erhalten hat.

Man muß hier, zum Verständnis dieser Zeichnungen, den Begriff »Saivo« einführen.

Manker deutet an, daß es sich bei den Darstellungen, die sich auf Saivo beziehen, um »Unterweltsdarstellungen« handelt. Saivo ist aber, das geht aus den von Manker zitierten Angaben hervor, nicht die Unterwelt der Toten, sondern es handelt sich bei den Darstellungen von Tieren, die mit Saivo in Bezug gebracht werden, um die in ganz Nordeurasien verbreiteten bekannten Begriffe »von den sogenannten Schatten oder Seelen der Jagdtiere«.[111]

Oft sind Eskimomasken von Stäbchen, Federn und Fadenarrangements umgeben, die wie „Antennen" wirken – sie sollen so eine besonders intensive Beziehung zu den Geistern andeuten, ebenso wie die andernorts – z. B. in Australien – mit Masken verwendeten „Fadenkreuze". Diese werden in der wissenschaftlichen Literatur meist als „Geisterfallen" bezeichnet. Die Bezeichnung deutet die Möglichkeit an, Geister herbeizurufen oder einzufangen, um sie zur Hilfe zu veranlassen.

56 Doppelmaske. Menschliches Gesicht, mit Vogelkopf kombiniert. Hilfsgeistdarstellung eines Schamanen, wahrscheinlich vom Kuskokwim River. ▷

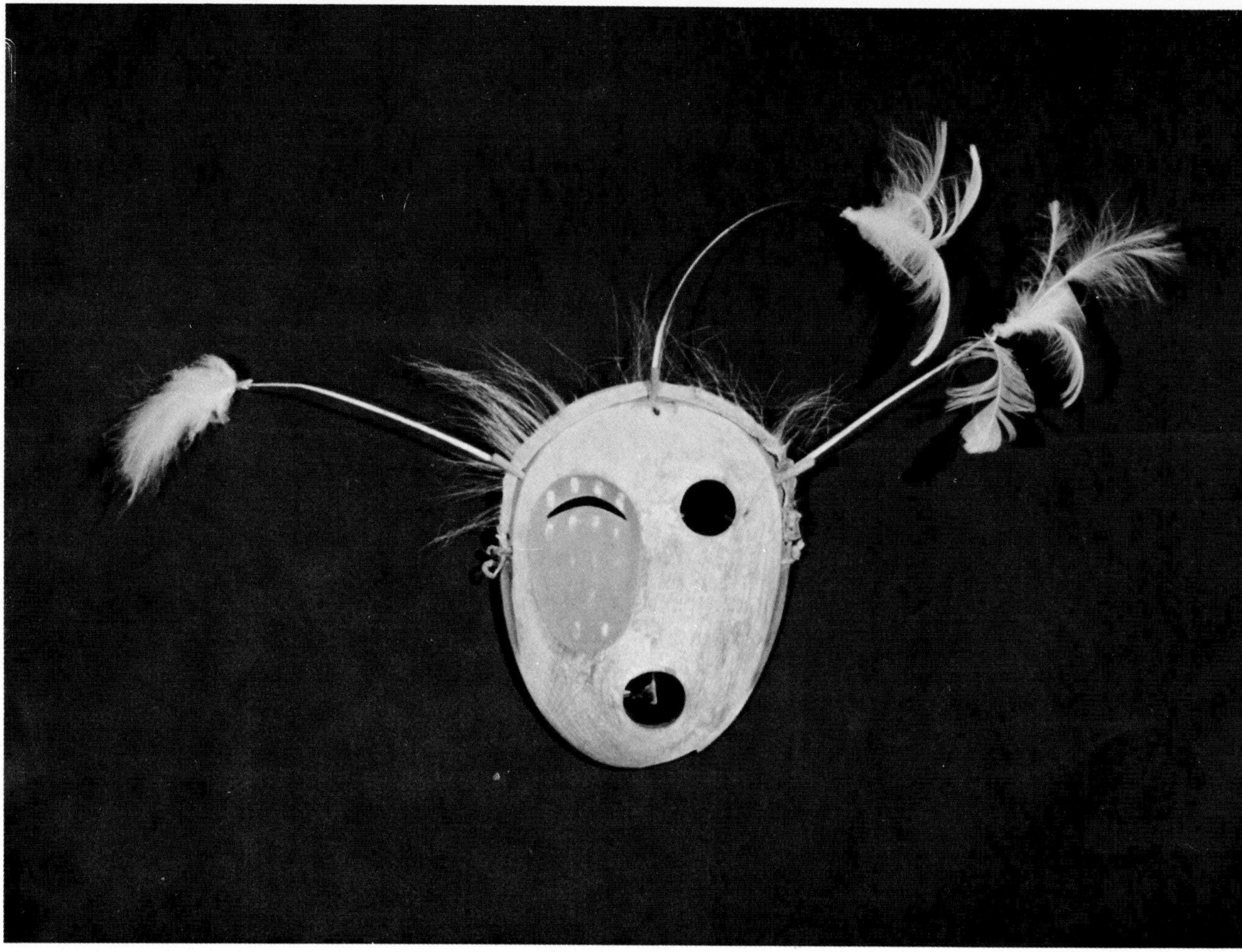

57 Maske, die zwei Geisterwesen gleichzeitig zeigt. Zurückhaltende rote und weiße Bemalung. Die Maske stammt vom unteren Yukon River, etwas Ende des 19. Jahrhunderts.

58 Maske mit grün-weißer und roter Bemalung. Die zurückhaltende Modellierung deutet darauf hin, daß sie aus dem indianischen Bereich vom oberen Yukon River stammt, wenn sie auch am unteren Yukon River gefunden wurde.

◁ 59 Klar stilisierte Schamanenmaske. Man könnte von einer Porträtdarstellung sprechen. Die Maske ist nicht eskimoisch, sondern indianisch und stammt aus Kozherevsky, 1893.

60 Doppelmaske. Menschliches und tierisches Gesicht, rot, grün und schwarz bemalt. Dieser Maskentyp stellt den Geist eines Tieres in menschlicher Gestalt dar. Das Tier wird auf der Seite der Maske angedeutet. Aus Westalaska.

61 Doppelmaske aus Holz in lebhafter weißer, roter, grüner und schwarzer Bemalung. Der Schamanengeist reitet auf einem Biber. Die Figur ist von Stäben und Federn umgeben. Die Maske stammt vom Kuskokwim River und ist „September 1881" bezeichnet.

62 Die Maske stellt wahrscheinlich den Hilfsgeist eines Schamanen in Form eines Walrosses dar. Aus Nushagak, 1898.

◁ 63 Bemalte Holzmaske. Sie zeigt ein helles menschliches Antlitz auf dem rotbraunen Körper eines Walrosses, über dessen Kopf noch der eines Vogels angebracht ist. Die Maske ist von zwei konzentrischen Holzringen umgeben. Auf dem äußeren Ring sind geschnitzte Menschenhände und Beine, Geweihteile und anderes mehr ausgespreizt befestigt. Stammt von der Insel Nunivak.
Solche Masken treten bei den großen Tanzfesten der Alaska-Eskimos auf und stellen die Hilfsgeister der Schamanen dar, die sich vornehmlich aus den „Lechlgat" (Sing. „Lechlgach") rekrutieren, den jedem Ding innewohnenden menschenähnlichen Wesen, die man bisweilen zu sehen bekommt. Sie werden vom Schamanen selbst oder nach seinen Angaben angefertigt, aber nur in einem besonderen Fall von ihm selbst getragen, sonst jedoch von guten Tänzern vorgeführt. Dem Schamanen erscheinen im Laufe seines Lebens – meist im Traum – viele solcher Geister und weissagen ihm, da sie ihn zum Freund auserkoren haben und ihm von nun an bei der Ausführung überirdischer Aufgaben helfen wollen. Mit ihrer Hilfe reist dann z. B. der eigene Lechlgach des Schamanen zum Meeresgrund, um das Auftauchen von großen Walroßherden zu erwirken. Der Maskentanz selbst ist kein Zauberakt, sondern die bildliche Wiedergabe eines Ereignisses, das der Schamane in einer anderen Welt erlebt hat. Bei der eigentlichen Anrufung des Geistes trägt der Schamane also keine Maske.
Während einer Séance im Männerhaus versetzt sich der Schamane in einen Zustand vollkommener Ruhe, der seinem Lechlgach erlaubt, den Körper zu verlassen und sich zu den Hilfsgeistern zu begeben, die sich in einem kleinen Männerhaus auf halbem Wege zwischen der Erde und

Glück auf der Jagd erhält man, wenn man mit Hilfe eines Schamanen sich der Seelen der Tiere, die man jagen möchte, bemächtigt hat.
Manker führt Berichte an, in denen der Begriff »Saivo« erläutert wird. Danach hat jeder Lappe bestimmte heilige Plätze, wo seine Saivoolmat in großen Mengen versammelt waren, und diese »Familiengeister« stehen ihm bei allen Gelegenheiten zu Diensten. Im Saivo lernten die Schamanen wie bei ihren Lehrern in der Schule und bekamen den Schamanengeist über sich. Es sind also hier bei den Lappen noch im 18. Jahrhundert fast genau dieselben Vorstellungen lebendig wie bei den sibirischen Völkern; die Hilfsgeister der Schamanen, die ihn auch auf Reisen begleiten, und die Vorstellungen von der Unterweltsreise des Schamanen.

Felsbilder

Felsbilder als Kunstform sind ein besonderer Ausdruck der Jägerkultur. Wenn auch sicher später andere Kulturen, wie Viehzüchter, Nomaden oder Reitervölker, Felsbilder geschaffen haben, so ist die Idee der Felsbilder doch allein auf die jägerische Epoche der Menschheit zurückzuführen.
Die frühesten Felsbilder und zugleich die künstlerisch am höchsten stehenden finden sich in Südfrankreich und Nordspanien, sie sind auf etwa 12000 v. Chr. zu datieren.
Man kann nicht sagen, daß von diesem ersten Zentrum und Höhepunkt aus die Felsbilder der Welt ausgegangen wären, aber man muß doch, wenn man Felsbilder in eine chronologische Reihe setzt, den Anfangspunkt in den sogenannten franko-kantabrischen Raum setzen.
Die Felsbilderkunst in Spanien erlischt plötzlich, und ihre Fortsetzung in den sogenannten ostspanischen kleinfigurigen Felsbildern ist nicht deutlich. Auch ist noch nicht abzusehen, inwieweit die ostspanischen Felsbilder, die etwa ins 6. vorchristliche Jahrtausend zu datieren sind, von frühen Wandmalereien des mittleren Orients aus beeinflußt worden sind.
Vom westlichen Mittelmeer reicht das Felsbildervorkommen durch die ganze Sahara und Ostafrika bis nach Südafrika. Die zeitliche Abfolge dieser Bilder ist noch keineswegs geklärt, fest steht nur, daß in Südafrika bis vor 50 Jahren Felsbilder in einem primitiven Stil gemalt wurden. Ungeklärt ist

auch der Einfluß der Felsbilderkunst auf die Negerkunst, vor allem die Negerplastik. Man hat sich angewöhnt, wenn man von afrikanischer Kunst spricht, nur die Negerkunst zu meinen, die Felsbilderkunst entweder wegzulassen oder am Rande zu erwähnen, ohne ihren Einfluß auf die Negerkunst zu untersuchen. Dieser Einfluß muß aber beträchtlich und als eine wenn auch unerkannte Unterschicht fast überall vorhanden sein.

Nach Norden hin breitet sich die Felsbilderkunst der Jäger über Skandinavien, Sibirien und Nordamerika aus. Spuren von jägerischen Felsbildern finden sich auch in Kalifornien und in Südamerika bis beinahe nach Feuerland.

Ein ausgesprochenes Gebiet jägerischer Felsbilderkunst ist Australien. Die stilistischen Beziehungen dieser Kunst zu der Afrikas, Spaniens oder Sibiriens sind nur bruchstückhaft nachzuweisen.

Die künstlerische Bedeutung der frühen Felsbilder, vor allem der frankokantabrischen, ist unbestritten, aber bis auf den heutigen Tag ist es den Kunsthistorikern noch nicht gelungen, die Felsbilderkunst in das allgemeine Bild von der Entwicklung der Kunst einzuordnen. Worringer hat über dieses Problem einen Aufsatz geschrieben, in dem er die Felsbilderkunst als eine besondere Erscheinung innerhalb der Kunst bezeichnet und darauf verzichtet, sie in eine historische oder logische Reihe mit der übrigen Kunst der Welt zu bringen, weil das nicht möglich sei. Natürlich ist es nicht möglich, wenn man den Fortschritt und die Entwicklung der Kunst in eine Parallele mit dem Fortschritt und der Entwicklung der materiellen Kultur der Menschheit setzt. Dies ist aber nicht notwendig. Warum sollen die größten Kunstwerke dann entstanden sein, wenn die materielle Kultur auf einem Höhepunkt war? Es gibt vielmehr historische Beispiele, die zum Beweis angeführt werden können, daß dies nicht so ist. Der wirklich primitive, d. h. »anfängliche« Zustand der frühen Jäger hat sie zu einem intensiven künstlerischen Schaffen veranlaßt oder ihnen dies ermöglicht.

Die weitere geistige Leistung der frühen Jägerkultur, der Schamanismus, hängt nun mit der Kunst eng zusammen, ja beide mögen auf die gleiche Grundidee zurückgehen.

Sicher können wir nicht die Felsbilderkunst als Ganzes, als schamanistische Kunst bezeichnen, aber doch bestimmte Motive oder ganze Motivgruppen auf den Schamanismus zurückführen oder sie als aus einer schamanisti-

dem Wohnsitz des Himmelsgottes aufhalten. Dort angekommen, schlüpft der Lechlgach des Schamanen in seinen Helfer, z. B. ein Walroß. Beide gehen in einer Gestalt – als Walroß – auf die Reise. Genau diese Situation dürfte unsere (vermutlich um 1920 hergestellte) Maske veranschaulichen. Der Kranz der holzgeschnitzten Attribute ist ein Arrangement, dessen Teile man einzelnen Wesen zuordnen kann, so z. B. den Vogelkopf oben mit dem Vogelschwanz unten. Es sind die kleineren Hilfsgeister, die den Schamanen auf seiner Fahrt begleiten. Andere Attribute haben rein symbolische Bedeutung. Der innere Holzring versinnbildlicht unsere Welt, der äußere die nächste über uns. Insgesamt gibt es nach dem Glauben der Westalaska-Eskimos fünf übereinanderliegende Welten. (Aus: „Die Eskimo", Katalog des Staatlichen Museums für Völkerkunde, München, Otto Zerries, 1978, Nr. 179.)

schen Geisteshaltung hervorgehend bezeichnen, ebenso wie vielleicht gewisse Stile der Felsbilderkunst.

Eigentlich mit dem Schamanismus in Zusammenhang zu bringen sind eine Reihe von Darstellungsformen, Motiven oder sogar Stilen, die einfach Darstellungen schamanistischer Mythen oder Vorstellungen sind und auch als solche identifiziert werden können.

Eine auf Schamanismus zurückgehende Darstellung ist die von Tierteilen, die verhältnismäßig willkürlich zusammengesetzt werden, z. B. erhält ein Hirsch mehrere Beine oder Köpfe, ein Panther wird mit einem Hirschgeweih geschmückt, Teile dieses Geweihes sind wieder Köpfe und Hufe anderer Tiere. Solche Darstellungen kommen in der Metallkunst der Nomaden in Sibirien und im südlichen Rußland im ersten vorchristlichen Jahrtausend häufig vor und haben sicher eine Beziehung zu schamanistischen Vorstellungen.

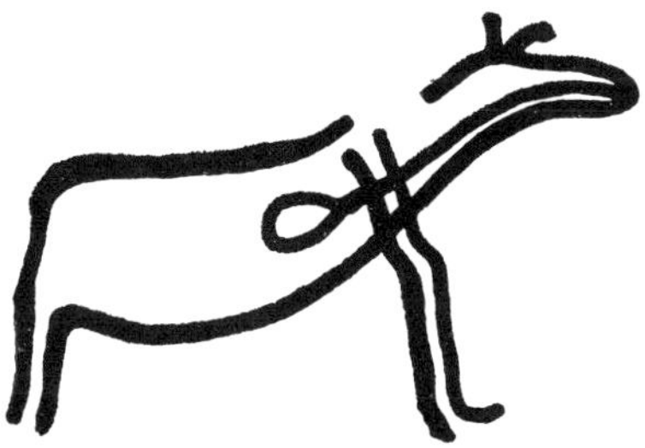

Felsgravierung. Tier im Röntgenstil mit „Lebenslinie" aus Evenhus, Norwegen.

Auch die Schamanenkämpfe, in denen die Schamanen in Tiergestalt miteinander kämpfen, sind ein Thema, das auf frühen Felsbildern oft dargestellt wird.

Die vergleichbaren Berichte aus Sibirien, in denen von Schamanen, die, in Tiere verwandelt, miteinander kämpfen, die Rede ist, führt Friedrich nach Ksenofontov an:

»Ein Schamane in unserem zweiten ›Üdügejschen Nasleg‹ namens Bodongkos mit dem Beinamen Ogusar-Ojun erzählte, daß er sich mit dem Pockengeist gestoßen und die Gestalt eines blau-bunten Stieres angenommen habe. Er sagte: ›Ich fühlte, daß ich ihm ein an Kraft gleichwertiger Gegner sein konnte. Aber meine Frau verdarb die Sache. Sie öffnete die Tür der Jurte, um nach uns zu sehen. Aus diesem Grunde bekam er die Überhand. Meine Gegnerschaft erzürnte den Pockengeist und führte zu dem Ergebnis, daß aus meiner Familie sieben Menschen an den Pocken zugrunde gingen‹.«[112]

Darstellungen von Stierkämpfen, bei denen man nach Kenntnis dieser Mythen veranlaßt wird, anzunehmen, daß es sich um Schamanenkämpfe handelt, bei denen die Schamanen Tier- und vor allem Stiergestalten angenommen haben, finden sich in der Felsbilderkunst der Eiszeit verhältnismäßig häufig. Das Motiv greift sogar nach Nordafrika über, wie eine Gravierung von zwei kämpfenden Altbüffeln beweist.

Die berühmte Schamanendarstellung von »Lascaux« zeigt eine anthropomorphe Figur vor einem verwundeten Wisent. Auch hier wird es sich, nicht so sehr um eine Jagdszene als um eine schamanistische Szene, um einen Kampf, bei dem nur der eine Partner Tiergestalt angenommen hat,

Darstellung eines Schamanenkampfes. Felsbild der Altsteinzeit, Lascaux.

handeln. Psychisch gesehen, handelt es sich bei diesen Kämpfen natürlich wiederum nicht um reale Kämpfe, sondern um Auseinandersetzungen psychischer Art, um Kämpfe, die der Schamane in seinem Inneren ausficht, wobei Gegensätze, welcher Art, können wir nicht wissen, unter dem Bild von Tieren, von Stieren, gesehen und erlebt werden.

Bei der zoomorphen Weltbetrachtung der Jäger ist dies ja auch nicht zu verwundern, und es ist verständlich, daß solche Erlebnisse auf Felsbildern dargestellt wurden, die aber von uns ohne Kenntnis der Schamanengeschichten und der schamanistischen Erlebnisse zunächst als naturalistische Darstellungen aus der Tierwelt aufgefaßt werden.

Ist es also möglich, bestimmte Motive auf Felsbildern durch eine Untersuchung dieser Motive in anderen Kunstgattungen zu erklären und schließlich auf den Schamanismus zurückzuführen, so kann man auch feststellen, daß ein ganz stilistischer Komplex, der sich auf räumlich weit verstreuten Felsbildern befindet, mit dem Schamanismus in Verbindung zu bringen ist: der sogenannte »Röntgenstil«. Es ist dies ein Kunststil, bei dem die inneren Organe von Tieren, die man an sich nicht sehen kann, mitgezeichnet werden. Es sind wichtige Körperteile, wie Herz, Lunge oder Magen. In späteren Formen dieses Stils werden diese Organe zu einer Linie, die vom Mund in die Herzgegend führt, zusammengefaßt. Diese Darstellung wird »Lebenslinie« genannt.

Der Röntgenstil

Der Röntgenstil ist ohne Zweifel ein Ausdruck der früh-jägerischen und schamanistischen Auffassung, daß man Tiere aus bestimmten, lebenswichtigen Teilen wiedererstehen lassen könne. Auch die Darstellung dieser lebenswichtigen Teile oder eben der Lebenslinie bewirkt das Wiedererstehen oder die Vermehrung von Tieren. Die dargestellten Tiere sind ja nicht einfach Bilder, sondern sie enthalten die Lebenssubstanz der Tiere. Die Vermehrung wird gefördert, wenn man die Bilder auffrischt oder irgendwie Kult- und Zauberhandlungen vor ihnen verrichtet.
Die frühesten Darstellungen im Röntgenstil finden sich auf Knochengravierungen des Jung-Magdaleniens in Südfrankreich (13000–6000 v. Chr.), die nächsten angleichbaren Darstellungen auf Felsbildern der sogenannten arktischen Kunst in Norwegen (6000–2000 v. Chr.). Von da an kann man den Röntgenstil auf Felsbildern bis nach Ostsibirien verfolgen, die dortigen Bilder liegen etwa im 1. Jahrtausend v. Chr.
Merkwürdig ist, daß sich Darstellungen des Röntgenstils von Südfrankreich oder Nordspanien aus nicht nach Ostspanien oder Nordafrika verbreitet zu haben scheinen. Sicher stehen diese arktischen Bilder in einem Zusammenhang mit der eiszeitlichen Kunst Südfrankreichs, wobei der Weg, auf dem diese Auffassung nach Norwegen gekommen sein mag, zunächst gleichgültig ist. Bandi und Maringer glauben, daß der Stil sich erst nach Rußland ausbreitete und von da nach Norwegen ausstrahlte. Fest steht jedenfalls, daß Felsbilder aus dem nördlichen Rußland und aus Sibirien eine große Ähnlichkeit mit solchen in Norwegen, vor allem mit denen der sogenannten östlichen Gruppe, haben. So finden sich fast identische Ab-

bildungen von den beiden Endpunkten des Verbreitungsgebietes der arktischen Kunst, Norwegen und dem Amur-Ussuri-Gebiet.

In Norwegen gibt es auch Felsbilderzeichnungen, in denen die Darstellung der inneren Organe schematisiert und zu einem Muster aus Rechtecken oder Rauten abstrahiert wird. Verschiedene Stufen dieses Vorganges finden sich – auf einem Felsbild zusammen – in der östlichen Gruppe norwegischer Felsbilder in Skogervaien, Buskerud.

Der Vorgang der Abstrahierung ist auf Felsbildern aus Rußland in verschiedenen Stufen, z. B. in Schalabolino, zu ersehen. Hier ist der Körper einer nach rückwärts blickenden Hirschkuh mit senkrechten Streifen unterteilt. Auf einem Bild ist die Innenzeichnung zu mehr oder weniger willkürlich verteilten Feldern, auf dem anderen zu rankenförmigen Arabesken ausgestaltet. Hier hat die Umwandlung vom Röntgenstil zum A-jour-Stil stattgefunden.

Von einem deutlichen Naturalismus bei der Zeichnung der inneren Organe der Tiere geht man über zu einer ornamentalen Stilisierung der Oberfläche. Hierbei erinnert man sich nicht mehr an die ursprüngliche Bedeutung der Linien innerhalb der Umrißzeichnung, sondern abstrahiert diese langsam; so werden aus der Darstellung der Gedärme konzentrische Kreise oder Spiralen. Diese Abstrahierung kann nur durch die Aufnahme einer Anregung erklärt werden. Die Wandlung im »Sehen« fällt zusammen mit der Verschiebung der Kulturen: Den Röntgenstil der Jägerkultur versteht die sich formende Nomadenkultur nicht mehr und wandelt ihn ins Ornamentale ab. Selbstverständlich kommt diese Abwandlung nicht von ungefähr, sondern sie greift Einflüsse oder Anregungen aus dem Süden auf. Die Spirale kommt mit der Tripolje-Kultur mindestens seit 2500 v. Chr. nach Rußland, wird von der Nomadenkunst aufgenommen und in die Felsbilder eingearbeitet. Später werden aus dem Süden auch die lockeren Spiralformen der Hochkultur übernommen und dann auch auf die plastischen Darstellungen – etwa in den Ordos-Bronzen – auf die Tierkörper aufgesetzt.

Diese Spiralformen nehmen auf der Schulter der Tiere den Platz früherer Flügeldarstellungen ein. In den Schamanenerzählungen aus Sibirien von A. Friedrich ist ja oft die Rede von geflügelten Pferden, Stieren oder auch Tigern. Die Hinweise in den Erzählungen sind bruchstückhaft, die Beispiele in der bildenden Kunst aber sehr häufig.

Felsgravierung. Rentiere zum Teil im Röntgenstil, Fische, Schlitten oder Boote und Zeichen. Verschiedene Epochen der nordischen Bronzezeit. Eine frühere Stufe von Felsbildern ist überdeckt von einer späteren Stufe. Die Rentiere im Röntgenstil gehören zur älteren Schicht. Schweden, Nämforsen. ▷

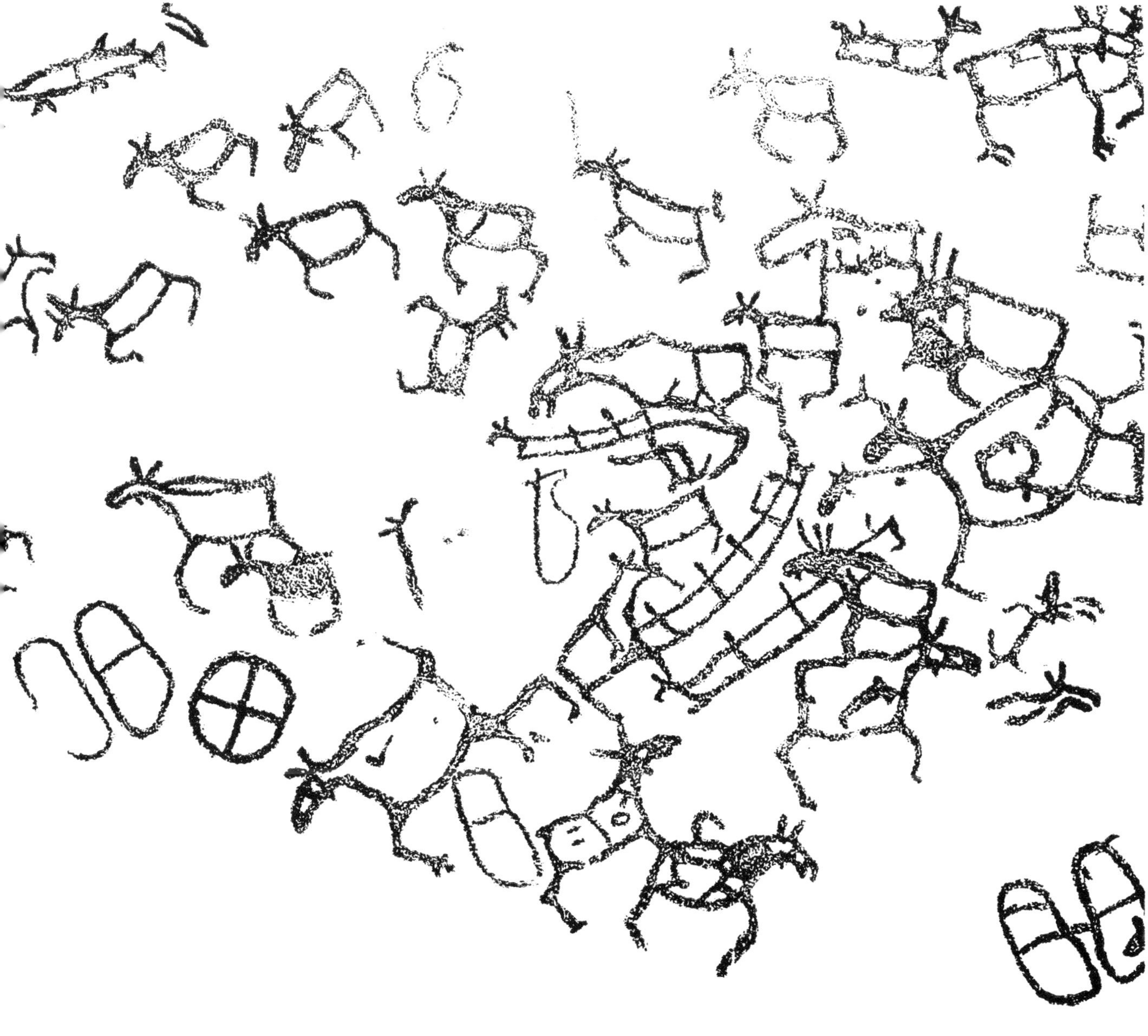

Wir haben es hier mit einem Rudiment einer künstlerischen Formulierung zu tun, bei der sibirische Vorstellungen im Mittleren Orient in der bildenden Kunst ausgedrückt wurden. Die Formulierungen wanderten dann wieder nach Norden zurück. In den Applikationen von Noin-Ula und den Tätowierungsmustern aus Pazyryk sind zoomorphe Mischwesen, geflügelte Tiere, häufig dargestellt. Nach den sibirischen Geschichten wird die Weihe von Pferden mit Flügelzeichnung bei Krankheiten der inneren Organe verlangt. Es gibt andere Hinweise in den sibirischen Schamanengeschichten auf beide künstlerische Formulierungen. So ist z. B. die sogenannte »Inversion des Hinterteiles«, das heißt die Darstellung von Tieren mit nach oben gedrehten Hinterbeinen mit Erzählungen in Verbindung zu bringen, in denen die Tötung eines Tieres durch diese Verdrehung berichtet wird. Auch hier sind die Hinweise auf dieses Motiv in den Erzählungen außerordentlich selten, die Darstellungen in der bildenden Kunst aber sehr häufig.

Der eigentliche Tierstil der Nomaden Innerasiens, der etwa um 600 v. Chr. anzusetzen ist, muß natürlich, und dies ist auch über die Felsbilder Nordasiens möglich, mit dem älteren Tierstil auf den skandinavischen Felsbildern und auch mit dem Röntgenstil in Verbindung gebracht werden. Der Tierstil findet sich selten auf Stein, fast immer in Metall, Bronze oder Gold. Wann dieser Stil das Metall aufnahm, ist nicht zu sagen, vielleicht ist diese Aufnahme in der Shang-Zeit in China 1523–1028 v. Chr. erfolgt und es wurde vorher in vergänglichem Material, in Holz, gearbeitet. Typisch für den Tierstil sind nicht allein die Darstellung von Tieren und Tierkampfszenen, sondern auch die Darstellung aus verschiedenen heterogenen Teilen zusammengesetzter Tiere und die anorganische Anhäufung von Tierteilen.

Solche Fabelwesen gibt es auch in der frühen mesopotamischen Kunst, aber es muß daraus nicht geschlossen werden, daß diese Kunst aus dem Vorderen Orient kommt. Bestimmte Formulierungen kommen jedoch ohne Zweifel von dort. Grundsätzlich aber muß man den Tierstil ebenso wie den Röntgenstil der Felsbilder auf die Weltanschauung des frühen Jägertums und im besonderen des Schamanismus zurückführen. Die Überzeugung, aus bestimmten lebenswichtigen Teilen dem Skelett, Herz oder Lunge und ähnlichem, ein ganzes Tier wiedererstehen lassen zu können, liegt beiden Stilen zugrunde.

Die Verzierung des Tierkörpers nimmt im späteren Tierstil der Nomaden-

Felsgravierung. Cervide mit Innenzeichnung. Amur-Ussuri-Gebiet, Ostsibirien.

Tier mit „Lebenslinie", Röntgenstil. Gefäßmalerei der Pueblo-Indianer.

Felsbild. Rentiere im Röntgenstil mit mäanderförmigen Zeichen. Romsdal, Norwegen.

kunst Innerasiens oft groteske Formen an: die Tierkörper scheinen aus willkürlichen Tierteilen – Köpfen, Flügeln usw. – zusammengesetzt. Dieser Stil tritt in China seit der Shang-Zeit (1523 bis 1028 v. Chr.) auf und erreicht seinen Höhepunkt in der Chou-Zeit (1027 bis 256 v. Chr.). Von hier aus wirkt er weit hinein nach Indonesien, wie Vergleichsbeispiele aus Borneo zeigen können. Die einfache Schematisierung zu einem A-jour-Stil, zum Beispiel Streifenmuster auf dem Tierkörper, braucht natürlich nicht immer und überall auf eine Abstrahierung des nicht mehr verstandenen Röntgenstiles, also einer Innenzeichnung, zurückzugehen. Bei vielen Felsbildern, vor allem in Afrika, ist deutlich, daß die Streifen oder Flecken die Farben des Fells der gezeichneten Tiere andeuten sollen.

Neben der Darstellung auf Felsbildern kommt der Röntgenstil noch bis in die Neuzeit vor und in der ornamentalen Kunst bei den Lappen, den sibirischen Jägervölkern, wie etwa den Ostjaken, den Eskimos und den nordwestamerikanischen Indianern, und klingt aus in der Ornamentik der Pueblo-Indianer. In Nordamerika bei den Ojibwa-Indianern hat man die magischen Bräuche, zu denen solche Bilder im Röntgenstil angefertigt wurden, noch beobachten können. Auch auf Felsbildern in Kansas, Minnesota und Virginia findet sich – wenn auch oft undeutlich – der Röntgenstil. Ja, sogar in Südamerika, bei den Waika-Indianern, hat Wilbert auf Zeichnungen, die die Menschen für ihn anfertigten, die letzten Reste des Röntgenstiles gefunden.[113]

Auf Felsbildern außerhalb des eurasischen und amerikanischen Raumes sind Darstellungen im Röntgenstil ferner bekannt aus Indien, den malayischen Staaten, West-Neuguinea und einem kleinen Gebiet Nordaustraliens, dem Arnhem-Land. Hier zeigen die Darstellungen im Röntgenstil eine ähnliche Entwicklung zur Abstrahierung wie die von Sibirien. Jedoch werden keine Spiralornamente aufgenommen oder der A-jour-Stil entwickelt, sondern die Bilder werden mehr und mehr von dem ortsüblichen Rautenstil überwuchert. Das trifft in Nordaustralien vor allem für die Rindenbilder zu. Die ältesten (1884) von Field-Island zeigen noch einen reinen Röntgenstil; eine Umwandlung zur Schematisierung zeigt sich bei den Rindenbildern von Goulbourn-Island in den dreißiger Jahren dieses Jahrhunderts und schreitet von da aus weiter fort. Man kann deutlich sehen, wie bei Darstellungen, etwa von Känguruhs oder Fischen, einmal die inneren Organe mit einer gewissen anatomischen Treue dargestellt werden, dann allmählich eine Rautenschraffur diese Darstellungsweise ersetzt, bis schließlich auch die Gestalt des Tieres dieser Abstraktion zum Opfer fällt.

Diese in den letzten achtzig Jahren zu beobachtende Entwicklung sowie die Tatsache, daß der Röntgenstil auf Fels- und Rindenbildern im Arnhem-Land auf ein kleines und genau zu umgrenzendes Gebiet beschränkt ist, deuten darauf hin, daß dieser Stil in Australien einer äußeren Anregung entspringt, die nur an der Nordküste aufgenommen wurde und vielleicht zeitlich auch nicht sehr weit zurückgeht. Über den Weg und die Zeit dieser Beeinflussung kann noch nichts Endgültiges gesagt werden. Fest steht nur, daß sich eine Tradition des Röntgenstils noch bis in unsere Zeit bei den Marind-anim in Süd-Neuguinea erhalten hat und daß eine solche Tradition in den Felsbildern West-Neuguineas sichtbar ist. Ein Blick auf die Karte zeigt, daß Felsbilddarstellungen im Röntgenstil von Norwegen über Nordasien bis Nordamerika vorkommen. Ein zweites Vorkommen erstreckt sich auf Indien über die Malayische Halbinsel nach West-Neuguinea und Nordaustralien. Noch kann für die Wahrscheinlichkeit, daß das zweite Vorkommen sich vom ersten herleitet, kein Beweis erbracht werden. In beiden Gebieten gehören Felsbilder im Röntgenstil deutlich zur Gedankenwelt der Jägerkulturen.

Zusammenfassend läßt sich feststellen, daß in Asien wie auch in Nordaustralien der Röntgenstil die Tendenz hat, sich unter der Einwirkung anderer kultureller und künstlerischer Strömungen zu abstrahieren. In Asien ent-

Seehund im Röntgenstil und zweiköpfige Schlange. Neuzeitliche Eskimo-Zeichnung.

Känguruh im Röntgenstil. Rindenbild aus Goulbourn Island, Nordaustralien.

steht der »Durchbruchstil«, von den Russen »A-jour-Stil« genannt; in Australien ein »Rautenstil«. Wichtig für weitere Felsbildforschungen ist die Tatsache, daß in dem dritten Gebiet jägerischer Felsbilderkunst – Afrika – der Röntgenstil unbekannt ist.
Kann man also aus dem Schamanismus heraus nicht nur Motive auf Felsbildern, sondern einen ganzen Stilkomplex deuten, so ist für unsere Untersuchung wieder typisch und wichtig, daß auf einem Felsbild Südschwedens, das zur arktischen Gruppe (6000 bis 2000 v. Chr.) gehört, neben den Tieren im Röntgenstil geometrische Figuren, in diesem Fall scharfkantige Rauten und Rautenmäander, erscheinen.

Schamanistische Vorstellungen als Grundlagen verschiedener Stile

Man kann diese Verbindung eines mehr oder weniger naturalistischen Stils mit einem durchaus geometrischen, sowohl auf den Felsbildern der frühen Jäger der Eiszeit, also im großen und ganzen etwa 20000 v. Chr., auf den Felsbildern der arktischen Gruppe, 6000 bis 2000 v. Chr. und auf australischen Felsbildern, die bis in die Gegenwart reichen, feststellen.
Die Entstehung dieses Nebeneinander kommt wahrscheinlich aus einer Übernahme von Formen aus anderen Kunstbereichen des Jägertums in die Felsbilderkunst. In Australien kann man sowohl die beiden Stile auf einem Felsbild nebeneinander sehen als auch das Fortleben eines, man könnte sagen, Zeremonienstiles in der Tanzkunst beobachten, dessen geometrische Formen sich auf den Felsbildern wiederfinden.
Auf den Rindenbildern Australiens, wo zunächst beide Stile getrennt vorkommen, findet heute eine Vermengung statt: die naturalistischen Formen der Rindenbilder, die sich auch auf den Felsbildern finden, werden von dem geometrischen Stil mehr und mehr zersetzt und abstrahiert. Die letzte Entwicklung ist auf den Felsbildern, deren Anfertigung ja zum Teil noch bis in die Gegenwart hinein geschieht, nicht mehr mitvollzogen.
Bei den Rindenbildern im geometrischen Stil werden aber immer noch von den Künstlern Erklärungen abgegeben über den Inhalt der Bilder, die noch aus der naturalistischen Epoche stammen und heute nicht mehr erkannt werden können.

Ein naturalistischer Stil verbindet sich also in der bildenden Kunst der Jäger mit einem ausgesprochen abstrakten, geometrischen. Seltener wird man naturalistische Darstellungen auf einem im allgemeinen geometrisch gehaltenen Bild ausfindig machen. Verhältnismäßig häufig aber finden sich auf Felsbildern mit naturalistischen Darstellungen geometrische Details und abstrakte Zeichen, wie Punkte, Rechtecke, Mäander und komplizierte Muster von konzentrischen Rauten und ähnlichem.

In Australien zum Beispiel kann man feststellen, daß Eingeborene, die über die Felsbilder, die die Mythologie ihres Stammes darstellen, ausführlich zu reden wissen. Reste von älteren Felsbildern aber, die sich in unmittelbarer Nähe der ihnen bekannten finden, kennen sie und beachten sie nicht. Selbst wenn man ihnen diese Felsbilder zeigt und die noch ganz deutlichen Darstellungen erklärt, sind sie nicht in der Lage, etwa menschliche Gestalten, die für uns ganz deutlich erkennbar sind, zu erkennen. Es scheint, als ob primitive, noch fest in ihrem Weltbild verankerte Menschen, nicht in der Lage wären, Bilder, die nicht ihrem »Weltbild« entsprechen oder dieses unmittelbar darstellen, überhaupt nicht erklären können, bzw. sie scheinen nur zu sehen, was ihr Weltbild und ihre Mythologie zu sehen erfordert.

In Nordwestaustralien ist eine häufige Darstellung auf Felsbildern der sogenannte Wondschina. Dies ist ein Kulturheros, der in einem beinahe kindlichen Naturalismus unter Felsüberhängen auf den Stein aufgemalt ist. Der Wondschina hat aus mythologischen Gründen keinen Mund, seine Augen aber sind außerordentlich groß und ausdrucksvoll dargestellt. In einem Fall ging die Bindung an die weltbildliche Darstellung so weit, daß Eingeborene vor einer ganz normalen Wondschina-Darstellung, die zwei Augen und keinen Mund aufwies, behaupteten, dieser Wondschina sei einäugig, und sofort vor dem Felsbild die Mythe des Einäugigen zu erzählen begannen. Der Einäugige kam vom Meer, trug einen Baum mit eßbaren Früchten den Fluß herauf, legte sich hier zur ewigen Ruhe nieder und pflanzte den Baum, der seither im Land wächst, ein. Dargestellt war eine zweiäugige Gestalt, die auf einem Baum zu liegen scheint, also den Baum nicht trägt, sondern von ihm getragen wird und nicht einäugig ist.

Der eingeborene Führer versucht durch Augenzwinkern klarzumachen, daß die Gestalt einäugig dargestellt sei, behauptet, nur ein Auge zu sehen, und war von seiner Behauptung nicht abzubringen.

Elfenbeinschnitzerei. Schematisierte weibliche Figur, Mezin, Ukraine.

Offensichtlich waren an diesem Felsbild die stilistischen Formulierungen des Bildes, wie sie in dem ganzen Gebiet durch die Tradition festgelegt ist, nicht in Einklang mit den Besonderheiten einer lokalen Mythe gebracht worden. Dies störte zwar niemand, aber die Menschen behaupteten, die zwei Augen der abgebildeten Gestalt nicht zu sehen, vollzogen also die Übereinstimmung zwischen Mythe und stilistischer Formulierung sozusagen in sich selbst.

Auf demselben Felsbild befand sich mitten unter den Tieren und Pflanzen und der anthropomorphen Figur, die alle in dem einfachen Naturalismus, der in dem Gebiet für die Kunst üblich ist, dargestellt waren, ein abstraktes, längliches Gebilde von doppelten Querstreifen unterteilt und mit farbigen Punkten gefüllt. Man konnte dieses Gebilde zunächst für eine Schlangendarstellung halten, deren Kopf abgewittert war. Die Eingeborenen bestanden jedoch sofort auf einer anderen Deutung: dies sei keine Schlange, sondern Honig.

Wieder schien hier die Auslegung einer Darstellung auf der Mythologie zu beruhen, doch diesmal konnten die Eingeborenen ihre Auslegung nicht unmittelbar erklären, sondern die Erklärung fand sich durch Vergleiche mit anderen Kunstformen, die hier in ein Felsbild miteinbezogen worden waren. In Australien gibt es bekanntlich Kultgegenstände, entweder längliche Hölzer oder steinerne Scheiben, die in den Mythen eine große Rolle spielen.

Geschmückte Opferplattform. Darstellung auf einer lappischen Zaubertrommel.

Diese Hölzer sind die Glieder und die lebendige Anwesenheit mythischer Vorfahren. Sehr oft kann man in ihrer Ornamentik weitgehend abstrakte, anthropomorphe Darstellungen erkennen. Oft sind diese Darstellungen nicht mehr erkennbar, aber Untersuchungen der Mythen und stilistischen Vergleiche führen dazu, in konzentrischen Kreisen oder einfachen geometrischen Mustern die Reste der weitgehenden Abstraktionen menschlicher Darstellungen zu sehen.

In diesen Kultgegenständen konzentriert sich auch der geistige Gehalt, die Seele aller Tiere und Pflanzen, aller Lebewesen überhaupt, auch die von Himmelserscheinungen oder bestimmten Orten auf der Erde. Alle Erscheinungen dieser Welt sind im Mythos mit bestimmten Vorfahren verbunden und mit ihnen zusammengruppiert. Honig als ein wichtiges Lebensmittel wird immer wieder mit einer bestimmten mythischen Gestalt verbunden. Es stellte sich heraus, daß die Darstellung Honig auf dem Felsbild durch die

Skizze eines bemalten Kultholzes, das mit Streifen und Punkten verziert war und das einen bestimmten, mit Honig verbundenen Kulturheros oder mythischen Vorfahren darstellte, erfolgt war.

Diese Form von abstrakter Darstellung inmitten einer naturalistischen Komposition erscheint außerordentlich wichtig. Das ornamentierte Kultholz ist zu einer Chiffre geworden, die eine bestimmte Erscheinung oder einen bestimmten Gegenstand und seine mythische Bedeutung und Geschichte darstellt. Die abstrakte Ornamentik des Kultholzes hat natürlich selbst eine lange Geschichte.

Es kann nicht entschieden werden, ob die abstrakte Form, in der der mythische Inhalt auf dem Kultholz heute angedeutet wird, früher einmal in naturalistischen Formen dargestellt wurde oder ob die Darstellungen auf den Kulthölzern schon immer abstrakt waren. Bedeutsam ist, daß unvermittelt auf Felsbildern abstrakte Formen auftauchen, die von einer anderen Kunstgattung her übernommen werden. Die Ornamentierung von Kulthölzern ist eine andere Kunst als die Felsbilderkunst, ebenso ist es denkbar, daß Formen aus der darstellenden Kunst, etwa Masken oder abstrahierte Tanzkostüme, plötzlich als zunächst unerklärbare Chiffren in ein Felsbild übernommen werden. Die Möglichkeit jedenfalls dieser Übernahme eröffnet für die Deutung von Felsbildern neue Aussichten.

Dabei ist nicht zu übersehen, daß dieses Nebeneinander zweier verschiedener Stile auf Felsbildern schon sehr alt ist und auf frühesten Felsbildern der Jägerkunst auftritt. Auch in der prähistorischen Kleinkunst findet sich dieselbe Erscheinung.

Wir nehmen an, daß das Aurignacien in Europa (etwa 25 000 bis 20 000 v. Chr.) aus einer Überlagerung des Mousterien durch das aus dem Osten vordringende Gravettien entstanden ist, im Aurignacien, in den Fundorten Malta und Buret in Sibirien; vor allem aber in Mezin in der Ukraine finden sich ausgearbeitete Ornamente, Mäanderformen und konzentrische Rauten an urtümlichen, weiblichen Plastiken. Später, im Magdalenien (15 000 bis 10 000 v. Chr.), finden sich ähnliche Ornamentformen an Geräten.

Können wir annehmen, daß dieses Nebeneinander zweier verschiedener Stile auch in so frühen Zeiten gewissermaßen historisch zu erklären ist, oder müssen wir zu der Schlußfolgerung gelangen, daß die Vereinigung zweier konträr wirkender Stile auf einem Kunstwerk einer künstlerischen Notwen-

Schematische Darstellung eines menschlichen Gerippes auf einem australischen Kultholz.

digkeit entspricht oder entsprechen könnte, die sich zu allen Zeiten ihren Ausdruck verschafft?

Die Bedeutung abstrakter, geometrischer Formen auf Felsbildern im naturalistischen Stil jedenfalls läßt sich durch Vergleiche mit ähnlich komponierten Kunstwerken aus späterer Zeit und historischen Untersuchungen über das Zustandekommen solcher Kompositionen vielfach klären.

Es finden sich zum Beispiel auf Felsbildern der Eiszeit, etwa in Lascaux, neben Darstellungen von Wildrindern Rechtecke mit mehreren Querstreifen, also abstrakte Formen, die häufig als »Fallen« bezeichnet werden.

Geschmückte Opferplattform. Darstellung auf einer lappischen Zaubertrommel.

Es ist natürlich nicht von der Hand zu weisen, daß diese Darstellungen Fallen bedeuten können, es ist aber unwahrscheinlich, daß es Fallen in unserem Sinne sind. Wahrscheinlich sind es Zeichen, die das Einfangen oder Erlegen der Tiere, weniger auf physischer als auf psychischer Ebene, bewirken sollen. Und auf den Trommeln der Lappen finden sich rechteckige oder rautenförmige Zeichen, die mit den »Fallen« auf den Eiszeitbildern verglichen werden können.

Aus Vergleichen verschiedener solcher Darstellungen und auch aus Abbildungen auf Holzschnitten aus dem 16. Jahrhundert glaubt Manker, nicht ohne Grund, daß die rechteckigen, unterteilten Felder die Gerüste von sogenannten Opferplattformen darstellen sollen. Diese Opferplattformen spielten im Kult der Lappen eine bedeutende Rolle, sie wurden oft mit Zweigen geschmückt, und Ansätze von Zweigen finden sich auch sehr häufig an den rechteckigen und quadratischen Darstellungen auf den Trommeln.

Ein Weg zur Deutung der rechteckigen Zeichen aus der Eiszeitkunst ist vielleicht der Vergleich mit den Darstellungen auf den lappischen Trommeln. Auch in der Eiszeitkunst könnten diese Zeichen Opferplattformen darstellen.

Ein anderer Weg wäre der Versuch, zur Deutung dieser Zeichen durch ähnliche Darstellungen auf späteren Felsbildern, etwa den australischen, zu gelangen.

Menschliche Figur mit Rippendarstellung, Rindenritzung. Chatham Islands, Ozeanien.

Auf australischen Felsbildern finden sich nämlich ähnliche Formen: Unterteilte Rechtecke, die dann manchmal zu Rauten geworden sind, oder senkrechte Striche mit Querteilungen, die wie Abstraktionen von Bäumen aussehen können.

Durch Vergleiche vor allem mit Zeichnungen auf Schamanengewändern erscheint es wahrscheinlich, daß diese Motive die Reduzierung und Abstrahierung von Gerippe-Darstellungen sind. Auf früheren chinesischen Keramiken als Tätowiermuster von den Marquesas und als Dendroglyphe auf den östlich von Neuseeland liegenden Chatham-Inseln findet sich dieses Motiv verhältnismäßig häufig.

In Australien findet sich das Motiv auf Kulthölzern, vor allem in einer negativen Form: die baumähnliche Darstellung wird erreicht durch zwei parallele Reihen aneinandergeordneter Rechtecke, die Zwischenräume zwischen diesen Figuren ergeben dann wieder das baumartige Motiv.

Auch in einer anderen Form, nämlich als Tanzgerät, also als Motiv in der Theaterkunst, tritt das baumartige Motiv wieder auf.

Ausdrücklich wird dieses Tanzgerät als »Gebeine der Toten« bezeichnet. Die Tänze sind sogenannte Geistertänze, also solche, die von den Geistern der Vorfahren dem Schamanen gelehrt werden.

Hier haben wir also einmal deutlich ausgedrückt, daß das baumartige Motiv ein Skelett-Motiv in Australien ist, was aus Vergleichen mit noch nicht völlig abstrahierten Formen dieses Motivs aus Nachbargebieten auch schon hervorging.

Zum anderen haben wir durch das Tanzgerät in Nordwestaustralien und die Tatsache, daß es sich um Geistertänze handelt, eine deutliche Beziehung dieses künstlerischen Motivs zum Schamanismus und können eine Brücke zur sogenannten Skelett-Magie, vor allem des nordeurasischen Schamanismus, schlagen. Die gitterförmigen, geometrischen Zeichen auf den Felsbildern der Eiszeit sind also wahrscheinlich abstrahierte Skelettdarstellungen. Ihre Bedeutung liegt in dem Glauben an das Wiedererstehen eines Lebewesens aus seinem Skelett. Diese Zeichen werden neben den naturalistischen Tierbildern angebracht, um das Fortleben oder die Vermehrung, das Wiedererstehen der dargestellten Tiere zu fördern oder zu garantieren. Insofern sind es auch Fallen, denn wenn die Zeichen eine Garantie für das Fortleben oder Wiederauferstehen der Tiere sind, sind sie auch eine Garantie für das Einfangen und Erlegen. Die Abbildung auf der folgenden Seite zeigt ein sogenanntes Fadenkreuz aus Australien in einer schematischen Darstellung. Das Kreuz besteht aus zusammengebundenen Zweigen, um die – oft mehrfarbige – Wollfäden, vom Schnittpunkt der Zweige ausgehend, herumgeschlungen werden. Es entsteht so ein leicht zu handhabendes und effektvolles Gerät.

Menschliche Figur mit Rippendarstellung, Tätowiermuster. Marquesas, Polynesien.

Menschliche Figur mit Rippendarstellung, Gefäßmalerei. Yang-shao (2200–1700 v. Chr.), China.

Schematische Darstellung eines sogenannten Fadenkreuzes aus Australien.

Ein ganz wesentliches Moment, durch das der Schamane seine Umwelt beeinflußt, ist seine Fähigkeit zur Schauspielerei, zum Theater, zur Dramatik. Seine schauspielerische Leistung liegt in der, in und durch die Trance erreichten, fast vollständigen Identifikation mit den »Bildern«. Die Mythen der Naturvölker sind immer »dramatisch« gedacht.

In den angeführten Beispielen der verschiedenen Ausnahmezustände und Seelenfahrten findet sich zum Beispiel häufig das Phänomen, daß der Ekstatiker einen Tiergeist in seinem Körper aufnimmt und von diesem besessen wird. Dann spricht der Geist durch ihn als Medium in seiner Geistersprache. Psychologisch betrachtet ändert sich damit die ganze Struktur der Persönlichkeit. Die ursprüngliche Individualität ist verdrängt, es tritt eine Identifikation des Vorstellungskomplexes mit der neuen Geist-Individualität ein. Dann ist das bewußte Ich ausgelöscht; die Geister, die Repräsentanten des Über-Ichs sind einverleibt und mit dem Schamanen identifiziert. Damit ist die Verbindung zur Geisterwelt, zur »Kollektivseele«, hergestellt.

Wenn der Tiergeist in den Schamanen gefahren ist, muß er sich auch äußerlich wie das entsprechende Tier gebärden: er heult wie ein Wolf, bellt wie ein Fuchs, pfeift wie eine Sumpfschnepfe, er pustet wie ein Walroß oder er brüllt wie ein Stier. »Ich bin der magische Bulle«, heißt es in dem schönen Gesang der Jakutenschamanen. Trägt der Schamane noch dazu eine Maske in der Form des betreffenden Tieres, so ist die Identität von Schamanen und Tier fast vollkommen. Natürlich beschränkt sich das dramatisch sichtbare Aufgehen des Schamanen in der Kollektivseele nicht nur auf den Fall der Tiergeister. Viele Vorgänge während der Seelenfahrt, insbesondere Hindernisse auf dem Wege, werden dramatisch dargestellt, außerdem aber spielt der Schamane auch seine eigene Person in ihrem Verhalten auf der Reise. Die Erlebnisse während der schamanistischen Handlung werden von den Schamanen oft in vollendeter Form künstlerisch dargestellt, vor allem sind die Beschreibungen dieser Erlebnisse die Dichtungen der betreffenden Völker. So wird in den Berichten von den Selisch-Stämmen die Unterweltsfahrt in einem Boot allen Zuschauern dadurch bildhaft veranschaulicht, daß eine aus zehn Schamanen bestehende Rudermannschaft vor der Gemeinde in Viererreihen mit ihren Paddeln Ruderbewegungen ausführt, wobei der

Hauptschamane den Steuermann spielt. Wenn dieser später auf seiner Reise einen imaginären Fluß überschreiten muß, deutet er dies durch vorsichtiges Balancieren über sein auf den Boden gelegtes Paddel an.
Geister, die sich im weiteren Verlauf der Reise auf ihn stürzen, werden durch fackeltragende Knaben des Stammes dargestellt. Nach dem anschließenden Bericht über die Altai-Schamanen werden die Empfindungen des auf der Reise befindlichen Schamanen dramatisiert. Er singt Lieder, um sich selbst Mut zu machen, atmet tief und schwer, wenn der Weg schwierig wird, und fällt fast beim Überschreiten einer Haarbrücke. Alle diese Vorgänge werden anschaulich – bildhaft – gemimt.
Die Seelenfahrt des Schamanen ist ein nacherlebter und gemimter Mythos, das heißt sie wiederholt die in der Stammestradition aufbewahrte, sich stets erneuernde, verändernde und in diesem Sinn »lebendige« Erinnerung an die Fahrten und Abenteuer eines schamanistischen Stammeshelden der Vorzeit, in dessen Figur viele historische Persönlichkeiten zu einer verschmolzen sind. Bei uns Europäern ist nur noch ein geringer Rest solcher Wirklichkeitserlebnisse vorhanden: in unseren Märchen und Mythen. Diese wurden einstmals von unseren Vorfahren als Wirklichkeit erlebt und als Handlung ausgeführt, ähnlich wie zum Beispiel die dramatischen Tod- und Wiedergeburtsriten beim ägyptischen Osiris-Kult. Der Mythos wurde damals, wie es jetzt noch bei den Naturvölkern der Fall ist, nicht nur erzählt wie die Mythen heute bei uns, sondern in seiner ursprünglichen lebendigen Gestalt gelebt, gemimt, gespielt und in Aktion gesetzt. Er ist deshalb bei den Naturvölkern noch unmittelbar wirksam, und zwar dadurch, daß er von allen Beteiligten als wirkliches Geschehen und Realität erlebt wird.
Auch bei uns spielen die Mythen weit in der Vergangenheit; sie haben aber im allgemeinen keine derartige Intensität des Erlebens mehr, daß die Notwendigkeit einer Dramatisierung empfunden würde. Nur an Kindern beobachtet man manchmal noch den »Zwang zur Dramatisierung«, welcher der Bilderwelt der Märchen und Mythen innewohnt; sie »spielen« spontan den Inhalt der daran geknüpften Vorstellungen, und es finden sich auch umgekehrt in Kinderspielen heute noch Reste ursprünglich aufgeführter Mythen. Zum Beispiel sind die beliebten Spiele von »Himmel und Hölle« und der »schwarzen Köchin« Reste alter Einweihungsmythen.
Was bei uns als Mythos gilt und fast zur Nebensächlichkeit irgendeiner

Erzählung oder Geschichte verblaßt ist, wird also bei den Naturvölkern in seiner gegenwärtigen Gestalt, der »Dramatisierung«, bewahrt und überliefert.

Die Umsetzung von Tranceerlebnissen in künstlerische Form ist besonders deutlich in den Berichten aus Australien ausgesprochen. Hier gibt es überhaupt keine künstlerische Ausdrucksform, die nicht ausdrücklich als von den Geistern gestorbener Vorfahren über einen Schamanen, den gegenwärtig lebenden Menschen übermittelt, betrachtet wird.

Der Schamane kann sich in die Unterwelt, das Land der Toten, begeben und mit den Geistern der Toten, und seinen toten Vorfahren im besonderen, in Beziehung treten, um künstlerisch produktiv zu wirken. Die Australier berichten dazu:

Wenn ein Schamane mit den Geistern der Toten spricht, so geschieht das, indem seine Seele ihn während des Schlafes verläßt und im Lande umherschweift. Bei Sonnenuntergang trifft die Seele des Schamanen dann irgendwo den Schatten eines toten Vorfahren. Der Schatten fragt die Seele, ob sie mit ihm gehen wolle. Die Seele des Schamanen sagt ja. Der Schatten des toten Vorfahren wird dann sein Hilfsgeist. Dann gehen beide weiter, entweder sofort bis ins Totenreich oder aber an einen Platz auf dieser Welt, an dem sich die Geister der Toten versammelt haben.

Das Zusammentreffen des Schamanen mit den Totengeistern geht nach einem genau beschriebenen Ritual vor sich. Der Schamane bedeckt seine Augen zunächst mit einem belaubten Zweig, um nicht gleich auf einmal zuviel von den Toten zu sehen, und setzt sich bescheiden unter die Anwesenden.

Die Geister beginnen zu singen und zu tanzen. Erst wenn der Hilfsgeist, der den Schamanen hergeführt hat, ihn auffordert, den Zweig von den Augen zu nehmen und die Tänze anzusehen, darf er es tun. Ist der Tanz zu Ende, so entlassen die Geister die Seele des Schamanen, und sein Hilfsgeist bringt ihn zurück zu seinem Körper. Wenn der Schamane erwacht, so erscheinen ihm die Erlebnisse mit den Geistern wie ein Traum. Er denkt von nun an nur noch an die Tänze, die er gesehen hat, und seine Seele geht immer wieder zu den Geistern, um mehr und immer mehr über die Tänze zu lernen. Seine Frau merkt dann vielleicht, daß seine Seele jede Nacht seinen Körper verläßt, und sie wird sagen: warum verläßt du mich immer?

Der Schamane aber wird ihr sagen, daß er zu den Geistern geht, um dort Tänze zu erlernen. Dann wird er die Tänze zuerst seiner Frau erklären und vorsingen und dann erst allen anderen lehren. – So entstehen die großartigen pantomimischen Tänze der Australier.

Es kommt aber auch vor, daß ein Schamane die Gabe, mit der Unterwelt zu verkehren, wieder verliert. Er ist dann plötzlich unfähig, mit den Geistern in Beziehung zu treten, und seine dichterische Gabe, Gesänge und Tänze zu schaffen, erlischt.

In einem solchen Falle tun sich dann alle Männer zusammen, um die abgerissenen Beziehungen mit den toten Vorfahren wieder aufzunehmen.

Man legt den Schamanen auf den Boden, alle Männer setzen sich im Kreis um ihn herum. Die Männer fangen an zu singen und reiben dabei langsam den Körper des Schamanen. Die Männer singen stundenlang in gleichmäßigem steigenden und fallenden Ton:

Mmmmm nnnnnn mmmmmm nnnnn

(es ist ein Summen, wie es bei manchen russischen Volksliedern vorkommt).

Der Schamane gerät langsam in Trance, seine Seele verläßt schließlich den Körper und irrt nun, so heißt es in den Berichten, ziellos umher, um den Geist eines toten Vorfahren zu finden. Nach langen Wanderungen schließlich wird sie auf einen solchen treffen.

Die toten Vorfahren senden nämlich selbst einen aus ihrer Mitte aus, um den Schamanen zu suchen. Sie haben die Besuche des Schamanen und die Verbindung mit ihrem lebendigen Nachkommen selbst schon schmerzlich vermißt und sie wünschen die Beziehungen mit den Lebenden wieder aufzunehmen.

Der Schamane berichtet dem Totengeist, daß er den Weg zur Unterwelt nicht mehr weiß und keine Gesänge mehr »findet«. Der Totengeist – häufig wird es der Geist seines Vaters oder Großvaters sein – verspricht ihm zu helfen und ihn in einigen Tagen zu holen.

Nach einiger Zeit – es ist vielleicht am Abend, und die Leute sitzen ruhig da und unterhalten sich – da hört der Schamane plötzlich einen fernen Ruf. Es ist sein Hilfsgeist, der nach ihm verlangt. Er geht abseits und unterhält sich eine Weile mit ihm.

Einige Tage später aber verläßt dann seine Seele den Körper. Sein Körper liegt ruhig da, und er schläft. Unter der Führung des Hilfsgeistes aber kom-

men nun viele Geister aus der Unterwelt und bemächtigen sich der Seele des Schamanen, die sie wieder bei sich sehen wollen. Sie zerstückeln die Seele, und jeder Geist trägt eines der Stücke in die Unterwelt. Dort tief unter der Erde setzen sie die Seele des Schamanen wieder zusammen.
Sie zeigen ihm aufs neue Tänze und singen ihm Gesänge vor.[114]

Hier haben wir einen urtümlichen Bericht vom Wesen des künstlerischen Schöpfungsprozesses, wie er eindringlicher nicht gedacht werden könnte. Die Symbolik der Sprache läßt sich ohne weiteres verstehen. Für die moderne Polemik über das Traditionelle in der Kunst ist vor allem interessant, daß für diese Primitiven der Zusammenhang der schöpferischen Potenz eines Künstlers mit der Tradition, mit den Ahnen – oder den traditionstragenden Schichten der Psyche – das »Erinnern« außer Frage steht. Wenn die Beziehung abreißt – der Dichter seine Fähigkeiten verliert –, muß sie wieder gesucht werden und kann wieder gefunden werden.

Die Erlebnisse des Schamanen geben ihm besondere Fähigkeiten, die seine soziale Stellung ausmachen. Nicht allein die Erlebnisse natürlich, sondern ihre künstlerische Umsetzung in dramatische Spielhandlung. Der Schamane ist nicht nur der »Zauberer« der das Jagdglück beeinflußt, sondern auch der Dichter und Künstler seiner Gruppe. Er ist der, der die geistige Welt seiner Gruppe formt – zu eindringlichen Bildern, und der die Bilder, die in der Vorstellung seiner Gruppe leben, die Mythen, die religiösen Aberglaubensinhalte immer wieder neu formt und verlebendigt. Um dies zu vollbringen, versetzt er sich in Trance und läßt seine Gemeinde an diesem Trancezustand teilnehmen. Die Trance ist sozusagen die Vermittlungsebene – oder diese wird durch die Trance erreicht, die religiöse oder künstlerische Ergriffenheit, die zur Übermittlung der Bilder gehört, kann bei normalem Wachbewußtsein nicht oder nur schwer erreicht werden. In der Trance kommt dem Schamanen das labile psychische Gleichgewicht, die besondere psychische Struktur der Gruppe, die sogenannte traumhafte Atmosphäre, entgegen.

Wirkungsvoller als jeder moderne Psychotherapeut, jeder Künstler oder Theaterfachmann, aber auch wirkungsvoller als ein zelebrierender Priester vermag der Schamane auf die Psyche seiner Gruppe einzuwirken, sie immer wieder zu verlebendigen, schöpferisch zu machen und ihr gesundes, produktives Gleichgewicht wieder herzustellen.

Der Werdegang und die Arbeitsbedingungen dieses Menschen werden aus dem mit Absicht breit dargebotenen Berichten überaus deutlich und plastisch – ohne das sie uns gänzlich verständlich würden.

Die psychischen Abläufe, die zum Werden des Schamanen gehören – da wir sie nicht oder nur sehr von außen her nachzuerleben vermögen –, können wir zwar »verstehen«, aber nicht nachvollziehen, was das einzige wirkliche Verständnis bewiese.

Trotzdem wird uns die besondere Form dieses ersten »geistigen« Menschen aus der Frühzeit der Menschheit das Wesen dieser Verbindung von künstlerischen und seelsorgerischen, zauberischen und schauspielerischen Fähigkeiten deutlich, und damit ist ein Einblick in die frühe Geistigkeit des Menschen gewonnen, der eine überraschende Komplexität, eine modern anmutende, komplizierte psychische Struktur enthüllt, die man dem sogenannten Primitiven nur ungern und widerwillig zugesteht.

Es lohnt sich, auf die Frage der künstlerischen Leistung der Schamanen noch einmal einzugehen.

Der Schamane als der künstlerisch-schöpferische Mensch

Versuch einer Definition

Es sind in Australien vor allem Theateraufführungen und Dichtungen, die auf die Tranceerlebnisse eines Schamanen zurückgeführt werden. Der Schamane besucht die »Geister« der Vorfahren in der »Unterwelt« und bekommt von ihnen Gesänge übermittelt. Natürlich halten sich diese Gesänge immer in dem von der Tradition gegebenen Rahmen, und die »Bilder« sind die, die schon immer in den Theateraufführungen gestaltet wurden.
Es handelt sich also um eine Art des Erinnerns, aber um eine produktive: die von früheren Generationen überlieferten Mythen und Vorstellungen werden von dem Schamanen neu und individuell geformt. Nie ist aber davon die Rede, daß auch die Felsbilder oder ihre Fortsetzung in moderner Zeit, die Rindenbilder, auf solche Tranceerlebnisse eines Schamanen, eines Künstlers, zurückgehen. Es scheint also die bildende Kunst einem anderen Bereich zuzugehören?
Nun liegt aber einmal die Entstehung der Felsbilder so weit zurück, daß sie nicht mehr mit den heute Lebenden oder ihren unmittelbaren Vorfahren in Zusammenhang gebracht wird. Wenn man die Eingeborenen befragt, so stellt sich heraus, daß die Felsbilder eigentlich von niemand gemalt worden sind: sie sind Abdrücke von vergöttlichten Vorfahren, die sich an einer bestimmten Stelle zum Sterben niederlegten und »den Abdruck« hinterließen. Dabei spielt es keine Rolle, daß dieser Abdruck nicht auf horizontalen, sondern fast immer auf vertikalen Flächen zu finden ist.
In der Gegenwart werden keine Felsbilder mehr gemalt, sondern diese werden nur nachgemalt, »aufgefrischt«.
Da die Felsbilder die seelische Kraft der Lebewesen, die sie darstellen, enthalten, begibt sich kurz vor der Regenzeit der jeweilig Älteste einer Totemgruppe, der mit den Felsbildern »verwandt« ist, an die Stelle und malt die Bilder nach. Es heißt, daß er dazu allein und ungestört sein müsse.

Tatsache ist, daß man zwar noch immer hier und da nachgemalte, aufgefrischte Felsbilder findet und dann auch erfährt, von wem die Bilder nachgemalt wurden, aber man hat noch nie einen Eingeborenen bei dieser Tätigkeit beobachten können.
Wenn die Bilder auch zweifellos nicht in einem Zustand der Trance gemalt werden, so befindet sich der Maler jedoch in einem tranceähnlichen Zustand, den die Eingeborenen mit dem europäischen Wort »Traum« bezeichnen. Das Wort Traum wird verwendet mangels eines geeigneten, dem Eingeborenen bekannten, europäischen Wortes, das einen anderen als den bewußten alltäglichen Zustand ausdrücken könnte.
Die Eingeborenen Australiens bezeichnen die Zeit der Schöpfung als Traumzeit: die ersten Wesen träumten die Tiere und Pflanzen, die Traumbilder malten sie an die Felsen, versahen sie mit seelischer Kraft, und von den Felsbildern aus verbreiten sich die Seelen der dargestellten Wesen in körperlicher Gestalt über die Welt.
Der Traum stellt den schöpferischen Zustand an sich dar. Bestimmte Menschen, die Schamanen nämlich, sind in der Lage, sich in diesen schöpferischen Zustand zu versetzen und darin Taten zu bewirken, die gewöhnlichen Menschen unmöglich sind.
Die Geschehnisse dieser Traumwelt werden heute von den mehr oder weniger zivilisierten Eingeborenen oft mißverstanden: das heißt, psychische Realitäten und Erlebnisse werden in der realen Wirklichkeit gesucht, Wunder werden erwartet. In Wirklichkeit handelt es sich bei dem »Traumzustand« um einen psychischen Zustand, der nicht dem vollen Bewußtsein entspricht, in dem der Mensch ein anderes Verhältnis zur Realität einnimmt und vor allem eine andere Form des Erinnerns findet. Ereignisse der realen Umwelt werden in der Erinnerung verändert, mit Traumerlebnissen vermengt, und die erinnerte Wahrheit ist eine andere, als die historisch feststellbare Wahrheit es wäre.
Nach den Eingeborenen hat der Mensch im Traumzustand teil an dem Schöpferischen in der Natur, und wenn er also in diesem Zustand künstlerisch tätig sein sollte, so würde er wirklich, wie es der Maler Baumeister einmal ausgedrückt hat: »nicht schaffen nach der Natur, sondern wie die Natur.«
So muß man sich auch vorstellen, daß die Felsbilder und wahrscheinlich nicht nur die Felsbilder Australiens, sondern überhaupt die Felsbilder der frühen

Schamanismus gibt es in Australien als Weltanschauung bis heute. Man darf nicht vergessen, daß sich in Australien ebenso wie bei den Eskimos die Vorstellungen und Lebensweisen der Altsteinzeit erhalten haben und die Ähnlichkeit vieler Bräuche bei den beiden, so weit voneinander entfernten Menschengruppen nicht auf gegenseitiger Beeinflussung beruht.
Die Fotos australischer Eingeborener, von Andreas Lommel 1938 aufgenommen, könnten heute nicht mehr gemacht werden, weil es Eingeborene, die noch so leben wie ehedem, nicht mehr gibt.

64 Der Schamane Allan aus Nordwestaustralien war ein schwer leprakranker, in sich gekehrter, der Vergangenheit zugewandter Mann. Er lebte allein im Busch und wurde von Frauen, die ihn verehrten, ernährt. Er war ein Dichter, der alte traditionelle Mythen mit eigenen Traumgesichten vermengte, zu Versen formte und dann zu bestimmten Zeiten von seinen Stammesgenossen großartige Epen – sog. „Festspielwochen" – aufführen ließ. Choreographie, Kostümierung, d. h. Bemalung der Tänzer, erdachte er alle selbst, hielt sich aber immer an die traditionellen Formen.

◁△ 65 und 66 Die Tänzer stellen die Geister Verstorbener dar und tanzen Episoden aus den traditionellen Stammesmythen oder Traumerlebnisse des Dichters. Sie haben ihre Körper mit weißen Streifen bemalt, Skelette veranschaulichend, und halten Fadenkreuze in den Händen, die

auch „Gebeine der Toten" genannt wurden.

67 und 68 Die Fadenkreuze wurden aus gefärbten Wollschnüren hergestellt, die Körperbemalung aus flokkigen Pflanzenblüten auf die klebrigen Streifen aufgetragen. ▽▷

69 und 70 Tänzer, die die Geister Verstorbener darstellen, tanzen, aus dem Wald kommend, auf den Chor zu, bedrohen und verhöhnen die Sänger und werden schließlich durch Zaubersprüche des Chors in den Wald zurückgejagt.

jägerischen Epoche in der Welt, nicht in einem Zustand der Ekstase oder Trance angefertigt wurden, aber Ausdruck dieser in Australien noch zu beobachtenden traumhaften Atmosphäre sind.

So gesehen, gewinnt auch die Behauptung, daß die Künstler der Eiszeit Eidetiker gewesen seien, eine erneute Wahrscheinlichkeit: die Umsetzung eines Eindrucks zum Ausdruck, zum Bild, erfolgte auf einem anderen, man könnte vielleicht sagen kürzeren Weg als bei einem Künstler, der bei Vollbewußtsein arbeitet.

Es kann sehr wohl sein, daß eine bestimmte Eleganz der Bewegung, ein entsprechender Naturalismus, auf eine solche nicht näher erklärbare Weise zu deuten ist.

Die Vorstellungen des frühen Jägertums, die sich in den Felsbildern ausdrücken, kreisen verständlicherweise um das Tier, und die Kunst der Jäger ist fast ausschließlich zoomorph. Eine ganze Reihe von Motiven der alten Felsbilder sind rein schamanistisch, und man muß die Entstehung der Kunst überhaupt mit der Entstehung der schamanistischen Geisteshaltung zusammenbringen.

Schamanismus im eigentlichen Sinne ist eine Konzentration und Übersteigerung der Anschauungen des frühen Jägertums, und nicht alle und jede Kunst dieser Epoche kann als schamanistische Kunst bezeichnet werden. Es können aber bestimmte Motive oder Motivgruppen mit dem Schamanismus im engeren Sinne zusammengebracht werden, und dies ist vor allem der Röntgenstil. Dieser Stil ist, wie gezeigt wurde, vom Magdalenien Südfrankreichs aus über Nordeuropa, Nordasien, Nordamerika bis Mittelamerika und sogar Australien verbreitet. Merkwürdigerweise findet er sich nicht in Afrika.

Reste dieses Stils finden sich bis in die Neuzeit auf den Trommeln der Lappen. Aus den Vorstellungen der Lappen über eine »Unterwelt, in der die Tierseelen leben«, kann man den Röntgenstil als die Darstellung der bei den Jägern weltweit verbreiteten Auffassung, daß das Bild mit den lebenswichtigen Teilen die Lebenskraft des dargestellten Tieres enthalte, auffassen.

Tiere im Röntgenstil stellen nicht lebendige, aber auch nicht tote Tiere dar, sondern Geistertiere, also die Form und den geistigen Gehalt von Tieren, die Seele, aus der sich die realen Tiere immer wieder erneuern.

Solche Vorstellungen, die sehr alt sind und von den frühen Jägern erarbeitet

wurden, stehen also am Anfang der Kunst. Die Trennung, die der frühe Jäger zwischen Seele und Materie vornahm, führte zur künstlerischen Darstellung. Die Geisteshaltung des Schamanismus, die ja ein Versuch ist, aus der einmal erkannten oder gewollten Trennung von Körper und Seele Kapital zu schlagen, ist also für die Anfänge der Kunst im besonderen verantwortlich zu machen.
Schamanismus entsteht in einer Zeit, in der der Mensch seiner Umwelt gegenüber sich als Unterlegener fühlen muß. Er beginnt den Lebenskampf mit geistigen Mitteln zu führen und verfällt darauf, seiner seelischen Kondition als Voraussetzung zum Überleben besonderes Gewicht beizumessen. Eine Menge Vorstellungen, Verhaltungsregeln werden zu diesem Zweck ausgearbeitet und in ein System gebracht.
Schamanisieren besteht im wesentlichen darin, die mythischen Bilder der Gruppentradition lebendig und produktiv werden zu lassen, durch ihre Darstellung und Bewußtmachung zur Stärkung der Kollektivseele auszunutzen. So ist die Tätigkeit des Schamanen zu einem ganz wesentlichen Teil eine künstlerische: Darstellen, Theaterspielen, Singen, Tanzen oder Malen.
Schamanisiert wird immer in einem tranceartigen Zustand, bzw. die Trance wird künstlich herbeigeführt. Es scheint, daß in einem Zustand, der nicht das helle Oberbewußtsein ist, sondern etwas anderes, die Bilder der mythischen Tradition einer Gruppe besonders intensiv von dem Schamanen erlebt werden und vor allem auch auf die Gruppe übertragen werden können. Die Gewalt des Schamanen über seine Gruppe kann von verschiedener Stärke sein, sie kann aber auch so stark sein, daß die Steigerung der psychischen Potenz im Schamanen durch eine Schwächung der Potenz bei anderen Gruppenmitgliedern ausgewogen wird oder werden muß. Dies kann so weit gehen, daß in manchen Berichten davon gesprochen wird, daß verschiedene Gruppenmitglieder sterben müssen, wenn ein bedeutender Schamane aufgebaut werden soll.
Die psychologischen Gesetzmäßigkeiten, die im Schamanismus wirken, bleiben den modernen Menschen verschlossen, sie können eigentlich nur in der Sprache der jeweiligen Gewährsmänner berichtet werden. Trotzdem wird man bei Beachtung der über weite Gebiete der Erde ähnlichen Züge des Schamanismus, die Entwicklung der schamanistischen Persönlichkeit, ihre Tätigkeit, ihre Wirkung auf die Gruppe und ihre Bedeutung für den künstle-

rischen Ausdruck des Menschen, auf die Frage, was Schamanismus wirklich sei, anhand des Materials eine ausführliche Antwort geben können.

Schamanismus ist eine Konzentration der Vorstellungen und psychischen Techniken, die im Verlaufe der Zeit von einer bestimmten Gruppe der Jägervölker herausgearbeitet wurden und sich mit Ausnahme Afrikas über alle Kontinente verbreitet haben.

In einer Zeit, in der der Mensch seiner Umwelt gegenüber sich als unterlegen fühlen muß, sucht er durch eine Übersteigerung seiner psychischen Kräfte sich zu behaupten und auf seine Umwelt einzuwirken. Dieser Versuch und diese Tätigkeit werden im Verlauf der Entwicklung bestimmten Menschen übertragen. Der persönliche Werdegang des Schamanen wird dabei über weite Gebiete hin außerordentlich ähnlich beschrieben.

Fast immer ist der zum Schamanentum Auserlesene ein kränklicher, schwächlicher Mensch, in vielen Fällen, vor allem in Sibirien, kann er sich dem Schamanentum nicht entziehen, auch wenn er dies gerne möchte. Es ist nicht ohne weiteres einzusehen, warum gerade ein kranker Mensch zum Schamanentum berufen erscheint. Ein oft als zwangsläufig aufgefaßter Prozeß der Selbstheilung, ein rein psychischer Prozeß, der in eindrucksvollen Bildern vom Sterben, vom Zerschnittenwerden geschildert wird, führt ihn zur Überwindung der Krankheit und schließlich zur Macht über die Krankheitsgeister. Rationalistisch wird manchmal beigefügt, daß der Schamane die Krankheitsgeister von seinen Gliedern kosten lassen müßte und er die Macht nur über die Geister habe, die bei dieser kannibalischen Mahlzeit ihren Anteil bekommen hätten.

Ohne künstlerische Gestaltung, in welcher Form auch immer, entsteht kein Schamane. Die Frage, ob künstlerische Gestaltung in primitiven Zuständen immer aus einem solchen psychischen Vorgang heraus entstehe, muß hier unbeantwortet bleiben. Jedenfalls aber ist es die Gestaltung und Formung der traditionell vorhandenen Vorstellungen und Bilder, die den Schamanen zur Überwindung seiner anfänglichen psychischen Schwächesituation, einer Geisteskrankheit, zu seiner Funktion führt.

Das Mehr an psychischer Kraft, das ihm im Verlauf des Entwicklungsganges zugeführt wird, wird in allen Berichten mit dem Begriff der »Hilfsgeister« umschrieben. Hilfsgeister, in der Vorstellung meist tiergestaltig, stehen ihm auf Anruf zur Verfügung.

Viele Forscher, die sich mit dem Schamanismus befaßten, haben eine klare Antwort darauf, welche Realität diesen Geistern zukomme, vermieden.
Es ist aber ganz klar und, wenn man sich mit den besonderen Bedingungen der Trance oder der Traumatmosphäre befaßt, ganz verständlich, daß diesen Geistern nur eine innere, eine psychische Realität zukommt, daß sie einfach Bilder oder Chiffren sind für eine Umformung der psychischen Struktur des werdenden Schamanen. Damit haben die Hilfsgeister natürlich nicht weniger Realität, aber eben nicht eine Realität der äußeren materiellen Welt. Vermittels seiner »Hilfsgeister« wirkt der Schamane auf die Menschen seiner Gruppe ein, und diese Einwirkung geschieht immer in einem Zustand der Trance. Trance- und Ekstasetechnik sind somit ohne Zweifel wesentliche Eigenschaften des Schamanismus.
Das Ergebnis schamanistischer Séancen ist eine Stärkung der Gruppenpsyche, ein Zuwachs an Sicherheit und Selbstvertrauen. Es scheint, daß die Übermittlung von psychischen Kräften von dem einen, dem Schamanen, auf die anderen am besten in einem Zustand der Trance vorgenommen wird, in einem Zustand also, in dem das Wachbewußtsein mehr oder weniger ausgeschaltet oder gedämpft ist. Es können also die psychischen Kräfte etwa durch Kritik oder Angst gestört werden, und solche Gedanken oder Gefühle müssen im Moment der Übermittlung zum Schweigen gebracht werden.
Schamanismus ist also vor allem eine Methode, eine psychische Technik, mit der in einer bestimmten kulturellen Situation, vor allem in einer gewissen »traumhaften Atmosphäre«, die sich in Australien bis in unsere Tage erhalten hat, psychische Bilder und Energien, also traditionelle Vorstellungen, oder auch Mythen einer bestimmten Menschengruppe vermittels der Trance eines besonders zu dieser Handlung vorbereiteten Individuums neu erlebt, geordnet, intensiviert, künstlerisch geformt und mitgeteilt werden können. Das Ergebnis dieser Aktivität ist eine Stärkung der Kollektivpsyche. Es ist eine in künstlerischer Form vorgenommene Ordnung der Vorstellungswelt, die durch irgendwelche Einflüsse oder Schwächezustände chaotisch geworden ist. Die Vorstellungswelt, das Weltbild, müssen aktiviert und schöpferisch neu gestaltet werden.
Es ist die moderne Psychologie als Ausgangsbasis zur Erkenntnis dieser Vorgänge unerläßlich.

Zweifellos hat der Schamanismus, und vor allem der sibirische, im Laufe der Zeit durch Kontakt mit den süd- und ostasiatischen Hochkulturen, mit Tibet, mit dem Buddhismus, mit Persien, viele Züge übernommen, die man zunächst als schamanistisch auffaßte, die aber im Grunde nicht dazu gehören, das heißt, ein Schamanismus ohne diese Züge ist ohne weiteres vorstellbar. Selbstverständlich ist Schamanismus schon im Magdalenien, also zwischen 15000 und 10000 v. Chr., das beweisen die Felsbilder, vorhanden gewesen, und ein solcher Schamanismus ist vorstellbar ohne die späteren Zutaten aus den Hochkulturen.

Die Wurzeln des Schamanismus aber reichen ohne Zweifel bis ins sogenannte alpine Paläolithikum, also vielleicht 30000 bis 50000 Jahre zurück. Ihrerseits haben Vorstellungen, die aus dem Schamanismus kommen, natürlich stark auf die Mythen, Philosophien und Religionen späterer Kulturen und auch der Hochkulturen eingewirkt. In den religiösen Systemen Vorderasiens, im Islam, vor allem in Nordafrika, in den Religionen Indiens sind schamanistische Einwirkungen festzustellen. Die tibetische Form des Buddhismus ist durchsetzt mit schamanistischen Relikten, die ja vor allem in der Bon-Religion deutlich zutage treten.

Auch in der Kunst sind schamanistische Züge weit verbreitet. Es ist nicht so, daß jeder Tierstil, jede Tierdarstellung auf Felsbildern oder anderen Kunstgebieten auf den Schamanismus zurückgeführt werden müßte, aber es gibt doch eine Reihe von Motiven, die deutlich schamanistischer Herkunft sind. So ist der innerasiatische Tierstil in den zwei letzten Jahrtausenden v. Chr. deutlich schamanistisch beeinflußt. Die Zerlegung der dargestellten Tiere in Teile, die Tierkampfdarstellungen, die weitgehende Abstraktion im späteren sarmatischen Tierstil und in den Ordosbronzen sind eindeutig schamanistisch. In der älteren Felsbilderkunst ist es vor allem der weltweit verbreitete Röntgenstil, der auf den Schamanismus zurückgeführt werden kann. Der innerasiatische Tierstil wirkt ein auf die Kunst des frühen Chinas, vor allem die der späten Chou-Zeit, von dort aus weit nach Indonesien.

Die Tendenz des Schamanismus, »geistige Wesenheiten« darzustellen, führt zu einer Vergeistigung, also Abstraktion in der Kunst; frühe Abstraktionsvorgänge, etwa im innerasiatischen Tierstil in der tibetischen Kunst, oder auch in der Felsbilderkunst im allgemeinen, müssen ebenfalls auf Schamanismus zurückgeführt werden.

Der Eskimo-Schamane Igjugarjuk zu dem dänischen Forscher Rasmussen:

»ALLE WAHRE WEISHEIT FINDET MAN NUR FERN VON DEN MENSCHEN, DRAUSSEN IN DER GROSSEN EINSAMKEIT, UND SIE KANN NUR ERLANGT WERDEN DURCH LEIDEN. ENTBEHRUNGEN UND LEIDEN SIND NUR DAS EINZIGE, WAS DEN SINN EINES MENSCHEN FÜR DAS ÖFFNEN KANN, WAS DEN ANDEREN VERBORGEN IST.«

Anmerkungen zum Textteil

VORWORT

1 Rasmussen, K., *Thulefahrt*
2 Schmücker, A., *Die große Schlittenreise*
3 Schmücker, A., *Schneehüttenlieder*
4 Findeisen, H., *Schamanentum*
5 Friedrich, A. und Buddruss, G., *Schamanengeschichten aus Sibirien*
6 Eliade, M., *Schamanismus und archaische Ekstasetechnik*
7 Knoll-Greiling, U., *Beitrag zur Psychologie*

EINLEITUNG

8 Nioradze, G., zitiert nach *Der Schamanismus bei den sibirischen Völkern*, S. 4
9 Radloff, W., *Aus Sibirien*, S. 16
10 Nioradze, G., *Der Schamanismus bei den sibirischen Völkern*, S. 90
11 Schirokogorow, S. M., *Versuch einer Erforschung der Grundlagen des Schamanismus bei den Tungusen*
12 Petri, H., *Der Australische Medizinmann*
13 nach Knoll-Greiling, U., *Beitrag zur Psychologie*

DAS WERDEN DES SCHAMANEN

14 Anisimov, A. F., *Predstavlenija evenkov o sinkenach i problema proischozdenija pervobitnoj religii*
15 Rasmussen, K., *Thulefahrt*
16 Rasmussen, K., *Thulefahrt*, S. 144/145
17 Rasmussen, K., *Thulefahrt*, S. 246/247
18 Rasmussen, K., *Thulefahrt*, S. 235
19 Rasmussen, K., *Thulefahrt*, S. 237/241
20 Rasmussen, K., *Thulefahrt*, S. 241/243
21 Schirokogorow, S. M., *Versuch einer Erforschung der Grundlagen des Schamanismus bei den Tungusen*, S. 79
22 Park, W. Z., *Shamanism in Western North America*, S. 25
23 Czaplicka, M. A., *Aboriginal Siberia*, S. 172
24 Mikhailovskii, V. M., *Shamanism in Siberia and European Russia*
25 Schirokogorow, S. M., *Versuch einer Erforschung der Grundlagen des Schamanismus bei den Tungusen*, S. 80
26 Radloff, W., *Aus Sibirien*
27 Radloff, W., *Aus Sibirien*
28 Schirokogorow, S. M., *Versuch einer Erforschung der Grundlagen des Schamanismus bei den Tungusen*, S. 79
29 Czaplicka, M. A., *Aboriginal Siberia*, S. 317
30 Schirokogorow, S. M., *Versuch einer Erforschung der Grundlagen des Schamanismus bei den Tungusen*, S. 76
31 Gmelin, F. G., *Reise durch Sibirien von dem Jahr 1733–1743*
32 Czaplicka, M. A., *Aboriginal Siberia*, S. 315
33 Priklonsky, V. L., *Das Schamanentum der Jakuten*, S. 168
34 Czaplicka, M. A., *Aboriginal Siberia*, S. 314/320
35 Gusinde, M., *Die Feuerland-Indianer*, S. 1396
36 Zusammenstellung nach Knoll-Greiling, U.
37 Mikhailovskii, V. M., *Shamanism in Siberia and European Russia*
38 Rasmussen, K., *Thulefahrt*, S. 235
39 Sternberg, L., *Divine Election in Primitive Religion*, S. 477
40 Chadwick, N. K., *Shamanism among the Tatars of Central Asia*, S. 75–112
41 Russell, F., *The Pima Indians*
42 Kroeber, A. L., *Preliminary Sketch of the Mohave Indians of California*, S. 280
43 Park, W. Z., *Paviotso Shamanism*, S. 28
44 Hooper, L., *The Canilla Indians*, S. 334
45 Gusinde, M., *Die Feuerland-Indianer*, S. 1397
46 Lowie, R. H., *The Religion of the Crow Indians*, S. 333
47 zusammengest. n. Knoll-Greiling, U.
48 Lowie, R. H., *The Religion of the Crow Indians*, S. 333
49 Lommel, A., *Die Unambal*

DAS WESEN DES SCHAMANEN

50 Holm, H., *The Angmagsalik Escimos*, S. 87
51 Spier, L., *Klamath Ethnography*, S. 93
52 Radin, P., *The Autobiograph of an Winnebago Indian*
53 zusammengest. n. Knoll-Greiling, U.
54 zusammengest. nach Friedrich, A. u. Buddruss, G., *Schamanengeschichten aus Sibirien*
55 Rasmussen, K., *Thulefahrt*, S. 240/241
56 Waley, A., *Die neun Gesänge*
57 zusammengest. n. Friedrich, A. und Budruss, G., *Schamanengeschichten aus Sibirien*
58 Radloff, W., *Aus Sibirien*, S. 52
59 Mikhailovskii, *Shamanism in Siberia and European Russia*, S. 126 u. 95
60 Jochelson, W., *Religion and Mythos of the Koryaks*, S. 49
61 Czaplicka, M. A., *Aboriginal Siberia*, S. 235
62 Jochelson, W., *Religion und Mythos of the Koryaks*, S. 51
63 Schirokogorow, S. M., *Vers. einer Erforsch. d. Grundl. d. Schamanism. bei den Tungusen*, S. 74
64 zusammengest. n. Knoll-Greiling, U.

DAS WIRKEN DES SCHAMANEN

65 Friedrich, A. u. Buddruss, G., *Schamanengeschichten aus Sibirien*, S. 201
66 nach Lommel, A., *Die Unambal*
67 Rasmussen, K., *Grönlandsagen*, S. 46
68 Rasmussen, K., *Thulefahrt*, S. 70/73
69 nach Lommel, A., *Die Unambal*
70 Rasmussen, K., *Thulefahrt*, S. 440
71 Rasmussen, K., *Thulefahrt*, S. 148
72 Rasmussen, K., *Grönlandsagen*, S. 22/27

73 Haeberlein, H., *SbEtBtàq, A Shamanistic Performance of the Coast Salish*, *249 ff.*
74 Friedrich, A. u. Buddruss, G., *Schamanengeschichten aus Sibirien*
75 Czaplicka, M. A., *Aboriginal Siberia*, *S. 241*
76 nach Lommel, A., *Die Unambal*
77 nach Lommel, A., *Die Unambal*
78 nach Lommel, A., *Die Unambal*

KUNST UND SCHAMANISMUS

79 Nioradze, G., *Der Schamanismus bei den sibirischen Völkern, S. 74*
80 Nioradze, G., *Der Schamanismus bei den sibirischen Völkern, S. 76*
81 Mikhailovskii, S. M., *Shamanism in Sibera and European Russia, S. 84*
82 Mikhailovskii, S. M., *Shamanism in Siberia and European Russia, S. 84*
83 Mikhailovskii, S. M., *Shamanism in Siberia and European Russia, S. 82*
84 Nioradze, G., *Der Schamanismus bei den sibirischen Völkern, S. 59*
85 Holmberg, U., *Siberian Mythology*
86 Harva, U., *Die religiösen Vorstellungen der altaischen Völker, S. 510 ff., 525/6*
87 Schirokogorow, S. M., *Versuch einer Erforsch. d. Grundlagen d. Schamanismus bei d. Tungusen*
88 Potapow, L. P., *Die Schamanentrommel bei den altaischen Völkerschaften*
89 Nioradze, G., *Der Schamanismus bei den sibirischen Völkern, S. 77*
90 Mikhailovskii, V. M., *Shamanism in Siberia and European Russia, S. 84*
91 Nioradze, G., *Der Schamanismus bei den sibirischen Völkern, S. 77*
92 Mikhailovskii, V. M., *Shamanism in Siberia and European Russia, S. 81*
93 Radloff, W., *Aus Sibirien, S. 55*
94 zusammengest. n. Knoll-Greiling, U.
95 Worms, E., *Die Goranara-Feier im Australischen Kimberley*
96 Holmberg, U., *Siberian Mythology*, *S. 514*
97 Nioradze, G., *Der Schamanismus bei den sibirischen Völkern, S. 66*
98 Nioradze, G., *Der Schamanismus bei den sibirischen Völkern, S. 61*
99 Radloff, W., *Aus Sibirien, S. 17*
100 Friedrich, A. u. Buddruss, G., *Schamanengeschichten aus Sibirien*
101 Schirokogorow, S. M., *Vers. einer Erforsch. d. Grundlagen d. Schamanismus b. d. Tungusen, S. 68*
102 Nioradze, G., *Der Schamanismus bei den sibirischen Völkern, S. 7*
103 Czaplicka, M. A., *Aboriginal Siberia*, *S. 212*
104 Nioradze, G., *Der Schamanismus bei den sibirischen Völkern, S. 66*
105 Czaplicka, M. A., *Aboriginal Siberia*, *S. 213*
106 Nioradze, G., *Der Schamanismus bei den sibirischen Völkern, S. 66*
107 Czaplicka, M. A., *Aboriginal Siberia*, *S. 217*
108 Mikhailovskii, V. M., *Shamanism in Siberia and European Russia, S. 83*
109 Material zusammengest. n. Knoll-Greiling, U.
110 nach Friedrich, A., *Knochen und Skelett, S. 212/213*
111 nach Manker, *Die lappische Zaubertrommel*
112 Friedrich, A. u. Buddruss, G., *Schamanengeschichten aus Sibirien*
113 Wilbert, J., *Dijubos de indios venezolanos*
114 Lommel, A., *Die Unambal*

Anmerkungen zum Bildteil

Zu Abbildung 1
Übersetzung der russischen Beschreibung (Prof. Petri) des Karagassen-Schamanenkostüms: „Das Kostüm des ‚weißen' Karagassen-Schamanen Tulajew aus dem Geschlecht der Tscheepti besteht aus folgenden Gegenständen:

1. Mütze aus grünem Stoff mit Aufschlag, vorne ist eine Wolfsschnauze dargestellt, darüber der Mond, auf den Seiten Sterne. Alle diese aufgenähten Dinge sind aus den weißen Halsgrannenhaaren des Rentieres – das ist das heilige Material, aus welchem alle kultischen Stickereien gemacht werden. Auf den Hörnern des Aufschlages sind gleichfalls Sterne dargestellt; die Quästchen sind aus Uhufedern sowie aus Federn eines ‚Kedrovka' genannten Vogels, auch gibt es Eichhörnchenschwänze – das sind die Helfertiere der Schamanen. Der untere Rand ist aus Zobelfell, das hinten durch Schafsfell ersetzt ist (dies ist eine Neueinführung, weil die Karagassen Schafsfell bei den Burjäten kaufen müssen). Das lange Band hinten an der Mütze trägt gleichfalls Sternabbildungen. Es stellt das Rückgrat des Schamanen vor, die Sterne sind ein Symbol des Himmels. Der weiße Schamane Tulajew steht unter dem Schutz himmlischer Geister und trägt deren Symbole.
2. Die Trommel besteht aus einem Holzrahmen, der mit Hirschhaut (Cervus canadensis) überzogen ist. Zwischen Haut und Gestell befinden sich Rasselkörper (Resonatoren). Auf Karagassentrommeln sind gewöhnlich keine Zeichnungen angebracht. Der Griff der Trommel ist je nach ihrem Durchmesser verschiedenartig befestigt; auch hier gibt es keine Zeichnun-

gen. Vom Griff gehen vier Querhölzer zum Rahmen. Im oberen Teil trägt der Rahmen zwei Metallbögen (kulak = Ohr genannt), an denen eiserne Rasselkörper befestigt sind. Mit Hilfe dieser ‚Ohren' hört der Schamane die Stimmen der Geister. Die Bänder daran sind Geschenke derjenigen, die an die Schutzgeister des Schamanen glauben. Wenn ein Karagasse einen Schamanen einlädt, muß er ihm zuvor ein solches Band (dzalama genannt) an die Trommel hängen. Die langen Schnüre sind gleichfalls dzalama, doch hat sie der Schamane selbst zu Ehren des Schutzgeistes an seine Trommel angehängt.

3. Der Schlegel besteht aus einem Stück Rentierhorn (Rangifer tarandus) und ist mit Fell vom Lauf desselben Tieres eingefaßt. Der Schlegel ist auch die Knute, mit der der Schamane das Tier antreibt, auf dem er reitet (d. h. die Seele des Schamanen reitet auf der Seele des Tieres, mit dessen Haut die Trommel bespannt ist). Damit der Schlegel während der Zeremonie nicht zur Erde fallen kann, wird er an einer Schlaufe festgebunden.

4. Der Rock ist aus dem Fell eines ausgewachsenen Rentieres (Rangifer tarandus) gemacht, nur die Brust ist aus drei bis vier Monate altem Rentierkalbfell. Vorne sind Streifen aus blauem, chinesischem Gewebe. Der vertikale Streifen ist das Brustbein, die seitlichen, geneigten, sind die Rippen, die Schnüre sind die Brustwarzen. Das Kreuz auf der Brust, erklärte mir der Schamane, bedeute nur, daß auch er wie ein christlicher Pope Diener des Kultes sei und als solcher auch ein Kreuz tragen könne.

Die senkrechte Stickerei auf dem Rücken stellt das Rückgrat dar. Von ihm gehen die Rippen aus. Auf den Ärmeln sind gleichfalls die Armknochen eingestickt. Wenn der Schamane dieses Kostüm anzieht, wird er ein Geschöpf mit einem ungewöhnlichen Skelett: die feindlichen Geister können seinen Knochen nichts anhaben. Auf den Schultern stecken zwei Büschel Uhufedern: das sind die Flügel des Schamanen. Er kann damit fliegen, falls das der Gang der Kulthandlung erfordert. Zwischen den Schulterblättern ist ein Metallbügel mit Rasseln. Wenn der Schamane die Annäherung böser Geister bemerkt, schüttelt er sich, so daß die Rasseln Lärm machen. Dann erschrecken die Geister vor dem Geräusch des Eisens und fliehen. Die vielen dicken Schnüre sind Schlangen. Sie sind Verwandte der Jutba, der ungeheuren Schlange, die den Eingang in die Unterwelt bewacht, in welcher Erlyn-Chan (Erlik), der schreckliche, fressende Gott wohnt. Mit Hilfe seiner Schlangen gelingt es dem Schamanen, in Erliks Wohnung einzudringen. – Die übrigen Anhängsel auf dem Rücken sind zwei lederne Kappen, Tarnkappen; mit ihrer Hilfe kann sich der Schamane vor den ihn verfolgenden bösen Geistern retten. Alle übrigen Anhängsel, Bänder, Schnüre usw. stellen dzalama vor, die den verschiedenen Schutzgeistern des Schamanen gewidmet sind. Jeder Schamane macht sein Kostüm nach den Angaben der Geister, die ihm im Traum erscheinen und ihm sagen, wie er es anfertigen soll. Außerdem helfen ihm auch die alten Männer, die sich daran erinnern, was des Schamanen Vater oder Großvater für ein Kostüm hatte, vorausgesetzt, daß diese überhaupt Schamanen waren.

5. Stiefel aus Rentierleder; die Stickerei darauf stellt die Bein- und Zehenknochen dar." Nach Prof. B. Petri, Übersetzung: Dirr.

Prof. Petri war 1927 in Irkutsk. Das Schamanenkostüm wurde durch ihn von Irkutsk an das Deutsche Konsulat nach Nowosibirsk geschickt. Das Konsulat leitete es dann über Moskau nach Berlin.

Das Gewand und die Trommel sind im Besitz des Staatlichen Museums für Völkerkunde, München.

Zu Abbildung 37

Das Bedeutsame an der Trommel ist, daß mindestens an zwei Tierfiguren deutliche Spuren von Röntgenstil zu sehen sind. Diese Schamanentrommel wird schon 1801 als Besitz der Universität Altdorf bei Nürnberg erwähnt und abgebildet, s. Christoph Gottlieb von Murr: Beschreibung der vornehmsten Merkwürdigkeiten in der Reichsstadt Nürnberg, in deren Bezirke und auf der Universität Altdorf nebst einem Anhange. Zweite durchaus vermehrte Ausgabe. Mit einer Kupfertafel. Nürnberg, 1801. – Ernst Manker erwähnt die Trommel ausführlich unter der Nr. 68 in seinem Buch: Die lappische Zaubertrommel, Bd. I, Abb. 31, S. 54, und in Bd. II, Abb. 150, S. 424.

Abbildungsnachweis der Zeichnungen

Seite 8 Fezzan, Libyen, aus: Leo Frobenius: Ekade Ektab: Die Felsbilder Fezzans, Leipzig, 1937, Tafel XXXIII.

Seite 10 Miguel Covarrubias: The Eagle, The Jaguar and The Serpent, New York, 1954, S. 155

Seite 15 Rasmussen: Thule-Fahrt, Frankfurt, 1926, S. 242

Seite 16 Zeichnung von Arnaqaoq aus: Rasmussen, Thule-Fahrt, S. 247

Seite 19 Rasmussen: Thule-Fahrt, S. 235

Seite 21 Leo Frobenius: Hadschra Maktuba, Tafel 46, Hadschu-Platte, Algier

Seite 22 Leo Frobenius: Ekade Ektab: Die Felsbilder Fezzans, Tafel IV

Seite 23 Paolo Graziosi: Die Kunst der Altsteinzeit, Florenz, 1956, S. 276 c und d

Seite 29 Leo Frobenius: Ekade Ektab: Die Felsbilder Fezzans, Tafel XXXIV

Seite 30 F. Sierksma: Götter, Götzen und Dämonen, Amsterdam, 1959, S. 141/42

Seite 32 F. Sierksma: Götter, Götzen und Dämonen, Abb. 18, S. 147

Seite 33 Leo Frobenius: Hadschra Maktuba, Algier

Seite 45 Rasmussen: Thule-Fahrt, S. 251

Seite 47 Rasmussen: Thule-Fahrt, S. 239

Seite 48 A. F. Anisimov, Sbornik museja antropologii i etnografii. Bd. XII, 1949, S. 160. „Predstawlenija ewenko o schinkenach i problema proishoschdenija perwobitnoj religiji".

Seite 52 Rasmussen: Thule-Fahrt, S. 249

Seite 69 Uno Harva: Die religiösen Vorstellungen der altaischen Völker, Helsinki, 1938, Abb. 51

Seite 73 Hans Findeisen: Der Mensch und seine Teile in der Kunst der Jenisseyer, Zeitschrift für Ethnologie, Braunschweig, 1931, Jahrgang 63, H. 5/6, S. 307, Abb. 25

Seite 81 Istorico Etnographitscheski Atlas Sibiri, Moskau, 1961, S. 454, Tafel 4, Abb. 26

Seite 82 Rasmussen: Thule-Fahrt, S. 245

Seite 97 Istorico Etnographitscheski Atlas Sibiri, Moskau, 1961, S. 455, Tafel 1, Abb. 6

Seite 101 Hans Findeisen: Der Mensch und seine Teile in der Kunst der Jenisseyer, Zeitschrift für Ethnologie, Braunschweig, 1931, Jahrgang 63, H. 5/6, S. 304, Abb. 16

Seite 104 Uno Harva: Die religiösen Vorstellungen der altaischen Völker, Helsinki, 1938, S. 490

Seite 107 Paolo Graziosi: Die Kunst der Altsteinzeit, Florenz, 1956, Tafel 87 d

Seite 123 Rasmussen: Thule-Fahrt, S. 253

Seite 131 Rasmussen: Thule-Fahrt, S. 237

Seite 133 Uno Harva: Die religiösen Vorstellungen der altaischen Völker, Helsinki, 1938, S. 339

Seite 150 Uno Harva: Die religiösen Vorstellungen der altaischen Völker, S. 557, Abb. 105

Seite 161 E. Worms: Anali Lateranensi, 1942, Abb. 8, S. 231

Seite 163 Umzeichnung von Alla Seeberg aus: E. Neumann, The Great Mother, Bollingen Series, New York, 1934, XLVII, T.S. 134

Seite 165 Paolo Graziosi: Die Kunst der Altsteinzeit, Florenz, 1956, S. 87 f.

Seite 167 Paolo Graziosi: Die Kunst der Altsteinzeit, Florenz, 1956, S. 275

Seite 168 Ernst Manker: Die lappische Zaubertrommel II, Uppsala, 1950, Abb. 53 : 9, S. 28

Seite 169 Vilmos Diószegi: Glaubenswelt und Folklore der sibirischen Völker, Budapest, 1963, Abb. 50, S. 321

Seite 171 Vilmos Diószegi: Glaubenswelt und Folklore der sibirischen Völker, Budapest, 1963, Abb. 52, S. 323

Seite 174 Vilmos Diószegi: Glaubenswelt und Folklore der sibirischen Völker, Budapest, 1963, Abb. 51, S. 322

Seite 175 Herbert Kühn: Die Felsbilder Europas, Stuttgart, 1952, Tafel 103

Seite 185 Bandi-Maringer: Kunst der Eiszeit, Basel, 1952, Abb. 198, S. 150

Seite 188 Paolo Graziosi: Die Kunst der Altsteinzeit, Florenz, 1956, S. 277

Seite 191 Frobenius-Institut in Frankfurt/M.

Seite 192 oben Umzeichnung von Alla Seeberg aus: P. Snoy, Asiatische Felsbilder I, Umschau 1961, Nr. 2

Seite 192 unten F. H. Douglas und R. d'Harnoncourt: Indian Art of the United States, New York, 1941, S. 107

Seite 193 Bandi-Maringer: Kunst der Eiszeit, Basel, 1952, Abb. 202, S. 153

Seite 194 Miguel Covarrubias: The Eagle, The Jaguar and The Serpent, New York, 1954, S. 115

Seite 195 Kopie eines Rindenbildes im Staatlichen Museum für Völkerkunde, München. Original im National Museum of Victoria, Melbourne

Seite 196 Bandi-Maringer: Kunst der Eiszeit, Abb. 24, S. 33

Seite 197 Ernst Manker: Die lappische Zaubertrommel, Bd. II, S. 121, 4 : 45

Seite 198 Umzeichnung von Alla Seeberg nach einer Ritzzeichnung auf einem australischen Kultholz

Seite 199 oben Ernst Manker: Die lappische Zaubertrommel, Bd. II, S. 121, 2 : 36

Seite 199 unten Chr. Jefferson: Dendroglyphs of the Chatham Islands, Wellington, 1956, Fig. 119

Seite 200 oben K. v. d. Steinen: Die Marquesaner und ihre Kunst, Berlin, 1925, Bd. 1, Abb. 121

Seite 200 unten J. G. Andersson: Researches of the Prehistory of the Chinese, BMFEA Nr. 15, Stockholm, 1943, T. 182, 1

Seite 201 Umzeichnung von Alla Seeberg nach einem australischen Original

Abbildungsnachweis der Fotos

Staatliches Museum für Völkerkunde, München 1, 16, 17, 30*, 34, 36, 37, 55, 63
Nationalmuseet, Kopenhagen 2
Archiv Frobenius Institut, Frankfurt a. M., Fotos: Andreas Lommel, Nordwestaustralien 1938 3, 4, 64, 65, 66, 67, 68, 69, 70
Osvald Sirén, Chinese Painting, II/VI, Plate 9, Lund Humphries, London 1958 5
Siyah Qalem (vollständige Faksimile-Ausgabe aus dem Topkapi Sarayi Müzesi, Istanbul), Akademische Druck- und Verlagsanstalt, Graz 6, 7, 8
Du, Die Kunstzeitschrift, Zürich, Juni 1959, 19. Jahrgang 9
Sammlungen des Instituts für Völkerkunde der Universität Göttingen, Fotos: Robert Braunmüller 10, 11, 12, 13, 14, 15
National Museums Canada, Ottawa 18
Royal Ontario Museum, Toronto 19
The Art Museum, Princeton University 20, 35
Museum of the American Indian, Heye Foundation New York 21, 22, 23, 24, 25, 26, 27, 28, 29, 32, 42, 44, 45, 46, 47, 48, 51, 54
Sheldon Jackson Museum, Sitka 31, 33, 39, 40, 49, 53, 57, 58, 59
R. H. Lowie Museum of Anthropology, Berkeley 41, 43, 62
Smithsonian Institution, Washington 50, 52, 60
The Metropolitan Museum of Art, New York 56
Hamburgisches Museum für Völkerkunde, Hamburg, Foto: Holle Bildarchiv, Baden-Baden 61

* Im Staatlichen Museum für Völkerkunde befindet sich eine Kopie des Originals, das im South Australian Museum in Adelaide aufbewahrt wird.

Literaturverzeichnis

gapitow, N. N.; Changalow, M. N. Beiträge zur Kenntniß des Schamanismus in Sibirien. I. Das Schamanenthum unter den Burjäten des Gouvern. Irkutsk. Bes. abgedr.: Nachrichten der Ostsibirischen Abth. d. k. Russ. Georg. Ges. in Irkutsk, Bd. XIV 1883, s. Globus, Vol. 52, S. 250 bis 253; S. 268–270; S. 286–288; S. 299 bis 301; S. 316–318

gapitoff, N. N.; Changolow, M. N. Materials for the Study of Shamanism in Siberia. E. S. S. L. R. 6 S. Irkutsk 1883 (russisch), Irkutsk, 1883

lexander, H. B. The Mythology of all Races, Vol. X, North American, Boston, 1916

lexejenko, J. A. Der Bärenkult der Keten (Jenissei-Ostjaken) in: Glaubenswelt und Folklore der sibirischen Völker, S. 191 bis 208, Budapest, 1963

ndres F., Die Himmelsreise der caraïbischen Medizinmänner, Zeitschrift für Ethnologie, Bd. 70, S. 331–343, Berlin, 1939

nisimov, A. F. Cosmological Concepts of the Peoples of the North, Studies in Siberian Shamanism, S. 157–229, Toronto, 1963

nisimov, A. F. Predstavwlenija ewenkov o schinkenach i problema proishoschdenija perwobitnoj religiji, Sbornik museja antropologiji i etnografiji, Bd. XII, S. 160, Leningrad, 1949

nisimov, A. F. The Shaman's Tent of the Evenks and the Origin of the Shamanistic Rite Studies in Sibirian Shamanism, S. 84–123, Toronto, 1963

nochin, A. Die Vorstellungen von der Seele bei den teleutischen Schamanisten in Altai. Résumé deutsch, Text russisch, Publ. Musée d'Anthrop. 8, S. 268/9 u. S. 333, Bemerkung von Malov, Leningrad, 1929

Anochin, A. B. Materialii po šamanstvu u Altaitsev, Sborn. Museja Antrop. i Etnogr. Ross. Ak. Nauk. T. IV, 2, Leningrad, 1924

Anutschin, V. J., Skizze des Schamanismus der Jenissei Ostjaken. Publ. Musée Anthr. et Ethnogr. Acad. Imp. Sciences Petersburg, Bd. II, H. 2, St. Petersburg, 1914

Awrorin, W. A. Ein nanajisches (goldisches) Märchen vom vierzigsten Bruder und seiner Frau, der Waschbärin, Glaubenswelt und Folklore der sibirischen Völker, S. 405–414, Budapest, 1963

Balázs, J. Über die Ekstase des ungarischen Schamanen, Glaubenswelt und Folklore der sibirischen Völker, S. 57–83, Budapest, 1963

Barandiaran, D. de, Shamanismo Yekuana o Makiritare, Antropológica, Nr. 11, S. 61 bis 90, Caracas, 1962

Barry, Ph. The Bridge of Sunbeams. Journal of American Folklore, Bd. 27, S. 79–89, 1914

Bastian, Adolf, Ein Besuch bei einem burjätischen Schamanen. Geographische und ethnologische Bilder, Jena, 1873

Baumann, H. Afrikanische Wild- und Buschgeister, Festschrift für B. Ankermann, Berlin, 1939

Baumann, H. Das Tier als Alter Ego in Afrika. Paideuma, Bd. 5, S. 157–166, Wiesbaden, 1952

Baumann, H. Das doppelte Geschlecht, Berlin, 1955

Beal, Samuel, The life of Hiuen Tsiang by the Shaman Hwui Li, London, 1911

Beasley, H. G. A Memorial Figure of a Haida Shaman. Man, Vol. 35, Art. 126, S. 113, London, 1935

Beck, Paul, Ekstase. Beitrag zur Psychologie und Völkerkunde, Leipzig, 1923

Benedict, Ruth Fulton, The Vision in Plains Culture, Amerikan Anthropologist, Vol. 24, 1922

Benedict, Ruth Fulton The Concept of the Guardian Spirit in North-America, American Anthropological Association – Memoir Nr. 29, 1923

Bernštam, A. N., Naskalnye izobraženija Sajmaly Taš. Sovetskaja Ėtnografija, H. 2, S. 50–68, 1952

Bilz, Rudolf, Pars pro toto, Leipzig, 1940

Birket-Smith, Kaj, The Eskimos, London 1936

Bleichsteiner, Robert, Die gelbe Kirche. Mysterien der buddhistischen Klöster in Indien, Tibet, Mongolei und China, Wien, 1937

Boas, Franz, The Central Eskimos, Ann. Rep. Bur. Ethnology, Vol. 6, 1884–85, Washington, 1888

Boas, Franz, The Sozial Organisation and the Secret Societies of the Kwakiutl Indians, Washington, 1897

Boas, Franz, The Eskimos of Baffinland and Hudson Bay. Amer. Mus. of Natural Hist., Bull. Vol. XV, 1907

Bober, P. P. Cernunnos. Origin and Transformation of a Celtic Divinity. American Journal of Archaeology, Bd. 55, S. 13–51, 1951

Bogoras, Waldemar, The Cukchee. Publ. of J.N.P.E. Vol. VII. Mem. of the American Museum of Natural History. Jesup North Pacific Expedition, New York, 1904–10

Bogoras, Waldemar, K psichologi chamanstwan narodow sewo o wostotschnog Asii, Ent. Obosrengo, Moskwa, 1910

Bornemann, F. Zum Form- und Quantitätskriterium, Anthropos, Bd. 33, S. 614 bis 650, 1938

Bouteiller, Marcelle, Don chamanistique et adaptation a la vie chez les Indiens de l'Amérique du Nord, Journ. de la Soc. d. Americanistes, N. S., Bd. XXXIX, S. 1–14, Paris, 1950

Buber, Martin, Ekstatische Konfessionen. Archiv für Religionswissenschaften, Bd. 19

Bulck, P. G. van, Beiträge zur Methodik der Völkerkunde (Wiener Beiträge zur Kulturgeschichte und Linguistik, Bd. 2), Wien, 1931

Butt, Audrey J. Ritual blowing. Man, Vol. 56, Art. 48, S. 49–55, Pl. D, London, 1956

Canto, Borges do, A pesca na Lagoa Panguila e defumação do peixe, Estudos Etnográfikos I, S.

Casanowicz, I. M. Shamanism of the Natives of Siberia, Ann. Rep. Board of Regents 1924, S, 415–434, Washington, 1924

Chadwick, Nora K. Shamanism among the Tatars of Central Asia. The Journal of the Royal Anthropological Institute of Great Britain and Ireland, Vol. LXVI, S. 75–112, London, 1936

Chamberlain, A. F. Rootenay "Medicine Man" Journal of American Folk-Lore, Vol. 14, 1901

Charles, L. H. Drama in Shaman Exorcism, Journal of American Folklore, Bd. 66, S. 95–122, 1953

Chernetsov, V. N. Concepts of the Soul among the Ob Ugrians, Studies in Siberian Shamanism, S. 3–45. Toronto, 1963

Clark, J. G. D. Excavation at Star Carr. An Early Mesolithic Site at Seamer near Scarborough, Yorkshire, Cambridge, U. P., 1954

Clements, Forest E. Primitive Consepts of Disence, Univ. of California, Publ. in Amer. Arch. and Ethnology, Vol. 32, 1932.

Closs, A. Historische Ethnologie und Germanistik. Anthropos, Bd. 51, S. 833–891, Fribourg, 1956

Coe, Michael D. Shamanism in the Bunun tribe, Central Formosa. Ethnos, Vol. 20, Nr. 4, S. 181–198, Stochholm, 1955

Czaplicka, Marie Antoinette. Aboriginal Siberia, Oxford, 1914

Deroy, L. La sandale ailée et l'origine Hittite du dieu Hermès. Athenaeum, N. S., Bd. 30, S. 59–84, 1952

Diószegi, V. A viaskodó táltosbika és a samán állatalakú életlelke. Ethnographie, Bd. 63, S. 308–357, 1952

Diószegi, V. K voprosu o bor'be šamanov v obraze životnych. Acta Orientalia Hungarica, Bd. 2, S. 303–316, 1953

Diószegi, V. Golovnyj ubor nanajskich (gol'dskich) šamanov. Néprajzi Értesítë, Bd. 37, S. 81–103, 1955

Diószegi, V. Die Überreste des Schamanismus in der ungarischen Volkskultur, Acta Ethnographica Bd. 7, S. 97–134, 1958

Diószegi, V. Zum Problem der ethnischen Homogenität des tofischen (karagassischen) Schamanismus, Glaubenswelt und Folklore der sibirischen Völker, S. 261 bis 357, Budapest, 1963

Diószegi, V. Die Drei-Stufen-Amulette der Nanajen (Golden), Glaubenswelt und Folklore der sibirischen Völker, S. 415 bis 436, Budapest, 1963

Disselhoff, H. D. Bemerkungen zu einigen Eskimo-Masken der Sammlung Jacobsen des Berliner Museums f. Völkerkunde. Baessler-Archiv, 18, Berlin, 1935

Dittrich, Edith, Das Motiv des Tierkampfes in der altchinesischen Kunst. Asiatische Forschungen, Bd. 13, Wiesbaden, 1963

Dixon, Roland B. Some Shamane of Northern California. Journal of Americ. Folk-Lore, Vol. 17, 1904

Dixon, Roland B. The Northern Maidu. American Museum of Natural History, Bull. 17, part 3, 1905

Dixon, Roland B. The Shasta. American Museum of Natural History Bull. 17, part 5, 1907

Dixon, Roland B. Some Aspects of the American Shaman. Journal of American Folk-Lore, Vol. 21, 1908

Dockstader, Frederick J., Kunst in Amerika I, Stuttgart, 1965

Dorsey, George, The Arapaho Sun Dance Chicago, 1903

Dorsey, George, Traditions of the Skidi Pawnee. Memoirs of American Folklore Society, Vol. 26, 1904

Dyrenkova, N. P. L'obtention du don chamanique selon les idées des tribus turques „Polucenie samanskogo dara po vozzrenijam tureckich plemen" (Der Erwerb der Schamanengabe nach den Anschauungen der türkischen Stämme). Sbc nik Muzeja Antropologii i Etnografii (A chiv des Museum für Anthropologie u Ethnographie), Bd. IX, Akademie d. Wi d. UdSSR, S. 267–291, Leningrad, 19

Dyrenkowa, N. P. Kinderschutz bei d Schoren, Glaubenswelt und Folklore c sibirischen Völker, S. 257–259, Budape 1963

Eder, Matthias, Schamanismus in Japan. P deuma, Bd. VI, H. 7, S. 367–380, Wi baden, 1958

Egede, Paul, Nachrichten aus Grönland, K penhagen, 1790

Elkin, A. P. Aboriginal Men of High Degr The John Murtagh Macrossan Memori Lectures for 1944. Australasian Publis ing Co., Sydney, 1945

Eliade, M. Einführende Betrachtungen üb den Schamanismus. Paideuma, Bd. 5, 87–97, Bamberg, 1951

Eliade, M. Techniques de l'extase et lang ges secrets. Estratto dal II Vol. di „Con renze" Istituto Italiano per il Medio Estremo Oriente, Rom, 1953

Eliade, M. Expérience sensorielle et exp rience mystique chez les primitifs. E trait des Études Carmélitaines S. 70–9 o. O., o. J.

Eliade, Mircea, Schamanismus und arch sche Ekstasetechnik, Zürich/Stuttgart, 19

Eliade, Mircea, Spiritual Thread, Sūtrātma Catena Aurea. Paideuma, Bd. VII, H. 4 S. 225–234, Wiesbaden, 1960

Elwin, Verrier The Religion of an Indi Tribe, London, 1955

Emmonds, G. T. V.; Miles, G. P. L. Sham nistic Charms. Ethnologia Cramorens Vol. 4, S. 31–35, 1935

Emsheimer, E. Schamanentrommel u Trommelbaum. Ethnos, Vol. 11, No. 4, 166–181, Stockholm, 1945

Emsheimer, E. Eine sibirische Parallele z lappischen Zaubertrommel. Ethnos, V 13, 1–2, S. 17–26, Stockholm, 1948

Erman, Georg Adolf, Reisen um die Er

durch Nordasien 1828–30, Berlin, 1839
ans, E. J. Mycenaen Tree and Pillar Cult and Its Mediterranean Relations. Journal of Hellenic Studies, Bd. 21, S. 99–204, 1901
ans-Wentz, W. Y. Psychol. Kommenta von C. G. Jung. Das tibetanische Totenbuch, Leipzig, 1935

ndeisen, Hans, Schamanentum im tungisischen Kinderspiel. Zeitschrift für Ethnologie, Bd. 78, H. 2, S. 307–308, Braunschweig, 1953
ndeisen, Hans, Schamanentum, Urban Bücher Nr. 28, Stuttgart, 1957
ndeisen, Hans, Das Schamanentum als spiritistische Religion, Ethnos, Vol. 25, S. 192–213, Stockholm, 1960
rth Raymond, Problem and Assumption in an Anthropological Study of Religion, Journ. of the Roy. Anthr. Inst., Vol. 89, Bd. 2, S. 129–148, London, 1959
eeland, L. S. Pomo Doctors and Poisoners. Univ. of California, Publ. in American Archaeology and Ethnology, Vol. 20, 1923
iedrich, A. Die Forschung über das frühzeitliche Jägertum. Paideuma, Bd. 2, S. 20 bis 43, Leipzig, 1941
iedrich, A. Knochen und Skelett in der Vorstellungswelt Nordasiens. Wiener Beiträge zur Kulturgeschichte und Linguistik, Bd. 5, S. 189–247, Wien, 1943/44
iedrich, A.; Buddruss, G. Schamanengeschichten aus Sibirien, München-Planegg, 1955
obenius Leo, Erlebte Erdteile, I.–VII. Frankfurt/M., 1925–29
obenius, L. Das Archiv für Folkloristik. Paideuma, Bd. I, S. 1–19, Leipzig, 1938

ahs, A. Blutige und unblutige Opfer bei den altaiischen Hirtenvölkern. Internationale Woche für Religionsethnologie Mailand 1925, S. 217–232, Paris, 1926
áldi, L. Zu einigen Problemen des Versbaus in den samojedischen Schamanengesängen, Glaubenswelt und Folklore der sibirischen Völker S. 135–147, Budapest, 1963
Gayton, A. H. Yokuts-Mono-Chiefs and Shamans. University of California, Publications in American Archaeology and Ethnology, Vol. 24, Nr. 8, 1930
Gmelin, F. G. Reise durch Sibirien von dem Jahr 1733–1734, Göttingen, 1751
Goddard, Pliny Earl, Life and Culture of the Hupa. Univ. of California, Publ. in Americ. Archaeology and Ethnology, Vol. 1, Nr. 1, 1903
Goltz, v. d. Zauberei und Hexenkünste, Spiritismus und Schamanismus in China. Mitt. Tokyo, Bd. 6, S. 1–36
Graebner, F. Die Methode der Ethnologie, Heidelberg, 1922
Grinnel, George Bird, The Great Mysteries of the Cheyenne. American Anthropologist, Vol. XII, 1910
Grube, Wilhelm, Das Schamanentum bei den Golden, Globus, Bd. LXXI, S. 89–93, Braunschweig, 1897
Grünwedel, Albert, Mythologie des Buddhismus in Tibet und der Mongolei. Führer durch die lamaistische Sammlung des Fürsten E. Uchtomskij, Leipzig, 1900
Gunda, B. Totemistische Spuren in der ungarischen táltos-Überlieferung, Glaubenswelt und Folklore der sibirischen Völker, S. 45–56, Budapest, 1963
Gurina, N. N. Pamjatniki ėpochi rannego metalla na severnom poberež'e Kol'skogo poluostrova. Materialy i Issledovanija po Archeologii SSSR, Nr. 39, S. 347–407, 1953
Gusinde, Martin, Die Feuerland-Indianer, Bd. I, II, Mödling bei Wien, 1937

Haberlandt, A. Der Aufbau der europäischen Volkskultur, Die Große Völkerkunde, Bd. I, S. 59–72, Leipzig, 1939
Haeberlin, Hermann, SbEtBtàq, A Shamanistic Performance of the Coast Salish. American Anthropologist, Vol. 20, 1918
Haekel, J. Idolkult und Dualsystem bei den Ugriern. Archiv für Völkerkunde, Bd. 1, S. 95–163, Wien, 1946
Haekel, J. Die Vorstellung vom Zweiten Ich in den amerikanischen Hochkulturen. Wiener Beiträge zur Kulturgeschichte und Linguistik, Bd. 9, S. 124–188, Wien, 1952
Hajdú, Von der Klassifikation der samojedischen Schamanen, Glaubenswelt und Folklore der sibirischen Völker, S. 161 bis 190, Budapest, 1963
Hallowell, I., Bear Ceremonialism in the northern Hemisphere, Americ. Anthropologist, Vol. 28
Handbook of American Indians. Bureau of American Ethnology, Bulletin, Vol. 30, 1910
Harper, E. B. Shamanism in South India. Southwestern Journal of Anthropology, Bd. 13, S. 267–287
Harrington, M. R. A Preliminary Sketch of Lenape Culture. American Anthropologist, Vol. 15, 1913
Hartwig, Werner, Gedanken über ein Schamanenkostüm (nach Notizen von J. A. Jewsenin). Jahrb. d. Mus. f. Völkerkunde zu Leipzig, Bd. XV, 1956, S. 37–50, Leipzig, 1957
Hartwig, W. Beschwörend dröhnt die Trommel durch die Nacht. Mitt. aus dem Museum für Völkerkunde zu Leipzig, Nr. 7, S. 7–9, Leipzig, 1961
Harva, U. Die religiösen Vorstellungen der altaiischen Völker (Folklore Fellows Comm. Nr. 125), Helsinki, 1938
Hastings, James (Hrsg.) Encyclopaedia of Religion and Ethics, 13 Bde., New York, 1908–1921
Hatt, G. Asiatic Influences in American Folkore, Det Kongelige Danske Videnskabernes Selskabs Skrifter, Bd. 31, H. 6, Kopenhagen, 1949
Hauer, Jakob Wilhelm, Die Religionen, ihr Werden, ihr Sinn, ihre Wahrheit, Stuttgart, 1923
Heissig, Walther, A Mongolian Source to the Lamist Suppression of Shamanism in the 17th Century. Anthropos, Vol. 48, S. 1 bis 29; 493–536, Fribourg, 1953
H., C., Eine Schamanenvorstellung. Globus, Vol. 48, S. 268–269, Braunschweig, 1885

Hentze, C. Schamanenkronen zur Han-Zeit in Korea. Ostasiatische Zeitschrift, Bd. 19, 5, S. 156–163, 1933
Hentze, C. Eine Schamanendarstellung auf einem Han-Relief. Asia Major, N. F., Bd. 1, S. 74–77, Leipzig u. Wien, 1944
Hentze, Carl, Eine Schamanentracht in ihrer Bedeutung für die altchinesische Kunst, Ipek, Bd. 20, S. 55–61, Berlin, 1963
Hodge, Friederic Webb (Hrsg.) Handbook of American Indians, North of Mexico. Bulletin, Vol. 30, Bureau of American Ethnology, 1907
Hoffmann, H. Quellen zur Geschichte der tibetanischen Bon-Religion, Akademie der Wissenschaften und der Literatur, Abhandlungen der Geistes- und Sozialwissenschaftlichen Klasse, Jahrg. 1950, Nr. 4, Wiesbaden, 1950
Hoffmann, H. Die Religionen Tibets, München, 1956
Hoffman, W. J. The Midewewen or „Grand Medicine Society". Bureau of American Ethnology, Annual Reports, Vol. VII, 1885–86
Hoffman, W. J. Schamanentum bei den Ojibwa und Menomoni. Globus, Bd. 61, S. 92–95, Braunschweig, 1892
Holm, G. The Angmagsalik Eskimos. Medd. om Grönland, Kopenhagen, 1914
Holmberg, Uno, Siberian Mythology, Boston, 1927
Holmer, N. M.; Wassén, S. H. Dos cantos shamanisticos de los indios Cunas. Etnologiska Studier Nr. 27, Göteborg, 1963
Hooke, S. H. Some Parallels with the Gilgamesh Story, The Siege Perilous, Essays in Biblical Anthropology, S. 51–65, London, 1956
Hooper, Lucille, The Cannille Indians. Univ. of California, Publ. in American Archaeology and Ethnology, Vol. 16, Nr. 6, 1920
Horneffer, August, Symbolik der Mysterienbünde, München, 1916
Huizinga Homo ludens, Amsterdam, 1939
Hultkrantz, A. The North American Indian Orpheus Tradition, The Ethnographical Museum of Sweden, Monograph Series, Publication Nr. 2, Stockholm, 1957

Israel, Heinz, Der Schamanismus bei den Völkern Sibiriens am Objekt erläutert. Dresdener wiss. Mus., S. 152–160, Dresden, 1956
Ivanov, S. I. Materialy po izobrazitel' nomu iskusstvu narodov Sibiri XIX načala XX v. Trudy Instituta Etnografii, N. S., Bd. 22, Leningrad, 1954

Jarring, Gunnar, A Note on Shamanism in Eastern Turkestan. Ethnos, Vol. 26, S. 1–4, Stockholm, 1961
Jasper, Karl, Allgemeine Psychopathologie. Berlin, 1913
Jensen, Ad. E. Über das Töten als kulturgeschichtliche Erscheinung. Paideuma, Bd. 4, S. 23–38, Bamberg, 1950
Jettmar, K. Archäologische Spuren von Indogermanen in Zentralasien. Paideuma, Bd. 5, S. 236–254, Bamberg, 1952
Jettmar, Karl, Die frühen Steppenvölker, Baden-Baden, 1964
Jochelson, Waldemar Religion and Mythos of the Koryaks. Pub. of Jesup North Pacific Expedition, Vol. VI. Memoir of the American Museum of Natural History, 10, Leiden/New York, 1905–08
Jochelson, Waldemar, The Yugakir, Bd. II. Jesup North Pacific Expedition Bd. IX
Jung, C. G. Psychologische Typen. Zürich, 1921
Jung, C. G. Wandlungen und Symbole der Libido. Leipzig, 1938
Jung, C. G. Psychologie und Religion. Zürich, 1940
Jung, C. G.; Kerenyi, K. Einführung in das Wesen der Mythologie. Leipzig, 1941
Junod, Henry Life of South African Tribe. Neuchâtel, 1912
Jussupow, G. W. Totemistische Relikte bei den Kasaner Tataren, Glaubenswelt und Folklore der sibirischen Völker, S. 209 bis 222, Budapest, 1963

Kálmán, B. Zwei Reinigungsriten im Bärenkult der Obugrier, Glaubenswelt u[nd] Folklore der sibirischen Völker, S. 93–1[0…] Budapest, 1963
Kelly, Isabel T. Chomehusvi Shamanis[m] Essays in Anthropology, Berkeley, 19[…]
Kern, F. Der Beginn der Weltgeschich[te] München, 1953
Kirchner, H. Ein archäologischer Beitrag z[ur] Urgeschichte des Schamanismus. Anthr[o]pos, Bd. 47, S. 244–286, Fribourg, 1952
Knoll-Greiling, Ursula, Beitrag zur Psych[o]logie des Schamanismus bei einigen Vö[l]kern des nördlichen Asiens und Ame[ri]kas. Inaugural Dissertation, Friedric[h-]Wilhelms-Universität zu Berlin, Berli[n] 1944
Knoll-Greiling, Ursula, Die sozial-psych[o]logische Funktion der Schamanen. Be[i]träge zur Gesellungs- und Völkerwisse[n]schaft, Berlin 1950
Knoll-Greiling, Ursula Berufung und B[e]rufungserlebnis bei den Schamanen, T[ri]bus, Bd. 2/3, S. 227–238, Stuttgart, 1953
Knoll-Greiling, Ursula, Rauschinduzierend[e] Mittel bei Naturvölkern und ihre ind[i]viduelle und soziale Wirkung. Sociol[o]gus Neue Folge, Jg. 9, H. 1, Berlin, 19[…]
Knoll-Greiling, Ursula, Ähnlichkeit im Ve[r]halten der Schamanen mit der d[es] paroxysmalen Typs der Szondi'sche[n] Triebpsychologie. Beiträge zur Diagnosti[k,] Prognostik und Therapie des Schicksal[s,] Bern/Stuttgart, nach 1959
Koch-Grünberg, Theodor, Vom Roiroin[a] zum Orinoko. Berlin, 1916
Kodolányi jr., J. Antal Reguly, Glauben[s]welt und Folklore der sibirischen Völke[r,] S. 17–28, Budapest, 1963
Kodolányi jr., J. Speicher der Chanten (Os[t]jaken) für Opfergegenstände, Glauben[s]welt und Folklore der sibirischen Völke[r,] S. 111–114, Budapest, 1963
Koppers, W. Probleme der indischen Rel[i]gionsgeschichte. Anthropos, Bd. 35/36, 761–814, Fribourg, 1940/41
Kramer, S. N. Sumerian Mythology M[e]moirs of the American Philosophical S[o]ciety, Bd. 21. Philadelphia, 1944

rause Aurel, Die Tlinkit-Indianer, Jena, 1885
rauss, F. S. Das Schamanenthum der Jakuten. Mitt. d. Anthropologischen Gesellschaft in Wien, Bd. 18, S. 165–182, Wien, 1888
remsmayer, Helmo, Schamanismus und Seelenvorstellung im alten China. Archiv für Völkerkunde, Bd. IX, S. 66–78, Wien, 1954
rickeberg, W. Indianermärchen aus Nordamerika. Jena, 1924
rickeberg, W. Bauform und Weltbild im alten Mexico. Paideuma, Bd. 4, S. 295–333, Bamberg, 1950
rickeberg, W. Altmexikanische Kulturen, Berlin, 1956
roeber, A. L. Preliminary Sketch of the Mohave Indians of California. American Anthropologist, Vol. 4, 1902
roeber, A. L. The Arapaho. American Museum of Natural History, Bulletin, Vol. 18, 1907
roeber, A. L. The Religion of the Indians of California. Univ. of California, Publ. in American Archaeology and Ethnology, Vol. 4, Nr. 6, 1907
roeber, A. L. Totem and Taboo, a Ethnologic Psychoanalysis. American Anthropologis Vol. 22, 1920
roll. J. Gott und Hölle. Der Mythos vom Descensuskampfe. Berlin, 1932
senofontov, G. V. „Chrestes. Šamanizm i christianstwo" (Chrestes. Schamanismus und Christentum), Irkutsk, 1929
senofontov, G. V. „Legendy o šamanach" Schamanenlegenden), Irkutsk, 1928
ühn, H. Die Felsbilder Europas, 2. Aufl., Stuttgart, 1952
ühn, Herbert, Eiszeitmalerei, München, 1946

ankenau, H. von, Die Schamanen und das Schamanenwesen, Globus, Bd. 22, S. 278–283, Braunschweig, 1872
aufer, Berthold, Origin of the word Shaman. American Anthropologist, Vol. 19, 1917
Layard, J. W. Shamanism. An Analysis Based on Comparison with the Flying Tricksters of Malekula. Journ. of the Royal Anthropological Institute, Bd. 60, S. 525–550, London, 1930
Lehmann, Alfred Aberglaube und Zauberei. Stuttgart, 1898
Lehmann, Edward, Mystik im Heidentum und Christentum. Leipzig, 1908
Lehtisalo, T. Der Tod und die Wiedergeburt des künftigen Schamanen. Journal de la Société Finno-Ougrienne, Bd. 48, S. 1–34, 1937
Leuba, James, Die Psychologie der religiösen Mystik. München, 1927
Levin, M. G.; Potapov, L. P. Narody Sibiri. Moskva/Leningrad, 1956
Lewin, Louis, Phantastica. Berlin, 1924
Lid, Nils, North European Shamanism, Men and Culture, S. 305–308, Philadelphia, 1960
Lincoln, Jack Steward, The Dream in primitive Cultures, London, 1935
Lommel, Andreas, Die Unambal. Ein Stamm in Nordwest-Australien. Monographien zur Völkerkunde, herausgegeben vom Hamburgischen Museum für Völkerkunde, Nr. II, Hamburg, 1952
Lommel, Andreas und Katharina, Die Kunst des fünften Erdteils Australien, München, 1959
Lopatin, Ivan A., A shamanistic performance for a sick boy. Anthropos, Vol. 41–44, S. 365–368, Fribourg, 1946–49
Lot-Falck, E., Les rites de chasse chez les peuples sibériens, Paris, 1953
Lot-Falck, Eveline, Enrichissements du Département des Terres Arctiques. Objets et Mondes, I, Fasc. 2, S. 49–52, Paris, 1961
Lowie, Robert H. The Tobacco Society of the Crow Indians. American Museum of Natural History, Anthropological Papers, Vol. 21, 1919
Lowie, Robert H. The Religion of the Crow Indians. American Museum of Natural History, Anthropological Papers, Vol. 25, Part 2, 1922
Lowie, Robert H. Primitive Religion. New York, 1924
Lublinsky, Ida, Der Medizinmann bei den Naturvölkern Südamerikas. Zeitschrift f. Ethnologie, Berlin, 1920

McKorn, W. C. Functional Families of the Patwin. Univ. of California, Publ. in American Archaeology and Ethnology, Vol. 13, 1917–23
Madsen, W. Shamanism in Mexico. Southwestern Journal of Anthropology, Bd. 11, S. 48–57, 1955
Malinowsky, Bronislaw, Das Geschlechtsleben der Wilden in Nordwestmelanesien. London, 1929
Mándoki, L. Asiatische Sternnamen, Glaubenswelt und Folklore der sibirischen Völker, S. 519–532, Budapest, 1963
Manker, Ernst, Die lappische Zaubertrommel. Stockholm, 1938
Manker, E. Seite-Kult und Trommelmagie der Lappen, Glaubenswelt und Folklore der sibirischen Völker, S. 29–43, Budapest, 1963
Manker, E. The Noaidde Art. Folk, Vol. 5, S. 235–244, Kopenhagen, 1963
Marót, K. Vallás és mágia. Ethnographia, Bd. 44, S. 31–44, Bd. 45, S. 81–83, 1933/34
Matjustschenko, W. I. Zur Kunst der alten Stämme an der Mündung des Tom, Glaubenswelt und Folklore der sibirischen Völker, S. 513–518, Budapest, 1963
Matthews, Wash. The Mountain Chant, Bureau of American Ethnology, Annual Reports, Vol. V, 1887
Melnikow, N. Die ehemal. Menschenopfer und der Schamanismus bei den Burjaten des Irkutskschen Gouvernements. Globus 75, S. 132–134
Menowstschikow, G. A. Wissen, religiöse Vorstellungen und Riten der asiatischen Eskimos, Glaubenswelt und Folklore der sibirischen Völker, S. 463–481, Budapest, 1963
Métraux, A. Religion and Shamanism, Handbook of South American Indians,

Vol. 5. Smithsonian Institution, Bureau of American Ethnology, Bulletin 143, Washington, 1949
Meuli, K. Scythica. Hermes, Bd. 70, S. 121–176, 1935
Meuli, K. Griechische Opferbräuche, Phyllobolia für Peter von der Mühll zum 60. Geburtstag, S. 185–288, Basel, 1946
Mihailovskii, V. M. Shamanism in Siberia and European Russia, The Journ. of the Anthr. Inst. of Great Britain and Ireland, Vol. XXIV, S. 62–100; 126–158, London, 1895
Mooney, James, The Ghost Dance Religion and the Sioux Outbreak of 1890. Bureau of American Ethnology, Annual Reports, Vol. 14, Washington, 1896
Moschinskaja, W. Über einige alte anthropomorphe Darstellungen aus Westsibirien, Glaubenswelt und Folklore der sibirischen Völker, S. 101–110, Budapest, 1963
Mühlmann, W. E. Hyperboräische Eschatologie. Chiliasmus und Nativismus, S. 197–221, Berlin, 1961
Muster, W. Der Schamanismus und seine Spuren in der Saga, im deutschen Brauch, Märchen und Glauben. Diss. Graz 1947. Referat: Deutsches Jahrb. f. Volkskunde, Bd. 2, S. 231–232, 1956
Muster, W. Der Schamanismus bei den Etruskern, Frühgeschichte und Sprachwissenschaft, S. 60–77, Wien, 1948

Nachtigall, H. Die kulturhistorische Wurzel der Schamanenskelettierung. Zeitschrift für Ethnologie, Bd. 77, S. 188–197, Braunschweig, 1952
Nachtigall, H. Die erhöhte Bestattung in Nord- und Hochasien. Anthropos, Bd. 48, S. 44–70, Fribourg, 1953
Nachtigall, H. Schamanismus bei den Paez-Indianern. Zeitschrift für Ethnologie, Bd. 78, S. 210–223, Braunschweig, 1953
Nahodil, O. Mutterkult in Sibirien, Glaubenswelt und Folklore der sibirischen Völker, S. 491–511, Budapest, 1963
Narr, K. J. Hirten, Pflanzer, Bauern: Produktionsstufe, Historia Mundi, Bd. 2, S. 66–100, München, 1953
Narr, Karl J. Nordasiatisch-europäische Urzeit in archäologischer und völkerkundlicher Sicht. Studium Generale, Bd. 7, S. 193–210, 1954
Narr, K. J. Vorderasien, Nordafrika und Europa, Abriß der Vorgeschichte, S. 1–84, München, 1957
Narr, Karl J. Bärenzeremoniell und Schamanismus in der Älteren Steinzeit Europas, Saeculum, Bd. X, S. 233–272, Freiburg u. München, 1959
Nelson, E. W. The Eskimos about Beringstreet. Bureau of American Ethnology, Annual Reports, Vol. 18, Washington, 1896
Nieuwenhuis, Anton Willem, Grundbegriffe der Magie und ihre psychologische Bedeutung. 21. Internat. Amerik. Kongreß, 1924
Nioradze, Georg, Der Schamanismus bei den sibirischen Völkern. Stuttgart, 1925
Nölle, W. Schamanistische Vorstellungen im Shaktismus. Jahrb. d. Mus. f. Völkerkunde zu Leipzig, Bd. 11, S. 41–47, Leipzig, 1952
Nölle, W. Iranisch-nordostasiatische Beziehungen im Schamanismus. Jahrb. d. Mus. f. Völkerkunde zu Leipzig, Bd. 12, S. 86–90, 1953, Leipzig, 1954
Norden, E., P. Vergilius Maro Aeneis Buch VI (4. Aufl.), Darmstadt 1957
Nyberg, H. S. Die Religionen des alten Iran. Leipzig, 1938

Obermaier, H. Der Mensch der Vorzeit. Berlin/München/Wien, 1912
Ohlmarks, Åke, Studien zum Problem des Schamanismus. Lund und Kopenhagen, 1939
Okladnikov, A. P. Drevnie šamanskie izobraženija iz Vostočnoj Sibiri. Sovetskaja Archeologija, Bd. 10, S. 203–225, 1948
Okladnikov, A. P. Neolit i bronzovyj vek Pribajkalja, III. Materialy i Issledovanija po Archeologii SSSR, Nr. 43, Moskva/Leningrad, 1955
Pallas, Petrus Simon, Reise durch verschiedene Provinzen des russischen Reiche[s] St. Petersburg, 1771–76
Park, Willard, Z. Shamanism in Wester[n] North America. Northwestern Unive[r]sity, Evanston and Chicago, 1938
Park, Willard, Z. Paviotso Shamanism American Anthropologist, Vol. 36, 193[4]
Paulson, Ivar, Die primitiven Seelenvo[r]stellungen der nordeurasischen Völke[r] The Ethnographical Museum of Sweden Monograph Series – Publication No. [5] Stockholm, 1958
Paulson, Ivar, Die Schutzgeister und Gott[heiten] heiten der Jagdtiere im Glauben der nord[]asiatischen (sibirischen) Völker, Zeit[]schrift für Ethnologie, Bd. 85, S. 82–117 Braunschweig, 1960
Paulson, Ivar, Seelenvorstellungen und To[]tenglaube bei nordeurasischen Völkern Ethnos, 1960, S. 84–118, Stockholm, 196[0]
Paulson, Hultkrantz, Jettmar, Die Religion[en] Nordeurasiens und die amerikanisch[en] Arktis, Stuttgart, 1962
Paulson, I. Zur Aufbewahrung der Tier[]knochen im Jagdritual der nordeurasi[]schen Völker, Glaubenswelt und Folk[]lore der sibirischen Völker, S. 483–490 Budapest, 1963
Pechüel-Loesche, Eduard, Die Loango-Expe[]dition, 1873. Leipzig, 1879
Perrot, N. Les représentations de l'arbre sacré sur les monuments de Mésopota[]mie et d'Elam. Paris, 1937
Petri, Helmut, Der Australische Medizin[]mann. Annali Lateranensi, Vol. XVI, S. 159–317, XVII, S. 157–225, Vatikanstadt 1952 und 1953
Pettersson, O. Jabmek and Jabmeaimo. A Comparative Study of the Dead and the Realm of the Dead in Lappish Religion Lunds Universitets Årsskrift, N. F. Avd I, Bd. 52, Nr. 6, Lund, 1957
Pf. L. Der Arzt in der vorkolumbischen Zeit. Korresp. Blätter d. Allg. ärztlich[en] Vereins von Thüringen, Nr. 11, 1919
Pilsudski, B. Der Schamanismus bei den Ainu-Stämmen von Sahalin. Globus 95

Popon, A. A. Materialy dlja bibliografii russkoj literatury po izučeniju šamanstva severoaziatskich narodov. Leningrad, 1932

Popow, A. A. Wie Sereptie D'aruoskin zum Schamanen erwählt wurde, Glaubenswelt und Folklore der sibirischen Völker, S. 149–159, Budapest, 1963

Potapow, L. P. Die Schamanentrommel bei den altaischen Völkerschaften, Glaubenswelt und Folklore der sibirischen Völker, S. 223–256, Budapest, 1963

Potratz, H. Bär und Hase in der Bildkunst des alten Luristan. Archiv für Orientforschung, Bd. 17, S. 121–128, 1954/56

Preuss, Konrad Theodor, Die Eingeborenen Amerikas. Tübingen, 1926

Priklonsky, V. L. Das Schamanentum der Yakuten, Mitt. d. Wiener anthr. Ges., Bd. 18, Wien, 1888

Prokofyeva, Ye. D. The Costume of an Enets Shaman, Studies in Siberian Shamanism, S. 124–156, Toronto, 1963

Prümm, K. Religionsgeschichtliches Handbuch für den Raum der altchristlichen Umwelt. Rom, 1954

Radin, Paul, The Ritual and Significance of the Winnebago, Medicine Dance. Journal of American Folk-Lore, Vol. 24, 1911

Radin, Paul, A Sketch of the Peyote Cult of the Winnebago. Study in Borrowing. Journ. of Religious Psychology, Vol. 7, 1914

Radin, Paul, The Autobiograph of an Winnebago Indian. Univ. of California, Publ. in American Archaeology and Ethnology, Vol. 16, 1920

Radin, Paul, Primitive Man as Philosopher New York, 1927

Radloff, Wilhelm, Aus Sibirien. Leipzig, 1884

Rahmann, Rudolf, Shamanistic and related phenomena in Northern and Middle India, Anthropos Vol. 54, S. 681–760, Fribourg, 1959

Rasmussen, Knud, Grönlandsagen. Berlin 1922

Rasmussen, Knud, Thulefahrt, Frankfurt, 1925

Riemschneider, M. Der Wettergott. Leipzig, 1956

Rock, J. F. Contributions to the Shamanism of the Tibetan-Chinese Borderland. Anthropos, Vol. 54, S. 796–818, Fribourg, 1959

Röder, J. Pfahl und Menhir. Studien zur westeuropäischen Altertumskunde, Bd. 1, Neuwied, 1949

Róheim, G. Hungarian and Vogul Mythology. Monographs of the American Ethnological Society, Bd. 23, Locust Valley, New York, 1954

Rombandjejewa, E. I. Einige Sitten und Bräuche der Mansen (Wogulen) bei der Geburt der Kinder, Glaubenswelt und Folklore der sibirischen Völker, S. 85–92, Budapest, 1963

Roux, Jean-Paul, Eléments chamaniques dans les textes prémongols, Anthropos, Vol. 53, 441–456, Fribourg, 1958

Roux, J. P. Le nom du chaman dans les textes turcomongols. Anthropos, Bd. 53, S. 133–142, Fribourg, 1958

Roux, Jean-Paul, Le chaman gingiskhanide Anthropos, Vol. 54, S. 401–432, Fribourg, 1959

Roux, J. P. Le chaman altaique d'après les voyageurs européens des XVIIe et XVIIIe siècles. Anthropos, Vol. 56, S. 438–458, Fribourg, 1961

Ruben, W. Schamanismus im alten Indien. Acta Orientalia, Bd. 17, S. 164–205, 1939

Ruben, W. Die Philosophie der Upanishaden, Berlin, 1947

Ruben, W. Einführung in die Indienkunde, Berlin, 1954

Rudenko, C. I. Grafičkoe iskusstvo ostjakov i vogulov, Materialy po ėtnografii, Bd. IV, Lieferung, S. 13–40. Ėtnografičeskij otdel gocudarstvennogo russkogo muzeja, Leningrad, 1929

Russell, Frank, The Pima Indians. Bureau of American Ethnology. Annual Reports, Vol. 25, 1908

Sadnik, L. Der Balkan und die Hochkulturen des Vorderen Orients. Saeculum, Bd. 5, S. 34–40, Freiburg/München, 1954

Samoywassow, Isw. Wost. sib. Otd. Rossk. Geogr. Abachtsch, I, XVII, Irkutsk, 1886

Sandin, Benedict, Salang changed his sex. Sarawak Mus. Journ, Vol. VIII, 10/25, S. 145–152, Kuching, 1957

Sandschejew, Garma, Weltanschauung und Schamanismus der Alaren-Burjaten. Anthropos, Bd. 22, S. 576–613, 933–955, Bd. 23, S. 538–560, 967–986, Mödling b. Wien, 1927/28

Sapir, Edward, Religous Ideas of the Takelma Indians of Southwestern Oregon. Journal of American Folk-Lore, Vol. 20, 1907

Schilder, Paul, Wahn und Erkenntnis, Berlin, 1918

Schirokogorow (Širokogorov) S. M. Versuch einer Erforschung der Grundlagen des Schamanentums bei den Tungusen in: Baessler Archiv, Bd. XVIII, S. 41–96, Berlin, 1935

Schmidt, M. Die materielle Wirtschaft bei den Naturvölkern. Wissenschaft und Bildung, Bd. 185, Leipzig, 1925

Schmidt, P. W. Der Ursprung der Gottesidee. Bd. III, IX–XII, Münster i. W., 1931, 1949–1955

Schmidt, P. W. Handbuch der Methode der kulturhistorischen Ethnologie, Münster i. W., 1937

Schmidt, P. W. Untersuchungen zur Methode der Ethnologie. Anthropos, Bd. 35/36, S. 898–965, 1940/41

Schmidt, P. W. Die Urkulturen: Ältere Jagd- und Sammelstufe. Historia Mundi, Bd. I, S. 375–501, München, 1952

Schmidt, R. R. Der Geist der Vorzeit, Berlin, 1934

Schmücker, Aenne, Die große Schlittenreise, Düsseldorf, 1946

Schmücker, Aenne, Schneehüttenlieder, Essen, 1947

Schneider, Karl, Die Psychologie der Schizophrenen und ihre Bedeutung für die Klinik der Schizophrenie, Leipzig, 1930

Schorsch, Gerhard, Zur Theorie der Halluzinationen, Leipzig, 1934

Schram, L. M. J. The Monguors of the Kansu-Tibetan Border. Part II: Their Religious Life. Transactions of the American Philosophical Society, N. S., Vol. 47, Pt. 1, Philadelphia, 1957

Schramm, P. E. Herrschaftszeichen und Staatssymboli, Bd. I. Monumenta Germaniae Historica, Schriften, Bd. 13/1, Stuttgart, 1954

Schröder, D. Das Herbst-Dankopfer der T'ujen im Sining-Gebiet, Nordwest-China. Anthropos, Bd. 37/40, S. 867–873, Fribourg, 1942–45

Schröder, D. Rezension: M. Eliade, Le Chamanisme et les techniques archaiques de l'extase. Anthropos, Bd. 48, S. 671–678, Fribourg, 1953

Schröder, Dominik, Zur Struktur des Schamanismus Anthropos, Bd. 50, S. 848–881, Fribourg, 1955

Schultz Johann Heinrich, Über Schichtenbildung im hypnotischen Selbstbeachten. Monatszeitschrift für Psychiatrie und Neurologie, 1921

Schultz, Johann Heinrich, Das autogene Training, Leipzig, 1934

Schuster, Meinhard, Die Schamanen und ihr Ritual: Burghard Freudenfeld, Völkerkunde, München, 1960

Sieroszewsky Waclaw, Zwölf Jahre im Lande der Yakuten, Warschau, 1935

Shimkin, B. D. A Sketch of the Ket, or Yenissei Ostyak. Ethnos, Bd. 4, S. 147–176, Stockholm, 1939

Siiger, H. Shamanism among the Kalash Kafirs of Chitral. Folk, Vol. 5, S. 295–303, Kopenhagen, 1963

Skeat, Walter William, Malay Magie, London, 1900

Skinner, Alanson, Social Life and Ceremonial Bundles of the Indians. American Museum of Natural History, Anthropological Papers, Vol. XIII, 1913

Smith, Marian W. Shamanism in the Shaker Religion of Northwest America. Man, Vol. 54, Art. 181, S. 119–122, London, 1954

Soden, W. von, Neue Bände der „Archives de Mâri" Orientalia, Bd. 22, 1953

Söderblom, Nathan Om makten och själen. Vorwort zu: Stadling, J.: Shamansimen i norra Asien, Stockholm, 1912

Spier, Leslie, The Prophet Dance of the Northwest and its Derivatives: The Sorce of the Ghost Dance. General Series in Anthropology, 1, New Haven, 1935

Spier, Leslie, Klamath Ethnography. Univ. of California, Publ. in American Archaeology and Ethnology, Vol. 30, 1930

Spiess, K. Neue Marksteine. Veröffentlichungen des Österreichischen Museums für Volkskunde, Bd. 7, Wien, 1955

Stadling, J. Shamanismen i norra Asien. Populära etnologiska skrifter 7, Stockholm, 1912

Staudemaier, L. Die Magie als experimentelle Naturwissenschaft, Leipzig, 1912

Steinitz, W. Ein ostjakisches Märchen in M. A. Castréns handschriftlichem Nachlaß, Glaubenswelt und Folklore der sibirischen Völker, S. 115–119, Budapest 1963

Stell, Otto, Suggestion und Hypnotismus in der Völkerkunde, Leipzig, 1894

Sternberg, Leo, Divine Election in Primitive Religion. Proceedings of the 21st. Internat. Congr. of Am., S. 472–512, Göteborg, 1925

Sternberg, L. Der Adlerkult bei den Völkern Sibiriens. Archiv für Religionswissenschaft, Bd. 28, S. 125–153, 1930

Stieda, L. Das Schamanentum unter den Burjäten in: Globus, Bd. LII, S. 250–253, 268–270, 286–288, 299–301, 316–318, Braunschweig, 1887

Stiglmayr Engelbert, Schamanismus der Negrito Südostasiens. Wiener Völkerkundliche Mitteilungen, Bd. 2, S. 156–164; Bd. 3, S. 14–20; Bd. 4, S. 135–146, Wien, 1954/56

Stiglmayr, E. Schamanismus in Polynesien. (Diss.-Auszug.) Wiener Völkerkundliche Mitteilungen, Bd. 4, S. 85–88, Wien, 1956

Stiglmayr, E. Schamanismus in Australien. Wiener Völkerkundliche Mitteilungen, Bd. 5, S. 161–190, Wien, 1957

Stiglmayr, E. Schamanismus, eine spiritu elische Religion? Ethnos, Vol. 27, S. 40–48 Stockholm, 1962

Storch, Alfred, Das archaisch-primitive Er leben und Denken der Schizophrenen Berlin, 1922

Straube, H. Die Tierverkleidungen de afrikanischen Naturvölker, Studien zu Kulturkunde, Bd. 13, Wiesbaden, 1955

Swanton, John Reed, The Haida of Queer Charlotte Island, Jesup North Pacific Expedition. Leiden, 1905

Sydow, Eckart von, Kunst und Religion de Naturvölker. Oldenburg, 1926

Taksami, Tsch. M. Zu den alten religiöser Riten und Verboten der Nivchen (Gilja ken), Glaubenswelt und Folklore der sibi rischen Völker, S. 437–452, Budapest, 196

Teit, James, The Thompson Indians of British Columbia. American Mus. of Natura History, Memoirs, Vol. 12, part. 4, 190

Teit, James, The Lilooet Indians. Americar Museum of Natural History, Memoirs Vol. 14, part. 5, 1909

Thalbitzer, Williams, Les Magiciens Esquimeaux. Journal de la Société des Americanistes, N. S., Vol. XXII, Paris, 1930

Thurnwald, Hilde, Die schwarze Frau in Wandel Afrikas. Forschungen zur Völker psychologie u. Soziologie, Stuttgart, 193

Thurnwald, Hilde, Menschen der Südsee Stuttgart, 1937

Thurnwald, Richard, Forschungen auf der Salomo-Inseln und dem Bismarck-Archipel. Berlin, 1912

Thurnwald, Richard, Ethno-psychologische Studien auf dem Bismarck-Archipel und den Salomo-Inseln. Zeitschrift für angewandte Psychologie, Reihe 6, Leipzig, 191

Thurnwald, Richard, »Rausch". Reallexikon für Vorgeschichte, 1914

Thurnwald, Richard, Die Psychologie des Totemismus, Anthropos, XII–XIII, S. 1094–1113, XIV–XV, S. 496, Mödling b Wien, 1917–20

Thurnwald, Richard, Entstehung von Staa und Familie. Mannheim, 1921

Thurnwald, Richard, Psychologie des primitiven Menschen. Handbuch für angewandte Psychologie, 1922

Thurnwald, Richard, Die Eingeborenen Australiens und der Südseeinseln. Religionsgeschichtl. Lesebuch, 2. Aufl., Heft 8, Tübingen, 1927

Thurnwald, Richard, Grundprobleme der vergleichenden Völkerpsychologie. Zeitschrift für die ges. Staatswissenschaft 87/2, Tübingen, 1929

Thurnwald, Richard, Die menschliche Gesellschaft in ihren ethnosoziologischen Grundlagen. Bd. I. Repräsentative Lebensbilder von Naturvölkern, Berlin, 1931

Thurnwald, Richard, Werden, Wandel und Gestaltung der Wirtschaft. 1932

Thurnwald, Richard, Werden, Wandel und Gestaltung von Familie, Verwandtschaft und Bünden. 1932

Thurnwald, Richard, Werden, Wandel und Gestaltung des Rechts im Lichte der Völkerforschung. 1934

Thurnwald, Richard, Black and White in East Africa. London, 1935

Thurnwald, Richard, Werden, Wandel und Gestaltung von Staat und Kultur. 1935

Thurnwald, Richard, Primitive Initiations- und Wiedergeburtsriten. Eranos-Jahrbuch, Zürich, 1940

Tokarev, S. Šamanstvo, ili šamanizm. Bol'šaja Svetskaja Ėnciklopedija, Bd. 61, S. 802–803, 1934

Torginetz, Aus dem Leben der Sibirischen Eingeborenen. Sibir, Nr. 18, 28. April 1883

Troshansky, Vasily Pilipporio, Skizzen über d. Jakuten des Bezirks Jakutsk, Kazan, 1918

Vajda, László, Zur phaseologischen Stellung des Schamanismus. Ural-Altaische Jahrbücher, Bd. XXXI, S. 456–485, Wiesbaden, 1959

Vanoverbergh, Morice, Religion and Magic among the Isneg. Anthropos, Vol. 48, S. 71–104; S. 557–568, Vol. 49, S. 4–12, Vol. 50, S. 212–240, Fribourg, 1953–55

Vasilevich, G. M. Early Concepts about the Universe Among the Evenks (Material), Studies in Siberian Shamanism, S. 46–83, Toronto, 1963

Vasiljev, V. N. Description d'un costume et d'un tabourin de Chaman chez les Jakuts (russisch). Publications du Musée d'Anthrop. et d'ethnogr. de l'Acad. de Petersburg, VIII, St. Petersburg, 1910

Vértes, E. Auf der Spur mythischer Gesänge der Ostjaken, Glaubenswelt und Folklore der sibirischen Völker, S. 121–130, Budapest, 1963

Viennot, O. Le culte de l'arbre dans l'Inde ancienne. Paris, 1954

Vierkant, A. Selbsterhaltung der religiösen Systeme. Vierteljahresschrift für wissenschaftliche Philosophie und Soziologie, Bd. XXVI, Leipzig, 1902

Wagner, Günter, Die Religion der Bantu von Kavirondo. Zeitschrift für Ethnologie, Bd. 71, S. 201–219, Berlin, 1940

Wales, H. G. Q. The Mountain of God. London, 1953

Waley, Arthur, Die Neun Gesänge. Eine Studie über Schamanismus im alten China, Hamburg, 1957

Wasiljew, Victor, Ein tungusisches Schamanengrab. Globus, Vol, 96, S. 314–317, Braunschweig, 1909

Wassén, H. An Analogy between a South American and Oceanic Myth Motif and Negro Influence in Darien. Etnologiska Studier, Bd. 10, S. 69–79, Göteborg, 1940

Wassiljewitsch, G. M. Erwerbung der Schamanenfähigkeiten bei den Ewenken (Tungusen), Glaubenswelt und Folklore der sibirischen Völker, S. 369–380, Budapest, 1963

Wassiljewitsch, G. M. Schamanengesänge der Ewenken (Tungusen), Glaubenswelt und Folklore der sibirischen Völker, S. 381–404, Budapest, 1963

Waterbury, Florence, Bird-Deities in China. Artibus Asiae, Supplement X, Ascona, 1952

Weinstein, S. I. Die Schamanentrommel der Tuwa u. die Zeremonie ihrer „Belebung", Glaubenswelt und Folklore der sibirischen Völker, S. 359–367, Budapest, 1963

Weisweiler, J. Die Kultur der irischen Heldensage. Paideuma, Bd. 4, S. 149–170, Wiesbaden, 1950

Werbow, G. D. Bestattungsriten bei den Enzen (Jenissei-Samojeden), Glaubenswelt und Folklore der sibirischen Völker, S. 131–133, Budapest, 1963

Werner, J. Beiträge zur Archäologie des Attila-Reiches. Bayer. Akad. d. Wiss., Phil.-hist. Klasse, Abhandlungen, N. F., H. 38, München, 1956

Wilbert, Johannes, Dijubos de indios venezolanos 48 obras originales de las tribus Sanema o Shirishana y Warao, Antropológica, Nr. 11, S. 30–60, Caracas, 1962

Winstedt, R. O. The Malay Magician being Shaman, Saiva and Sufi. London, 1961

Wissler, Clark, Mythology of the Blackfoot Indians. American Museum of Natural History, Anthrop. Papers, Vol. II, 1909

Wolfram, R. Robin Hood and Hobby Horse. Wiener Prähistorische Zeitschrift, Bd. 19, S. 357–374, Wien, 1932

Zelenin, D. Ein erotischer Ritus in den Opferungen der altaischen Türken. Internat. Arch. f. Ethnographie, Bd 29, S. 83 bis 98, 1928

Zelenin, D. M. Die animistische Philosophie des sibirischen Schamanismus. Ethnos, 1, 3, S. 81–85, Stockholm, 1936

Zelenin, D. K. „Kul't ongonov v Sibiri. Perežitki totemizma v ideologii sibirskich narodov" (Der Ongon-Kult in Sibirien. Überbleibsel des Totemismus in der Ideologie der sibirischen Völker), Trudy Instituta Antropologii, Archeologii i Ėtnografii (Arbeiten des Inst. f. Anthropologie, Archäologie u. Ethnographie), XIV. Ėtnografičeskaja serija (Ethnographische Serie) Nr. 3. Akademie d. Wiss. d. UdSSR., Moskau/Leningrad, 1936, 436 S., mit 84 Abb.

Zélénine, D. Le culte des idoles en Sibérie. Paris, 1952

Zerries, Otto, Krankheitsdämonen und Hilfsgeister des Medizinmannes in Südamerika. Cambridge, 1952

Zerries, Otto, Krankheitsdämonen und Hilfsgeister des Medizinmannes in Südamerika in: Proceedings of the Thiertieth International Congress of Americanists, S. 162, 1954

Zerries, Otto, Wild- und Buschgeister in Südamerika. Studien zur Kulturkunde, Bd. 11, Wiesbaden, 1954

Zucker, Konrad, Psychologie des Schamanisierens. Zeitschrift für die ges. Neurologie u. Psychiatrie, Bd. 150, Berlin, 1934

Ergänzende Literatur

Ackerknecht, Erwin H., Medicine and Ethnology, Selected Essays, Bern–Stuttgart –Wien, 1971

Altheim, Franz, Geschichte der Hunnen, Berlin, 1958

Beals, Ralph I., Sonoran Fantasy or Coming of Age? (Kritik an Castaneda), American Anthropologist 80/2vx, Juni 1978

Bechmann, Sigrid, Der Schamanismus bei den Indianern des subarktischen Amerika (Diss.), Wien, 1958

Bergemann, Hugo, Die Psychiatrie des Lama-Arztes. In: Deutsches Ärzteblatt Nr. 11, 15. 3. 1969

Castaneda, Carlos, The Teachings of Don Juan, A Yaqui Way of Knowledge, University of California Press, 1968

Closs, A., Die Ekstase des Schamanen. In: Ethnos, 34/1969

Diószegi, Vilmos, Bericht über eine Forschungsreise nach Südsibirien. In: Sociologus, N. F. 9/1, Berlin, 1959

Diószegi, Vilmos, Schamanenlieder der Mandschu. In: Acta Orientalia Hungarica, 11/1960

Diószegi, Vilmos (Hrsg.), Glaubenswelt und Folklore der sibirischen Völker, Budapest, 1963

Duerr, Hans P., Traumzeit. Über die Grenze zwischen Wildnis und Zivilisation, Frankfurt, 1978

Eliade, Mircea, Im Mittelpunkt. Bruchstükke eines Tagebuches, Wien, 1977

Eliade, Mircea, La Poursuite de l'Absolu, L'Express, Paris, 1. September 1979

Figge, Horst H., Besessen von Geistern und Göttern. Die brasilianische Umbanda-Religion, Forschungsmitteilungen der DFG, 4/79

Findeisen, Hans, Dokumente urtümlicher Weltanschauung der Völker Nordeurasiens, ihre Mythen, Mären und Legenden nach vorwiegend russischen Quellen. Anthropological Publications, Oosterhout, Niederlande, 1970

Findeisen, Hans, Der Mensch und seine Teile in der Kunst der Jenisseyer, ZFE Jahrgang 63, H. 5/6, Braunschweig, 1931

Findeisen, Hans, Oskar Peschels Thesen über den Schamanismus im Lichte der neuesten Forschung. In: Rundschau für Menschen- und Menschheitskunde, Heft 1, Oosterhout/Niederlande, 1967

Gelpke, Rudolf, Droge und Seelenerweiterung, München, 1966

Haas, Jochen U., Schamanentum und Psychiatrie (Diss.), Untersuchung zum Begriff der ‚arktischen Hysterie' und zur psychiatrischen Interpretation des Schamanentums zirkumpolarer Völker, Freiburg i. Br., 1976

Handelman, Don, Shamanizing on an Empty Stomach (Rezension von Silverman Julian: Shamans and Acute Schizophrenia). In: American Anthropologist 70, 1968

Hermanns, Matthias, Die religiös-magische Weltanschauung der Primitivstämme Indiens, 3 Bde., Wiesbaden, 1964–73

Hermanns, Matthias, Schamanen – Pseudoschamanen, Erlöser und Heilsbringer Wiesbaden, 1970

Johansen, Ulla, Zur Methodik der Erforschung des Schamanismus. Der Tuvanische Schamanismus in der Untersuchung von V. Diószegi. In: Ural-Altaische Jahrbücher XXXVIII/1967

Kauffmann, H. E., Das Fadenkreuz in Afrika. In: Paideuma 13.5, Wiesbaden, 1967

Kauffmann, H. E., Das Fadenkreuz, sein Zweck und seine Bedeutung. In: Ethnologika, N. F. Bd. 2, Köln, 1960

Kihm, Walter, Zur Symbolik im Schamanismus (Diss.), Freiburg i. Br., 1974

Lechner-Knecht, Sigrid, Reise ins Zwischenreich. Begegnungen mit Wundertätern und Zauberpriestern, Freiburg, 1978

Leuenberger, Hans, Im Rausch der Drogen München, 1970

Levis, Joan M., Ecstatic Religion. An anthropological Study of Spirit Possession and Shamanism, Harmondsworth, 1971
Lommel, Andreas, Shamanism, The Beginnings of Art. In: Current Anthropology Vol. 11, Nr. 1, Febr. 1970 (17 Rezensionen und eine Replik Lommels zu ‚Die Welt der frühen Jäger')
Lommel, Andreas, Shamanism in Australia. Festschrift für T. G. H. Strehlow, Adelaide, 1980
Madsen, W., Shamanism in Mexico. In: Southwestern Journal of Anthropology Band II, 1955
Maquet, Jacques, Castaneda, Warrior or Scholar. American Anthropologist 80/2, Juni 1978
Meerloo, J. A. M., Kommunikation und Ekstase. In: Neue Wissenschaft, Heft 1/2, 14. Jg., 1966
Meerloo, J. A. M., Rhythmus und Ekstase, Wien–Hannover–Basel, 1959
Michael, Henry N. (Hrsg.), Studies in Sibirian Shamanism, Arctic Institute of North America. Anthropology of the North, Translations from Russian Sources No. 4., Toronto, 1963
Mille, Richard de, Castaneda's Journey, The Power and the Allegory, London, 1978
Mischo, John, Die Bedeutung der Schamanenforschung für die Parapsychologie. In: Neue Wissenschaft, 11. Jg., Heft 1, 1962
Miyakawa, H. und Kollautz, A., Zur Ur- und Vorgeschichte des Schamanismus. In: Zeitschrift für Ethnologie, Bd. 91, 1966
Mühlmann, Wilhelm E., Nachruf auf S. M. Širokogorov (nebst brieflichen Erinnerungen). In: Archiv für Anthropologie, Bd. XXVI, 1941
Mühlmann, Wilhelm E., Rassen, Ethnien, Kulturen, Darmstadt, 1964
Mühlmann, Wilhelm E. (Hrsg.), Chiliasmus und Nativismus, Studien zur Psychologie, Soziologie und historischen Kasuistik der Umsturzbewegungen. Studien zur Soziologie der Revolution, Bd. I, Berlin, 1964
Murdock, G. P., Tenino Shamanism. In: Ethnology, 4/1965
Paulson, Ivar, Schutzgeister und Gottheiten des Wildes (der Jagdtiere und Fische) in Nordeurasien, eine religionsethnographische und religionsphänomenologische Untersuchung jägerischer Glaubensvorstellungen. Acta Universitatis Stockholmiensis. Stockholm Studies in Comparative Religion 2, Göteborg–Uppsala, 1961
Rudolph, Wolfgang, Der Untergang der Jukagiren, eine Fallstudie zur Hypothese des ‚interethnischen Gefälles'. In: Sociologus N. F. 22/1, 2. Berlin, 1972
Schadewaldt, Hans, Der Medizinmann bei den Naturvölkern, Esslingen, 1968
Scheff, Thomas Joel, Das Etikett „Geisteskrankheit", soziale Interaktion und psychische Störung, Frankfurt a. M., 1973
Schiefenhövel, Wulf, Medizinmann, Magier und Arzt. In: med. ass., 2/1969
Schmidbauer, Wolfgang, Psychotherapie, ihr Weg von der Magie zur Wissenschaft, München, 1971
Schmidbauer, Wolfgang, Schamanismus und Psychotherapie. In: Psychologische Rundschau, Bd. XX/1, 1969
Schulz-Weidner, Willy, Die soziale Funktion und Stellung der Schamanen in Sibirien (Diss.), Mainz, 1947
Silverman, Julian, Shamans and Acute Schizophrenia. In: American Anthropologist 69, 1967
Stelter, Alfred, PSI-Heilung, Goldmann 11146, 1974
Sterly, Joachim, ‚Heilige Männer' und Medizinmänner (Diss.), Köln, 1965
Tedlock, Dennis u. Barbara (Hrsg.), Über den Rand des tiefen Canyon, Düsseldorf –Köln, 1975
Treadgold, Donald W., The Great Sibirian Migration, Government and Peasant Resettlement from Emancipation to the First World War, Princeton, 1957
Zutt, Jürg (Hrsg.), Ergriffenheit und Besessenheit, ein interdisziplinäres Gespräch über transkulturell-anthropologische und -psychiatrische Fragen, Bern–München, 1972

Register

Afrika, frühes Jägertum 15
Alaska 32
–, Indianer 147, 160
Aleuten, Inselkette südwestlich Alaskas 157 ff.
Altai, Gebiet in Ostsibirien 73, 132, 136
Altaivölker 166 f.
Altamira, Felsbildfundort in Nordspanien 10
Amürakh, Form der arktischen Hysterie nach Jochelson und Priklonsky (siehe auch Hysterie) 55
Aktivierung anderer Seelenschichten 102
Amulett 35
Arnhem-Land, Gebiet in Nordaustralien 194
Athabasken, Indianergruppe in Alaska 147
Atmosphäre (psychische) 156
Ausnahmezustände, s. a. Trancezustände 19
Australien 15, 96, 110, 131, 152, 171, 195, 200 f., 203 ff.
–, frühes Jägertum 15
–, Schamanismus 70 ff., 149 ff., 203 ff.
–, Berufungsträume 70
–, Tänze 71
Berufungserlebnis des Schamanen 14 in Australien 70 f.
Berufungsträume 70 ff.
Beschwörung 46
Besessenheit 103
Bewußtseinsstörung 53
Britisch Kolumbien, Provinz in Westkanada 89
Buddhismus 217
Bumerang 22
Burjäten, Volksstamm in Ostsibirien 57, 103 f., 167
Chatham-Islands, Inselgruppe östlich Neuseelands 199 f.
China 99
–, frühe Epochen, Shang-Zeit (1523–1028 v. Chr.) 192
–, frühe Epochen, Chou-Zeit (1027–256 v. Chr.) 193, 217
–, frühe Epochen, Yüan-Zeit (1280–1368 n. Chr.) 38
–, frühe Epochen, Ming-Zeit (1368–1664 n. Chr.) 38
Choreographie und Kostümierung 209
Chou-Zeit (s. auch China) 217
Cowanni, Geistervorstellung der Feuerland-Indianer 69
Crow-Indianer, Indianerstamm Nordamerikas 69
Depressionen 18 f.
Dramatisierung, Zwang zur 202
Eigenseele der Anhängsel der Schamanenkleidung 172
Einwirkung der europäischen Zivilisation 110
Eisenverwendung 168, 172
Epilepsie 54
Erinnern 207
Erlöschen der dichterischen Gaben 204
Eskimos 32 f., 35 f., 46, 49, 58, 87, 106, 131 f.
–, Entstehung des Schamanismus 32 ff.
–, Hilfsgeister 49 ff., 84 ff.
–, Tabuverletzungen 46
Fadenkreuz, Kultgerät der Australier, auch Waningi genannt 171, 200 f.
Fadenspiele 171
Fallgruben 21
Fangleine 48
Felsbilder 9 f., 23, 120, 135 ff., 165, 167, 185 ff., 207 ff.
Felsbildermotive 164
Festhaus der Eskimo 115, 126
Feuerlandindianer 56, 69
Fieldisland, Insel in Nordaustralien 96
Fliegen des Schamanen 156
Flugreisen des Schamanen – in Sibirien 134 ff.
Flugreisen des Schamanen – in Australien 149 ff.
Formen, geometrische 199
Frankokantabrischer Raum 185
Fruchtbarkeitszauber 109
Fruchtbarkeitszauber in Australien 110
Funktion, soziale des Schamanen 14
Geisterdarstellung in Australien 161
Geisterdarstellung der Eskimos 131
Geisteshaltung der Jäger 29
Geistigkeit, frühe 206
Gesellschaft, primitive 19
Golden, Volksstamm in Ostsibirien 59, 69, 133
Goulbourn-Island, Insel in Nordaustralien 195
Grönländer 132 f.
Gruppenmensch, primitiver 24
Gruppentradition 214
Haarbrücke, mythische Vorstellung der Altai-Schamanen 202
Hamatsa-Zeremonie 91
Heilungsprozeß 9
Hermelin des Meeres, der Erde 49
Hilfsgeister 29, 49 ff., 58, 83 ff., 99, 113, 127, 131, 133, 185, 203, 215 f.
–, Darstellung von 113 f., 140 f., 157
–, Erlangen von 51, 84, 97
Himmelsreise des Schamanen 151
Hysterie, arktische 52 ff.
Indianer 33, 56, 59 f., 69, 75, 84, 88, 90–94, 134, 147, 160, 192, 201
Individuum, vereinsamtes 24
Inua, auch Sila-Inua, Personifizierung der Kraft des Universums, Begriff der Eskimos 33, 137
Inusia, Seelenbegriff der Eskimos 35
Jäger und Jägerkulturen 20
Jagdzauber der Eskimos 121 ff.
Jakuten, Volksstamm in Sibirien 77, 99, 167, 171, 200
Jenissejer, Volksstämme am Fluß Jenissej in Sibirien 166 f., 171
Jinbal, s. a. Pointingstick 153
Kajak, Fellboot der Eskimos 49
Karagassen, Volksstamm in Sibirien 169, 171, 174
Katalepsie 54
Katharsis 163
Kinderkeime, australische Vorstellung 70
Kochen des Schamanen 79
Kollektivbeschluß 153
Kollektivpsyche 17, 216

Körperbemalung 164
Korjäken, Volksstamm in Ostsibirien 99
Krampfzustände 53
Krankheit, psychische 9
Kultholz 198
Kulturgeschichte 10
Kwakiutl, Indianerstamm in NW-Amerika 84, 91 ff.
Lappen, Volksgruppe in Nordskandinavien 117, 168
Lascaux, Felsbildfundort in Südfrankreich 10, 188
Lebenslinie 187, 192
Liebesverhältnis 98
Löwe, En-face- 21
Machtstreben des Medizinmanns 14
Magdalenienzeit (um 12 000 v. Chr.) 23, 164 f., 167
Mahalbi-Kultur, altertümliche Jägerkultur in Nordafrika 8
Mämärik, Form der arktischen Hysterie, Begriff der Tungusen 55 f.
Mandschurei 99, 166
Marquesas-Inseln 200
Masken 163 ff., 168 ff.
Massenmensch, moderner 24
Medizinmann, Abgrenzung und Definition 12 ff.
Merjackerei, Form der arktischen Hysterie, nach Priklonsky 55
Mezin, Ausgrabungsort in der Ukraine, Datierung umstritten 196
Ming-Zeit (s. auch China) 38
Mohave, Indianerstamm in Kalifornien 59
Mutter der Seetiere, mythische Vorstellung der Eskimos 36, 123
Noin-Ula, Ausgrabungsort in der Nordmongolei, Datierung 1. Jh. nach Christus 192
Nordafrika 21 f., 29, 33
Nordamerika, frühes Jägertum 15
Norwegen 176, 187, 190, 193
Odysseus-Sage 162
Onega-See 175
Opfer 149, 151 f.
Opferplattform der Lappen 197, 199
Orpheus-Sage 162
Osiris-Kult 202
Ostjaken, s. auch Jenissejer 167
Paviotso-Indianer in Nordamerika 60
Pazyryk, Ausgrabungsort im Altaigebiet (Sibirien) (450–400 v. Chr.) 192
Penobscot, Indianerstamm in Nordamerika 60
Pfeil und Bogen 22
Pflanzer, auch Pflanzerkulturen 20
Pidgin-Englisch, s. a. Pointingstick 153
Pima, Indianerstamm in Nordmexiko 33, 59
Pinga, Geist in Frauengestalt, Vorstellung der Eskimos 33
Pockengeist 187
Pointingstick 153
Produktivität, biologische 110
–, künstlerische 23
Psychopath 11
Psychose 17
Psychotherapeut 24, 205
Rautenmäander 195
Regulator der Gruppe 109
Regulator der Kollektivseele 24
Rentiere 34
Rindenbilder in Australien 195
Röntgenstil 96, 106, 165, 176, 187, 189 ff., 213
Saivo, Begriff der Lappen 176, 185
Schalabolino, Ausgrabungsort in Ostsibirien 190
Schamanenbaum 100 ff.
Schamanengewand 174 ff.
Schamanenkampf 188
Schamanentrommel 11, 97, 104, 175 ff.
Schamanenvorfahr 79
Schamanismus, Kurzdefinition 7 ff.
– in früheren Darstellungen II
– als Konzentration und Übersteigerung 213
Schlangenkraft, australische Vorstellung 152
Schöpfungsprozeß, künstlerischer in Australien 205
Schweden 190
Sedna, Göttin der Tiere bzw. Tierherrin der Eskimos 132
Seele, unsterbliche 29
Seelenfaden 171
Seelenfahrt 202
Seelenkonstruktion 74
Seeigel 35
Seetiere 35
Selbstheilung 57, 103
Selbstporträt des Schamanen 16
Selisch oder Salisch, Indianerstamm in Nordwestamerika 134, 201
Shang-Zeit (s. auch China) 192
Sibirien 30, 32, 52, 55, 57, 73, 76 f., 79, 99, 103 f., 132, 134 ff., 166 ff., 171 f., 190, 192, 202, 217
Sila, mythische Kraft, Begriff der Eskimos 33
Singen, Bezeichnung für Zauberhandlung in Australien, s. a. Pointingstick 153, 155
Skelett-Darstellung 81, 198
Skelett-Magie 200
Skogervaien, Felsbildfundort in Norwegen 190
Spanien, Felsbildfundort Altamira 10
Spiralformen 190
Starre, hysterische 53
Struktur, psychische 8, 206
Südamerika, Jägerkulturen 15
Südfrankreich, Felsbildfundort Trois Frères 23, 167
–, – Lascaux 10, 188
–, – Tuc d'Audoubert 120
–, – Teyjat 165
Tabu 34
Tabuverletzung 45 f., 50
Taiga 32
Taschenspielerei 14
Technik, psychologische 13
–, psychische 18
Telepathie 14
Teleuten 167, 172
Teyjat, Felsbildfundort in Frankreich 165
Tierattribute 166
Tierherr 30
Tierherrin 33, 124, 163
Tiermutter 76, 99 f.
Tierkampf 105, 163, 217
Tierschicht 15
Tierstil, innerasiatischer 217
Tierteile 187
Tierverkleidung 165

Timsheam, Indianerstamm in Nordwestamerika 94
Tlingit, Indianerstamm in Nordwestamerika 60, 88, 90
Todes- und Wiedergeburtserlebnis 74 ff.
Töten, magisches 153
Tötung und Wiederlebendigmachung 156
Topkapi-Museum, Istanbul 38
Totemgruppe 207
Totengeister 203
Totenland 134, 135
Tranceerlebnis 207
Trancezustand 14, 18, 102, 152
Traum als schöpferischer Zustand 208
Traumreise 32
Tripolje-Kulturen, Kultur der jüngeren Steinzeit in Südrußland, etwa 3. Jahrt. v. Chr. 190
Trois Frères, Felsbildfundort 23, 167
Tschuktschen, Volksstamm in Ostsibirien 30
Tuc d'Audoubert, Felsbildfundort 120
Tunghuat, Eskimobezeichnung für Hilfsgeistermasken 137
Tungusen, Volksstamm in Sibirien 30, 31, 48, 55, 61, 79, 99, 167 f., 171, 173
Ugud, australische Bezeichnung für die Seelenkraft des Universums 111
Unterweltsdarstellung 176
Unterweltsreise 185
Urzeit 111
Vogelgewand 171
Vorfahren 11
Walroß 35, 48
Waningi (s. Fadenkreuz) 171
Weltauffassung 29
Wiederbelebung 106 f.
Wiedergeburt, psychische 74
Winnebago, Indianerstamm in Nordamerika 75
Wirtschaftsleben der Jäger 108
Wondschina, Kulturheros in Nordwestaustralien 196
Yang-shao, Ausgrabungsort in China, etwa 2200–1700 v. Chr. 200
Yaoro, Volksstamm in Nordwestaustralien 171
Yen Hui, chinesischer Maler 37
Yüan-Zeit (s. auch China) 38
Zauberhandlung 154
Zentralasien 99
Zerschneidung des Körpers des Schamanen 76 f.
Zielfernrohr 21